Scrittori italiani e stranieri

Michele Dalai

Le più strepitose cadute della mia vita

ROMANZO

Natale 2012

Con profondo affetto e amicizia!

[illegible]

MONDADORI

Gli eventi di cronaca e i personaggi realmente esistenti o esistiti di cui si racconta in questo libro sono trasfigurati dallo sguardo del narratore. Per il resto, ogni riferimento a persone e fatti reali è da ritenersi puramente casuale.

www.librimondadori.it

Le più strepitose cadute della mia vita
di Michele Dalai
Collezione Scrittori italiani e stranieri

ISBN 978-88-04-62036-5

I edizione marzo 2012

Le più strepitose cadute della mia vita

Ad Antonio Lupoli, sognatore.

If I should stumble,
catch my fall, yeah.

BILLY IDOL, *Catch My Fall*

Raindrops on the tin roof.
What do they say?
We have all
been here before.

WENDELL BERRY, *Falling Asleep*

MILANO, GENNAIO 1997

1

Mi capita spesso di cadere. Capita a molti e tutti se ne fanno una ragione, a meno che le conseguenze della caduta non siano gravi, roba che tocca chiamare qualcuno che ti trasporti da qualche parte dove altri ti raggiungeranno per chiederti com'è successo, insomma quel genere di cosa. Il fatto è che io cado proprio di continuo, con una frequenza impressionante e sempre quando ci sarebbero ottimi motivi per non farlo. Cado al cinema, inciampo quando la sala non è ancora buia e tutti girano frenetici in cerca del loro posto, cado entrando nei ristoranti mentre il cameriere porge il braccio per farsi passare la mia giacca, cado non appena incrocio lo sguardo più o meno attento delle donne. Cado mentre corro in spiaggia, in questo caso mi abbatto su vecchie signore a mollo sul bagnasciuga o travolgo bimbi innocenti. Cado quando spingo il carrello del supermercato, senza mollare la presa, facendomi trascinare come una prolunga inutile.

Cado alla fine dei tapis roulant e di ogni scala mobile, cado salendo in macchina, in genere dopo aver sbattuto la testa sul tettuccio, e cado scendendo dalla macchina, che ci sia un marciapiedi o no. Cado mentre do indicazioni stradali in inglese a turisti turbati dalle mie oscillazioni e cado mentre chiedo l'ora ai passanti, che quasi sempre prima di soccorrermi si guardano intorno per alcuni secondi in cerca di una telecamera; sì, perché voli così plateali e stupidi non possono capitare a uno che fa una vera passeggiata.

Spesso cado nei negozi, ovviamente dopo aver trovato quanto mi serve. Il commesso chiede come può aiutarmi, io gli indico le scarpe esposte e la misura. Tempo di girarsi e dirmi che va a cercare il mio numero in magazzino, e il danno è fatto.

«Signore... cosa ci fa per terra?»

Inciampo in ostacoli invisibili, mi affloscio e mi adatto alla forma del pavimento. La cosa ancora più curiosa è che il sonno non mi porta riposo, nemmeno mentre dormo sono al sicuro dalle mie cadute.

Cado, e rido. Perché il problema è che, nel momento stesso in cui so che sta per succedere, appena mi accorgo che sono finito fuori dal mio baricentro un po' troppo alto, comincio a ridere. Sempre, come uno che ride per puro divertimento, una specie di terremoto che parte dalla bocca dello stomaco e investe tutte le funzioni vitali. Chi mi conosce bene sa che la risata è l'unico indizio del crollo imminente, come un rivelatore di fughe di gas o il frastuono insopportabile dei sensori di parcheggio quando stai per colpire il paraurti della macchina dietro o tamponare quella davanti.

Si potrebbe pensare che in fondo sono una persona simpatica, che prendere così bene le proprie debolezze non può che essere segno di grande presenza di spirito, di assoluta autoironia.

Per nulla.

Io mi prendo terribilmente sul serio. Mi prendo sul serio e pretendo che chi è con me faccia altrettanto. Credo che questo combinato disposto tra i miei voli rovinosi e l'esplosione di gioia involontaria che li accompagna sia da interpretare come una severa punizione. Prendersi sul serio è faticoso, ha a che fare con la gravità di gesti, parole e condotta. Anche cadere ha a che fare con la gravità. Cadere e ridere, invece, hanno un legame del tutto casuale e questo modo di far saltare l'equazione spariglia le carte, le disordina, mentre io amo l'ordine e la precisione.

Infatti la sola idea che "gravità" e "gravità" non vogliano dire la stessa cosa mi turba molto, mi mette le vertigini, ma non sono le vertigini a provocare le mie cadute. Non quelle parossistiche posizionali benigne, non la labirintite, non l'artrosi cervicale, non traumi, non allergie e nemmeno sindromi ansiose. Sono un tipo calmo, io. Cado perché cado e non c'è modo di smettere: questo abbiamo stabilito io e il dottor Zucker del Centro dell'Equilibrio, che frequento da quasi un terzo dei miei trent'anni.

Insomma, mi chiamo Antonio Flünke e ho seri problemi con l'equilibrio in ogni sua accezione, non bastassero quelli con le equivoche gravità.

Metti ora, per esempio. Sono appena caduto, e non era né il luogo né il momento, come sempre. Proprio durante la visita per l'abilitazione all'attività agonistica, mentre superavo i primi quaranta secondi del test del gradino. Per tre lunghissimi minuti un uomo in camice bianco ti fa salire e scendere da un cubo alto quasi quanto te al ritmo di un implacabile metronomo. Se arrivi in fondo c'è un minuto e mezzo per il recupero in cui pensi di essere sul punto di morire e senti il cuore che cerca di schizzare fuori dalla cassa toracica, di uscire dalla gola, dal culo, ovunque sia possibile fuggire dal corpo del sadico che lo ha costretto a quello schifo. Tutto ciò naturalmente accade a quelli bravi e anche ai meno bravi, agli atleti e agli amatori, purché arrivino alla fine dei tre minuti.

Non a me.

Non sono un atleta. Mia madre è stata una buona pallanuotista, ai suoi tempi arrivò fino alla Nazionale (senza mai giocare, cosa che regolarmente omette), e da lei penso di aver ereditato una struttura solida e quel po' di fiato che mi permette di affrontare una prova del genere senza morirne per davvero. Il fatto è che tutto quel salire e scendere non può non minare il mio precarissimo equilibrio e così, inesorabilmente, la suola della scarpa sinistra non fa presa sullo spigolo alto del cubo, la gomma che la riveste scivola e io mi ritrovo sdraiato a pelle di leone sul gradino, come colpito da improvviso malore, che poi è la prima cosa che il medico pensa, un po' assente e intontito dal ticchettio monotono del metronomo.

«Si sente bene?»

Vorrei rispondergli che sì, sto bene e ci sono abituato, ma la risata è già partita e il poveretto si spaventa ancora di più.

Così mi ci vuole del tempo per convincerlo che non ho battuto la testa e ricordo benissimo tutto quello che è successo.

Sono costretto a dirgli che mi sta mostrando tre dita, poi due. Seguo il percorso del suo indice davanti alle mie pupille, e quando mi chiede di che colore sono le pareti del piccolo studio devo sforzarmi di non dire la verità, "sono color merda", e ripiegare su un più rassicurante: «Marrone tendente al verde, dottore».

Mi domanda che giorno è, e gli rispondo che è il 14 gennaio, che siamo a Milano e che solo l'altroieri un Pendolino è deragliato nella stazione di Piacenza, con morti e feriti come triste conseguenza. Aggiungo che l'ex presidente Cossiga era al centro del convoglio ma è rimasto illeso, e il dottore mi dice che questo particolare gli era sfuggito.

«Sa, con quel metronomo che mi rincoglionisce per tutto il giorno perdo il senso delle cose.»

Vorrei obiettare sul rapporto tra Cossiga e il senso delle cose, ma riesco a contenermi e a pensare che in fondo non è né il luogo né il caso, e che non posso ammorbare un uomo stanco e gentile. Così mi accontento di riguadagnare la sua fiducia e apprendo che purtroppo il test andrà ripetuto, perché la mia caviglia non pare in grado di sopportare più alcuna sollecitazione.

Quando il dottore cerca di stabilire quel rapporto complice che esiste solo tra medico sportivo e atleta e mi chiede per quale disciplina mi preparo e quando inizia il mio campionato, io lo guardo dritto negli occhi e apro l'unico sorriso della mia giornata, eccezion fatta per quelli isterici da caduta.

«Nessuno sport, dottore, nessun campionato. Devo entrare in una boy band.»

2

Impostori. Poi magari non sarebbe nemmeno quella la nostra intenzione, ma non riesco a trovare un'altra definizione, credo che a vederci da fuori sia difficile pensare altro. Jack non è un buon manager, io non sono un buon cantante, e la stanza umida e buia in cui ci riuniamo è molto lontana dall'immagine di efficienza, potere e solidità che l'ufficio di un impresario dovrebbe trasmettere ai suoi clienti. L'unico elemento credibile di questa povera scena è il vetro opaco della porta d'ingresso che reca incise in smalto bianco le iniziali del mio agente, JR. La porta si affaccia sul corridoio di uno studio di revisori contabili il cui *dominus* era lo zio di Jack. Commercialista delle dive, uno nato con la stretta di mano del vincente che per nostra fortuna ha deciso di essere generoso con il nipote, sistemato in uno degli archivi meno utilizzati dello studio. Lo zio si è ritirato anni fa, ma ha preteso come garanzia che Jack non fosse rimosso durante i lavori di ammodernamento e che percepisse un fisso mensile, di fatto un vitalizio. Jack gestisce un consultorio per aspiranti, quelli che non hanno ancora bisogno di un commercialista ma se solo lavorassero un po' di più potrebbero tornare utili alla fatturazione. Con un buon utilizzo dell'agenda dello studio potrebbe trasformare quelle crisalidi in veri clienti, ma, a giudicare dalla desolazione della sua stanzetta, le cose non vanno secondo i piani.

I pochi mobili sono stati scelti a casaccio: oltre a una scrivania stracarica di giornaletti scandalistici e guide ai programmi televisivi, nell'ufficio ci sono due schedari in alluminio comprati a un'asta fallimentare e riverniciati alla meno peggio, una piccola postazione computer con annesso pc malandato, una vecchia poltrona in finta pelle e due sedie scomode.

Lui sta dietro alla scrivania e io gli siedo davanti, con la caviglia dolorante e gonfia posata con delicatezza sulla gamba sana.

In realtà dire che sta *dietro* alla scrivania è una colossale inesattezza, perché il mio manager incombe sulla scrivania e sull'interlocutore.

Jack è un uomo imponente, e non è solo una questione di statura. La sua mole è qualcosa di raro, le dimensioni delle mani e la massa di muscoli che lo ricopre vengono da altri mondi, altri tempi, altre fiabe. Quando l'ho conosciuto faceva il batterista degli Starz Alliance, un gruppo di qualità pari alla fama che mi aveva reclutato come cantante senza troppe prove né cerimonie. Abbiamo perso tempo nella stessa band, lui con l'aggravante di quindici anni in più e di una famiglia ad attenderlo a casa alla fine di lunghe farneticazioni, birre calde, sigarette al freddo e sogni di gloria. Cose che succedono e che finiscono quando la musica esercita la sua selezione naturale e costringe i meno talentuosi a sistemarsi in fondo alla catena alimentare, con buona pace di tutti. Quando scopri che Babbo Natale non esiste puoi sempre fare il giornalista musicale, il tour manager, il roadie, la groupie, il tecnico del suono: tutte rifrazioni più o meno onorevoli della luce dei pochi eletti, delle star. JR ha un ufficio improvvisato e una professione improbabile, ma ha ereditato dal padre pugile le stimmate del vero duro, uno di quelli che ti fanno cambiare marciapiedi quando li incroci nella notte. Naso rotto, mascella quadrata, capelli radi e scuri, occhi piccoli e sottili come fessure, un cristo di oltre due metri con un carattere indecifrabile, quasi sempre mite ma capace di impressionanti scoppi d'ira. Insomma, per sua fortuna Jack non è il più stereotipato dei giganti buoni, categoria che da Garrone a Grande Capo Indiano Bromden ha sempre portato una terribile sfortuna ai suoi appartenenti, ma non è nemmeno un cattivo vero. Il nostro rapporto professionale è nato come tutte le storie d'amore tra amici, quasi inevitabile. In genere lui non si lagna della mia pigrizia perché ha perso ogni speranza di guadagnare grazie a me, e io non mi lamento della sua scarsa efficienza perché non sono arso dal demone della fatica e del lavoro.

«Quindi niente certificato medico?» chiede seccato.

Jack sbuffa, gonfia le guance in quel modo assurdo di cui sono capaci solo i trombettisti più dotati e poi sbuffa di nuovo, sparpagliando sulla scrivania alcuni ritagli che stavano nascosti dentro a una delle riviste.

Uno mi capita proprio sotto il naso e leggo che Irina cerca un uomo vero e capace di soddisfarla, c'è anche una foto di questa Irina appena uscita viva dagli anni Ottanta lituani con i suoi capelli ricci laccatissimi e una quarta abbondante, ma subito JR allunga la mano enorme, da contadino antico, e copre il pezzetto di carta con il palmo. Quando la ritrae, Irina e le sue promesse di fuoco non ci sono più.

Jack Rota ha una bellissima moglie, ma ai registri dello stato civile manca un'informazione fondamentale: non è in grado di restarle fedele per più di dieci minuti. Non ho mai capito di cosa soffra, credo sia afflitto dal male del seduttore di massa; abbiamo affrontato il tema molte volte e in altrettante occasioni gli ho ribadito il mio dissenso, ma non si può cambiare il destino di un traditore seriale senza la sua piena collaborazione e poi so che, se mai provassi a rimproverarlo, questa volta avrebbe gioco facile, gli basterebbe rispondermi che non prende lezioni da uno che non riesce neanche a ottenere un certificato medico.

Abbiamo un buon rapporto io e il mio manager, ma è una consuetudine unilaterale, io ascolto e lui parla per delle ore. Sospetto che faccia lo stesso con tutti i baristi, i conducenti di mezzi pubblici e i vicini di posto in treno e in aereo. JR riceve poco e trasmette molto, ho la certezza che di me non sappia granché ma che non si sia mai posto il problema. Quando si occupa di me, lo fa per blandirmi e convincermi della bontà delle sue intuizioni.

Alla scoperta del ritaglio segue una lunga pausa in cui io penso a tutte le volte che mi ha chiamato nel cuore della notte per raccontarmi di quello straordinario pompino appena ricevuto da una delle sue amiche, e forse lui pensa a tutte le volte che mi ha chiamato nel cuore della notte per raccontarmi di come la moglie avesse purtroppo scoperto quello stesso pompino. Fissa con sguardo sofferente le foto in bianco e nero appese dietro di me mentre io impilo le riviste in mucchietti di tre. Poi mi giro anche io e guardo le immagini, che a dire il vero non si capisce nemmeno troppo bene perché siano lì e cosa siano. Paiono quelle che le migliori pizzerie appendono all'ingresso, nelle quali il proprietario stringe la mano ad attori, politici, prelati, cantanti più o meno famosi a seconda della celebrità del pizzaiolo, solo che nelle foto di Jack non si riconosce nessuno che non sia lui. C'è sempre quest'uomo gigantesco accanto a dei perfetti sconosciuti, quasi tutti artisti rappresentati da lui. Ci sono anche io in una di quelle fotografie e sembro un pizzaiolo, uno di quelli bravi.

JR si schiarisce la voce e allungando il braccio mi stringe forte la spalla, che sparisce dentro alla sua mano. Pare che stia per affrontare un argomento molto personale e che voglia tutta la mia attenzione, poi però si ritrae, si accascia sulla poltrona e cambia tono come se nulla fosse successo.

«Parliamo di noi.»

Ha evitato l'argomento ma è solo una questione di tempo, prima o poi vorrà raccontarmi tutto e rassicurarmi sul fatto che può uscirne, che c'è salvezza in fondo al tunnel della lussuria. La cosa notevole è che quando parla di redenzione ci crede davvero, anche solo per qualche istante. Pecca per anni e si redime in pochi secondi, gli stessi in cui si sforza di convincermi che è cambiato, che può cambiare, che ama sul serio sua moglie e vuole essere un buon padre per i suoi figli. Se non sapessi benissimo che la moglie di cui parla è la terza e i figli, almeno quelli legittimi, sono cinque o sei, potrei anche cadere dalla sua parte della storia, ma per fortuna non è così. Lo so io e lo sa lui. Le tre mogli di JR sono state tutte delle Irina, diciamo che ha un debole per le professioniste e chiudiamola qui.

«Sì, parliamo di noi, di me» rispondo.

«Dunque, ti ho detto di questa storia della boy band...»

La storia della boy band l'ha tirata fuori pochi giorni fa, alla fine di una telefonata stanca e più inutile del solito. Un'illuminazione improvvisa, la lettura di un ritaglio, magari un po' diverso dai suoi preferiti, in cui si dava notizia che i Ragazzi Italiani avrebbero partecipato a Sanremo. Non un fatto da inserire nei libri di storia e, almeno per una volta, nulla in grado di mettere in crisi il governo Prodi, ma comunque una nuova opportunità per chi pratica l'impostura musicale.

Un gruppo di cantanti neomelodici e ballerini per signore attempate che si esibisce sul palco dell'Ariston con un proprio pezzo e una coreografia originale, ecco la novità! Ma soprattutto lo sdoganamento del genere in Italia.

Una boy band, un manipolo di performer compreso fra i tre e i sei membri come da manuale. Giovani uomini incapaci di suonare qualsiasi strumento che perforano il muro di cantautori all'italiana e rischiano addirittura di sbancare. Una rivoluzione copernicana.

«Tu sai chi c'è dietro, vero?» chiede JR abbassando improvvisamente la voce, come se qualcuno potesse ascoltarci e carpire i nostri segreti.

«Chi?»

«La solita cricca. Quelli di "Amici", la De Filippi, gente importante...»

«Ah, capisco» rispondo, anche se non ho idea di chi stia parlando.

Allora me lo spiega.

C'è questa trasmissione al pomeriggio, a dire il vero c'è già da qualche anno. Una moltitudine di adolescenti pettinati a modo si accomoda per terra e sputa sentenze su tutto lo scibile umano, scibile di cui mastica pochissimo. Solo che non si accontenta di praticare il massacro della ragione, vuole strafare e dare consigli per la vita, per la morte, per il sonno, per l'alitosi, per gli acquisti e per gli artisti. Tanto per non farsi mancare nulla, qualcuno canta e balla, e così sono entrati in scena i Ragazzi Italiani, ospiti più immobili che non fissi. Pino, Alessandro, Manolo, Fabrizio e Attilio in poco tempo hanno dato alle stampe un album pieno di collaborazioni prestigiose, tra cui spiccano quelle di Mike Francis e del maestro Leandro Barsotti, e hanno partecipato ad altri show televisivi e pubblicato una raccolta di cover. Nove, per la precisione.

Io non me n'ero accorto, ma la bravura degli agenti bravi secondo JR sta anche in questo.

«Tu sei un artista, Antonio, di che cosa vuoi accorgerti tu? Io ho capito tutto, sono pronto a scommettere che la loro presenza a Sanremo è l'occasione della nostra vita.»

Premetto che non sono uno snob e non ho velleità da intellettuale organico. Non compro quotidiani che non leggo solo per farmi notare nell'atto dell'acquisto, non capisco e spesso mi adeguo. Ma che l'occasione della mia vita sia legata ai garretti elastici di uno che si chiama Manolo e che non vorresti mai che ti scopasse la sorella è un po' troppo.

«In che senso, se mi permetti la domanda da artista?»

«Antonio», e qui JR batte il pugno sulla scrivania, o meglio su un'altra rivista da cui escono altri ritagli che preferisco ignorare, «se non lo facciamo ora, quando?»

Segue una lista di motivi validi per non procrastinare l'incredibile chance. Il perno su cui ruota tutto l'esercizio di persuasione del mio manager è il più bieco spirito patriottico. Quando l'Italia mette in campo il suo genio, quando decide di rispondere alle accelerazioni degli americani e degli inglesi, lo fa con uno stile tutto diverso, unico. Montare il fascino latino su una macchina già quasi perfetta come quella delle boy band è una trovata geniale, secondo lui.

«Questi Ragazzi Italiani non rispondono solo ai Take That, questi rischiano di fare la storia. Anzi, la Storia. Noi dobbiamo esserci, se loro sono i Beatles noi saremo i loro Rolling Stones, il loro incubo. Saremo quello che gli Spandau Ballet furono per i Duran Duran, quello che i Purple furono per gli Zeppelin, quello che...»

«Va bene, va bene, ho capito» lo interrompo.

«Noi abbiamo una risorsa segreta – oltre alla mia professionalità intendo –, abbiamo te! Nessuno di quegli improvvisati ha la tua voce, il tuo timbro intenso e la tua potenza. Nessuno di loro viene dall'hard rock, nessuno canta Bolton come te. Nessuno» mi lusinga JR.

«Grazie, ma si è mai vista una boy band di un uomo solo?» gli chiedo.

«No, ma ho in mente due nomi da affiancarti. Due ragazzi capaci più di ballare che di cantare, che possono compensare... sì, insomma, quel tuo problema con l'equilibrio.»

«Grazie della premura» lo guardo fisso.

«Facciamo così, ci troviamo qui domani alle quattro. Tu vieni e io te li presento, poi vediamo se se ne cava fuori qualcosa.»

JR ora mi guarda come probabilmente fa con tutte le sue signore quando cerca di convincerle a perdonarlo, una posa che secondo lui sortisce un effetto irresistibile. Non è così, e se dovessi essere fedele a me stesso gli direi anche che Michael Bolton è uno sciacquone per cinquantenni americane, roba da menopausa, ma non sono fedele a me stesso e c'è quella rivista lì nell'angolo destro della scrivania che non è allineata con le altre e mi sta facendo soffrire.

Tendo la mano per sistemarla ma JR lo prende come un gesto di assenso e me la afferra.

«Lo sapevo, lo sapevo che di te mi posso fidare», poi si alza e circumnaviga la scrivania per venirmi ad abbracciare.

Mi stringe forte e mi accompagna alla porta.

Ancora scosso dall'abbraccio, cado di faccia contro il vetro opaco smaltato e creo una ragnatela di crepe in superficie. Mi schianto in terra e inizio a ridere lungo disteso sul pavimento sporco dell'ufficio.

3

Sulla targhetta del campanello c'è scritto "Antonio Flünke" ed è tutto quello che c'è da sapere sulla mia vita sentimentale. Una volta i nome e cognome erano due, ma *lei* se n'è andata dopo pochi mesi e penso che la cosa abbia a che fare con la mia paura di essere toccato dalle persone, con il fatto che cado spesso e con la mia vertigine dell'ordine, tutte cose che possono stancare alla lunga e anche nel breve.

Da allora non sento la necessità, non ho pulsioni del genere di quelle di JR, forse non ho proprio pulsioni in senso assoluto. I vicini mi scrutano con sospetto, come se un uomo singolo trentenne che non fornica furiosamente nel suo appartamento potesse essere segno di sventura. Da quando poi ho preso l'abitudine di portare a casa degli amici con cui canto e provo, forse alcuni di loro mi hanno segnalato alla polizia segreta antifroci del sindaco. Io sorrido gentile a tutti e, quanto a fare del sesso senza complicazioni, mi arrangio come posso, quando posso, e se non posso sopravvivo.

Abito in una zona semiperiferica di Milano che d'inverno odora di niente e d'estate di piccione. L'odore del piccione è più una sensazione sgradevole che un miasma vero e proprio, un po' come questa parte della città, spiacevole all'olfatto e alla vista ma non così tanto da farsi detestare. La mia via, quella in cui ci sono sia il campanello sia il bilocale in cui vivo, potrebbe averla disegnata un bambino delle elementari, perché la successione tra case decenti e palazzine vomitevoli è casuale. Anzi no, un bambino delle elementari ci avrebbe piazzato almeno qualche albero, di quelli modello fungo atomico che alla scuola primaria vanno per la maggiore. La casa è composta da una stanza vuota, un'altra stanza con un letto, un angolo cucina senza tavolo e un bagno spartano. Niente mobili per non affezionarmi troppo al luogo, per mantenerlo poco funzionale e sentirmi precario, di passaggio. Quale sia la destinazione finale davvero non lo so, ma preferisco non fermarmi troppo nello stesso posto. Anche se a Milano vivo da dieci anni, da quando i miei si sono lasciati e poi li ho lasciati io.

Quando è successo stavamo a Colonia, prima ancora a Monaco di Baviera e all'inizio di ogni mia cosa a Milano Marittima. Sono figlio di una bagnina romagnola e di un ex modello tedesco, il ribaltamento di ogni teoria filosofica sulla Riviera. Mio padre era ricco e fiducioso. Mia madre era istruttrice in una piscina durante l'inverno e faceva parte della squadra di salvataggio dei Bagni Mele nei mesi più caldi. Lei lo corteggiò, lui non si fece desiderare e così trascorsi l'infanzia a fare shopping con un bellissimo uomo del Nord e a nuotare e giocare a calcio con una romagnola inquartata il giusto. Friedrich Flünke e Carla Torazzi, papà e mamma. Quando si lasciarono io passavo le giornate a frequentare tutti i corsi della Musikhochschule di Colonia, cantare nei karaoke e poco altro, perché se da mamma ho preso i polmoni robusti e la schiena da lottatore, da mio padre ho ereditato una trionfale tensione a non fare un cazzo, ché tanto sarebbe solo tempo sottratto alla mia passione, il canto. Canto perché me lo posso permettere e così, quando ho dovuto scegliere dove comprare casa, mi sono fidato dell'istinto e l'istinto mi ha portato nel limbo delle circonvallazioni, a Milano. Volevo tornare in Italia e ho deciso senza troppi pensieri laterali, ero certo che mi sarei fermato poco, giusto il tempo di un'altra buona scuola di canto per perfezionarmi e qualche idiozia immaginata al momento.

Guardo la segreteria telefonica, non ci sono luci lampeggianti e forse è meglio così. A letto, spengo la luce pensando con sollievo al fatto che non sono più caduto dopo la visita a Jack.

Pechino, settembre 1982

«Sua eccellenza premier Zhao, vostre eccellenze, ambasciatori, signore e signori, buonasera. Signor premier, la ringrazio delle parole cortesi. Non solo questa è la seconda volta in cinque anni che visito la Cina e godo della vostra calda e generosa ospitalità, ma mi meraviglio ancora e sempre più di essere l'unico primo ministro inglese ad averlo fatto. Ciò non significa che siamo stati negligenti nei confronti della Cina. Il flusso di visitatori altamente qualificati in entrambe le direzioni testimonia il nostro interesse reciproco, ma nonostante la quantità dei contatti e la loro assiduità, sono onorata di poter correggere una cattiva consuetudine e spero che la mia presenza qui, stasera, sia una prova ulteriore dell'importanza che noi inglesi attribuiamo alle relazioni con il vostro grande Paese.»

La Signora sa come tenere alta la soglia dell'attenzione. Consapevole della lentezza e dei tentennamenti della traduttrice ufficiale, che ha voluto conoscere poco prima di salire sul palco, si concede una pausa e attende che un sorriso di circostanza si disegni sui tremila volti dei delegati cinesi e su quello del premier Zhao. Il secondo viaggio in Cina dall'inizio del mandato è parte di una missione diplomatica in Asia che comprende anche la tappa giapponese, durante la quale le toccherà stringere ancora mani di uomini più bassi di lei, uomini improbabilmente simili e quindi quasi irriconoscibili, uomini come sempre pronti a sottovalutarla e a osservarla con la curiosità che si dedica agli animali in cattività. Una donna conservatrice primo ministro dell'Impero, una scelta frutto di chissà quale capriccio, secondo loro. Quando Margaret si abbandona alle poche banalità da ora del tè, confessa alle amiche che gli uomini sono prevedibili e deboli, rispondono quasi tutti nello stesso modo alle stesse sollecitazioni. In genere, pochi secondi dopo la fine dei suoi discorsi, l'approccio degli uomini a Margaret Thatcher cambia radicalmente, i modi si fanno più deferenti e i gesti misurati. I russi la chiamano Lady di Ferro da quando la Signora si è occupata di loro in un discorso dalla durezza unica; gli irlandesi hanno sperimentato la disumanità della donna di Stato che ha lasciato morire di fame dieci prigionieri dell'IRA; gli argentini sono stati rispediti in mare a calci nel culo, loro e i loro stracci di riconquistatori delle Malvinas. Ora ci sono questi tremila delegati, le loro facce scolpite nella pietra e il sorriso furbo del loro leader, che si avvita e si nasconde sulla questione di Hong Kong: vuole metterla alla prova. Un cenno del capo in risposta al sorriso soddisfatto della platea che ha appena ricevuto le carezzevoli scuse per la negligenza inglese, e la Signora di viola vestita riprende.

«La strada da Pechino a Londra è lunga. La distanza è spesso aumentata anche a causa delle differenze storiche, politiche e filosofiche dei nostri comportamenti, delle nostre abitudini. Ma ci conosciamo da sempre, sono passati moltissimi anni da quando i nostri due mondi si sono toccati per la prima volta. Nel 1596 la Regina Elisabetta I scrisse all'Imperatore Ming Wanli e gli espresse la speranza che il commercio tra l'Inghilterra e la Cina si potesse sviluppare al massimo» dice, ispirata e felice di poter scandire con l'energia e l'orgoglio dovuto il nome della Regina. Il resto del discorso è la solita altalena di concessioni al ruolo di grande potenza e interlocutore privilegiato che l'Inghilterra riconosce alla Cina e minacce – più formali che non concrete – sulla questione di Hong Kong e sulla legittimità delle pretese dei cinesi. Avere un ex impero coloniale è una disdicevole rottura di scatole, talvolta il primo ministro vorrebbe concentrarsi sui problemi della sua Isola e non curarsi delle impronte indelebili lasciate qua e là per il mondo. Vorrebbe potersi occupare delle periferie piene di immigrati, degli imprenditori cacasotto che rallentano la ripresa, dello strapotere dei sindacati, di fare ordine in casa e mettere a tacere l'insopportabile dissenso che cresce proporzionalmente agli sforzi. Ma il ruolo prevede anche e soprattutto queste peregrinazioni lontano da

Downing Street, questi discorsi fatti di cose abbastanza banali raccontate a uomini abbastanza disinteressati che solo qualche ispirato politologo trasformerà in svolte epocali – in fondo l'unico lusso che si concede il primo ministro è quello di essere sempre interpretato meglio di come avrebbe voluto esprimersi. Mentre gira le poche pagine sul leggio e si avvicina al termine della sua nenia per insonni di cui tutti attendono la fine, la signora Margaret Thatcher di viola vestita riesce a osservare meglio la sala, sfruttando le pause e gli sporadici applausi. Non ci sono donne, non una. Se lo aspettava, ma il colpo d'occhio è sempre parecchio diverso dall'immagine che uno si crea prima che la canzone sia cantata. Di fronte a lei ci sono uomini in divisa verde, uomini in divisa marrone, uomini in divisa grigia e uomini in completi scuri acrilici e disgraziatissimi, ma nella Grande Sala del Popolo non ci sono donne oltre a lei e alla traduttrice. Se ne potrebbe ricavare qualche teoria sociologica, ma quello che disturba oltremodo Margaret è l'odore, perché la grande verità che la seconda donna d'Inghilterra ha scoperto nei tanti anni di politica passati in enormi ambienti chiusi è che gli uomini tendono irrimediabilmente a puzzare. La prima ragione per istituire delle quote rosa sarebbe proprio quella di un diverso e migliore equilibrio olfattivo, soprattutto quando si è costretti a viaggi esotici in paesi esotici con cibi esotici e sudori esotici. Margaret sa che non può condividere questi pensieri con altri che non siano Denis, il suo Denis. Lui è l'unico a capirla e a proteggerne la fragilità, gli altri in quell'idea vedrebbero senza dubbio del razzismo. Tutti si aspettano da lei brillanti intuizioni sull'equilibrio del pianeta, previsioni sulla fine della Guerra Fredda, tutti vogliono qualcosa dalla donna-uomo, e la donna-uomo vorrebbe solo del deodorante per ambienti o qualche signora in più in platea.

Quando arriva in fondo al discorso, il primo ministro inglese è compresso tra due sensazioni differenti e ugualmente intense. Il sollievo e la stanchezza, una fatica terribile che comprende, tra le cause, il jet lag, l'età della Signora che si avvicina ai sessanta e quella strana mancanza d'aria che pure una sala enorme dovrebbe scongiurare.

China il capo in segno di ringraziamento e accoglie gli applausi convinti con un sorriso, fiaccata da un improvviso giramento di testa riesce comunque a notare la disciplina con cui quegli uomini tutti uguali battono le mani, quasi a tempo, un ritmo marziale che la accompagna giù dai pochi scalini della sua postazione e che dura finché il premier Zhao non prende la parola per il commiato.

C'è qualcosa di molto originale nel modo in cui Zhao parla e si rivolge a lei e ai delegati, forse proprio il fatto che il capo del partito comunista più grande del mondo in realtà non si rivolga né a lei né ai delegati. Parla con qualcuno o qualcosa che nessuno in sala è in grado di intercettare, forse parla con l'essenza stessa del Partito, da bravo pontefice. Ognuno ha il popolo che si merita, pensa Margaret con una fitta di invidia per questo burocrate d'acciaio che può permettersi di governare senza rendere conto a nessuno, di non avere interlocutori che non siano il Partito e i suoi piani quinquennali, che può nascondere ogni nefandezza nell'armadio enorme dei segreti di Stato. Quando Zhao le rivolge l'ultimo ringraziamento e l'interprete sputacchia il suo: «Senk you again Mrs Thatcher, senk you Mrs Prime Minister», *Margaret si alza e gli stringe la mano in cerca del diluvio di flash. Che non arriva, perché i fotografi autorizzati sono pochi e le immagini andranno vagliate con attenzione e autorizzate con difficoltà.*

È un commiato ufficiale, ma i due si troveranno di nuovo nel pomeriggio, in privato. Gli inglesi vogliono trattare i termini della cessione del territorio di Hong Kong fin nei minimi dettagli e sono pronti a offrire le sovranità in cambio di una fase-cuscino di capitalismo, lunga quanto necessario. Una guerra di posizione che avrà luogo senza pubblico e senza applausi. Margaret lo sa, e quando si alza e chiama a raccolta i suoi per uscire dalla Grande Sala, lo fa con il piglio di chi non ha tempo da perdere e ha un gran bisogno di quiete prima dell'incontro.

La delegazione attraversa la Sala nella quasi totale indifferenza di chi poco prima applaudiva e ora attende un cenno di Zhao per rompere le righe. Gli uscieri spalancano le porte a vetri del Palazzo e gli inglesi si trovano di fronte alla vastità di piazza Tien An Men, che vista dal lato occidentale sembra quasi uno scherzo di prospettiva e profondità. Enorme e ricoperta da una sottile foschia di smog e umidità, l'immagine sfocata di un cratere gigantesco nel cuore di Pechino.

Accanto a Margaret, che si avvicina alla scalinata, c'è quell'uomo alto ed elegante che tanto le ricorda Denis e che lei ha appena rimosso dall'incarico agli Esteri, alla sua sinistra c'è un militare cinese addetto alla scorta e dietro, in ordine sparso, i pochi membri della delegazione. Mentre scende il primo scalino, Margaret pensa che quelle scarpe nere col tacco che ha scelto per sovrastare senza equivoci Zhao non sono poi così comode, e che in futuro non si concederà più vezzi del genere. Al secondo scalino, finge di ascoltare quello che l'uomo alto ed elegante le dice quasi in gergo, una dichiarazione di entusiasmo cameratesco per come sono andate le cose fino a quel momento. Al terzo scalino, si accorge che sulla sua destra c'è una ragazza e le sorride. È una fotografa e indossa una felpa con il cappuccio giallo e una giacca a vento blu, la chiama: «Mrs Thatcher, please»*, e lei sorride ancora, stavolta a favore di camera per facilitarle il compito. Al quarto scalino, il mal di testa si fa sentire di nuovo, più intenso, e la cappa che incombe sulla piazza le impedisce di respirare a fondo. Al quinto scalino, l'uomo alto ed elegante continua a parlare e Margaret continua a non ascoltarlo e a pensare che ha fatto benissimo a rimuoverlo dall'incarico. Al sesto scalino e poi al settimo, i tacchi troppo alti impongono al primo ministro un'accelerazione che però non viene registrata opportunamente dal corpo e porta a quello che accade all'ottavo. In un attimo Margaret scivola e cade sul fianco destro, un volo che la proietta fino alla fine della scalinata, quattro gradini di urti violenti e pericolosi. Un volo rovinoso che l'uomo alto ed elegante non riesce ad arrestare perché troppo impegnato a parlare da solo, e che il piccolo militare cinese non ha il tempo di prevenire perché troppo spaventato dalla mole della Signora di viola vestita. Margaret cade e tutto si ribalta, la piazza sparisce e le appaiono in rapida sequenza prima i volti stupiti e spaventati dei suoi, poi l'implacabile grigio del marciapiedi su cui finisce la corsa e si accascia. Questione di un secondo, un lungo secondo in cui la fotografa giovane e inesperta si ferma a pensare alla metafora della caduta del potere e il piccolo militare si ferma a pensare alla terribile punizione che il volo dell'ospite gli procurerà. Un secondo in cui l'uomo alto ed elegante pensa che quella donna feroce in fondo se l'è un po' meritato, e l'assistente personale del primo ministro guarda preoccupata il femore per capire* *se è successo qualcosa di irreparabile. Poi Margaret si alza da sola, sorride e dice:* «Oh dear, I'm sorry!»*, e riprende a camminare verso l'auto che la attende pochi metri più avanti, e che quel* "dear" *con cui si scusa sia Denis, l'uomo alto ed elegante, il suo ginocchio o lo stesso Partito comunista a cui parlava Zhao, non lo saprà mai nessuno perché tutto finisce con lo scatto della portiera.*

4

La prima volta che sono caduto avevo cinque anni, che poi uno potrebbe anche riformulare la frase e dire che la prima caduta che ricordo coincise con il giorno del mio quinto compleanno, perché con ogni probabilità mi era successo anche in precedenza. Tutto dipende da come consideriamo l'infinità di ruzzoloni e pianti disperati che compongono la routine dei bambini in lotta con i primi passi. Se prendessimo per buona la versione che li considera inevitabili riti di passaggio, saremmo costretti a depennarli tutti dalla lista delle cadute consapevoli e a datare il mio rovinoso esordio al giorno in cui spensi le cinque candeline sulla grande torta di pan di Spagna, cioccolato fondente e panna a forma di pianoforte a coda.

Da poco i miei genitori avevano scelto di avvicinarsi alla famiglia paterna e, carichi delle nostre molte cose e del poco che ancora li legava, avevamo viaggiato dalla Romagna alla Baviera in cerca di qualcuno o qualcosa che potesse aggiustare o dare un senso a quel matrimonio intrappolato in un'eterna estate. Come naturale, di tutto ciò io capivo poco, e a quei due riconosco il merito di aver celato lacrime e tensioni, se mai ce ne furono. A Monaco ci sistemammo in una delle tante proprietà dei Flünke: mio padre chiese e ottenne una casa a due piani con un piccolo giardino nel quartiere di Neuhausen. Per averla fu determinante il debole di nonno Poldi per me, il suo unico nipote maschio, l'ultima occasione di conservare il cognome e tramandare la sua gloria ai posteri. Leopold

Flünke era nato a Philadelphia negli anni Venti e da lì aveva osservato da lontano l'inizio e la fine di ogni cosa. Solo a conflitto concluso si era imbarcato ed era tornato in Germania per la ricostruzione. Figlio di una coppia di farmacisti bavaresi emigrati a inizio secolo, Poldi era un tipo intraprendente e pieno di energie: il tempo di ambientarsi e già aveva fatto fortuna con una catena di negozi di abbigliamento tecnico per la caccia. Da un solo punto vendita iniziale, si era espanso sorretto dalla grande intuizione che la caccia avrebbe potuto rappresentare il surrogato estetico di quella mania militarista ormai innominabile. Così, di mimetica in mimetica, di cartucciera in cartucciera, il piccolo impero di Poldi si era propagato fino alle province del Nord più desolato, e il giovane che aveva solcato l'oceano per tornare alla terra degli antenati aveva investito il suo denaro e diversificato le attività. Altre catene di negozi di abbigliamento, questa volta femminile, poi il grande salto ai supermercati e al largo consumo. Mio nonno aveva lavorato senza pause né distrazioni ogni giorno della sua vita, appoggiato in ogni scelta dall'altera moglie americana Rose, conquistata sulle panche di legno di un *Biergarten*.

Poldi non aveva etica che non fosse quella del lavoro, per questo non era mai riuscito a capire e amare senza riserve quel figlio così diverso da lui, mio padre Friedrich.

Papà non ha mai lavorato, non ci ha nemmeno provato fatta eccezione per pochi servizi fotografici da modello e qualche campagna pubblicitaria che sarebbe generoso qualificare come un impegno. Anni fa ho visto le foto sbiadite dal tempo in cui il mio bellissimo padre posava in camice bianco da dottore e con un sorriso smagliante suggeriva agli anziani tedeschi di usare un apparecchio acustico Audifon, oppure altre in cui indicava a una coppia di sposi novelli la loro nuova villetta monofamiliare con un gesto rassicurante. Friedrich aveva una di quelle facce che i pubblicitari catalogano come gradevoli e affidabili, un modo carino per definire la bellezza inespressiva di tanti giovanotti statuari, ma del tutto inadeguati alla recitazione. Fosse esistita la categoria, papà sarebbe stato un ottimo "sorrisista", magari capace di modulare anche la lucentezza degli incisivi se gli fosse stato richiesto, ma mai di pronunciare una battuta a tempo. Sopravvissuto al carattere di mia madre, alle aspettative di suo padre e all'ostentato disinteresse materno, Friedrich era e credo sia tuttora il più meraviglioso uomo mite e infantile di Germania. Il nostro rapporto è cresciuto senza alcun riguardo per le dinamiche naturali, dopo pochi anni eravamo già coetanei e amici e a un certo punto è stato inevitabile invertire i ruoli e diventare il padre di mio padre. Quando tra lui e mia madre le cose si sono fatte davvero complicate e i margini per continuare insieme si sono ristretti fino a sparire, sono riuscito a convincerlo che non avrei risentito in alcun modo della fine del loro matrimonio. Ho fatto del mio meglio per consigliarlo anche quando, dopo la morte di Poldi, si è ritrovato nella difficile condizione di scegliere se confrontarsi finalmente con l'ombra del padre, oppure disfarsi di tutto e incassare in silenzio un ricco vitalizio. Dopo pochi tentennamenti, Friedrich ha scelto di diventare a tutti gli effetti un ozioso gentiluomo di campagna e io l'ho seguito senza lagnarmi, mantenuto da un mantenuto.

Non ho mai mitizzato mio padre, non sono riuscito a trasformarlo nel supereroe di tutti i miei sogni infantili e alla lunga gli sono grato di aver scelto di apparire molto umano e fallibile ai miei occhi di bambino. Ho avuto un compagno di giochi e un confidente attento, e poco importa se non fosse capace di giocare a calcio e detestasse qualsiasi forma di lotta violenta, a me bastava sedermi sulla sua poltrona e guardarlo mentre ballava assorto i 45 giri degli ABBA, e dirigendo gli archi della sua orchestra immaginaria ripeteva a intervalli regolari "*Wunderbar*", meraviglioso. Vestiva in modo eccentrico e non c'era genere, foggia o colore di pantaloni che non possedesse. Portava cappelli a tesa larga e per qualche anno non volle liberarsi di una pelliccia di lupo che sosteneva di aver comprato da uno sciamano. Amavo il contrasto stridente tra lui e i genitori clonati dei miei compagni di classe, la naturalezza con cui si presentava ai cancelli della scuola conciato come nemmeno a Carnevale quegli altri avrebbero osato. Mamma non ha mai capito quanto fossi orgoglioso di quell'uomo pieno di colori e sorrisi, ha sempre pensato alla sua inconcludente felicità come un pericolo per la mia crescita e un potenziale trauma infantile, ma non c'è nulla di più lontano dalla verità. Qualsiasi nevrosi io abbia sviluppato in età adulta, non ha legami con l'allegria pura e contagiosa di Friedrich.

I miei ricordi di quegli anni sono pieni degli arcobaleni impazziti di mio padre e di qualche immagine sbiadita del nonno in tuta mimetica davanti al muro bianco e ruvido della nostra casetta, conservo la memoria tattile del pelo morbido e profumato del suo bracco tedesco e del pesante collare di cuoio. Poldi cercava di recuperare con il nipote quanto aveva fallito con il figlio, e spendeva ore intere a spiegarmi come riconoscere le tracce nel sottobosco, come modulare il fischio per individuare la preda e quali pose marziali assumere nell'imbracciare il fucile. Giocare al piccolo soldato non mi divertiva e passavo quelle interminabili sessioni di addestramento a spiare con la coda dell'occhio i movimenti di papà, che osservava a debita distanza e se la rideva, senza tuttavia mai intervenire o disturbare.

Quando confessai a Poldi che non sarei mai riuscito a sparare a un uccellino grosso quanto il mio pugno, lui scosse la testa deluso e mi disse che non c'era proprio nulla da fare, che il gene di mio padre era maledetto e che avremmo mandato tutto in rovina. Da quel giorno, lui e il suo fido compagno di caccia si fecero vedere sempre meno di frequente, e io e mio padre potemmo finalmente dedicarci alle nostre attività predilette, come i concerti senza strumenti, le gare di corsa sotto i getti dell'irrigatore e i graffiti sulle pareti della mia stanzetta, liberi da ogni forma di giudizio e pressione, liberi di non essere all'altezza.

Il giorno del mio quinto compleanno coincise con la domenica dello Spargelmarkt, la sagra durante la quale tutto il centro della città si riempie di banchetti carichi di asparagi bianchi e carnosi, una giornata di primavera con le strade piene di giovani coppie accorse per la festa, famiglie in costume tradizionale e anziani bavaresi scesi dalle montagne a dorso di mulo con i loro *kurze Lederhosen*, i pantaloni che arrivano poco sopra il ginocchio, e i coltelli con il manico di cervo nascosti nelle *Messertaschen*, le piccole tasche laterali. Per l'occasione mio padre si era vestito come loro e non aveva lasciato nulla al caso, mentre io indossavo i pantaloni di cuoio di quando lui era bimbo che irritavano le mie cosce proprio come doveva essere capitato alle sue, un paio di bretelle che in passato erano appartenute a Poldi, e pesanti calzettoni bianchi di lana che contribuivano a farmi sudare sotto i raggi del sole potente e perpendicolare di quella domenica di metà maggio. Papà aveva deciso che non avrei passato il mio compleanno a giocare in giardino con i compagni dell'asilo mentre lui e gli altri genitori cercavano argomenti neutri e valutavano con malcelato disinteresse i culi delle mogli altrui: era già successo troppe volte che dopo le prime birre la conversazione languisse fino a esaurirsi e creare enorme imbarazzo, o al contrario si accendesse fin troppo e turbasse noi bambini in moto perpetuo intorno alla piccola casa bianca. Papà non aveva una reale passione politica, ma si divertiva a provocare i giovani in carriera che spedivano i figli al mio stesso asilo nascosto nel parco. Sosteneva di provare simpatia per le azioni di disturbo della Stasi, ripeteva il nome di Carlos Marighella e citava di continuo il suo manualetto sulla guerriglia urbana come se lo conoscesse veramente, ma sarebbe bastato approfondire un po' le sue sparate per capire che si trattava solo di notizie di seconda o terza mano. Rimproverava a quei suoi coetanei così diversi l'ignoranza e la poca curiosità, però era chiaro che li detestava per il semplice motivo che loro sì sarebbero piaciuti a Poldi, quegli operosi trentenni sulla strada del successo, tutti presi dal miracolo industriale tedesco e dalla costruzione di una nuova società, progressista ma solo nelle apparenze, moderna ma solo per il design di quelle automobili sempre più perfette e veloci. Non era in grado però di sostenere una posizione fino alle estreme conseguenze, e dopo aver buttato lì quelle poche parole incendiarie subito si pentiva e cercava di recuperare la situazione, di solito già compromessa e sfuggita al suo controllo. Mio padre aveva per il denaro e gli oggetti il disprezzo del privilegiato, fuggiva consapevolmente ogni responsabilità e non riusciva a integrarsi nella granitica società di mutua fiducia tedesca tanto quanto non sapeva viaggiare e adeguarsi a qualsiasi altro contesto, sempre troppo faticoso per lui. In Italia si era limitato a impegnare ogni sua energia nella costruzione di un terreno di coltura perfetto per la mia crescita, aveva intuito che i parenti di mia madre rappresentavano un serio pericolo con i loro orizzonti adriatici, il dialetto e le distese sterminate di barzellette e piadine come panacea di ogni male, e così si era dedicato alla mia educazione seguendo l'istinto da autodidatta e percorrendo la via più lontana da quella percorsa da Poldi con lui. Nessun ricorso all'autorità paterna, nessuna imposizione: giocavamo per ore con i suoi dischi e disegnavamo sdraiati a pancia in giù sul pavimento, io dipingevo la sua faccia dolce e paziente con i pochi tratti di cui ero capace e lui imitava il mio stile e mi regalava decine di fogli su cui un bambino piccolo e suo padre si tenevano per mano. Sempre la stessa immagine, cambiavano solo i colori.

Mia madre era gelosa di noi e di quell'esclusività, ma credo tollerasse ancora meno l'idea di avere a che fare con due figli, uno voluto e l'altro regredito all'età infantile dopo averlo sposato. Incapace di accettare il fatto di trovarsi di fronte a un uomo più sensibile e fragile di lei, abituata alle rudezze dei maschi pescatori e portuali di riviera della sua famiglia, aveva rinunciato quasi subito a ogni sforzo per comprenderlo e si era interessata ad altro e ad altri. Ci aveva abbandonati al nostro destino, pur presente fisicamente non era mai stata con noi. Poco male, nessun rancore, papà e io stavamo bene e sarebbe durata all'infinito se a un certo punto anche io non avessi divorziato da Friedrich. In un cassetto nemmeno troppo nascosto della mia coscienza, è riposto il senso di colpa nei suoi confronti. Non ho mai capito quale sia stato il motivo scatenante della sua regressione infantile e della depressione successiva, forse la consapevolezza di un'età fatta di dolori, smarrimenti e privazioni.

O forse l'ho capito fin troppo bene, ma rifiuto di pensarci e per non sentirmi colpevole mi riduco a rimuovere il pensiero di lui. Lo faccio con tanta determinazione che per periodi a volte molto lunghi riesco ad allontanarlo del tutto, a cancellarlo. Poi però arrivano i giorni in cui ricevo le sue cartoline (sempre la stessa a dire il vero, "*Grüße aus Düsseldorf!*", "saluti da Düsseldorf!"), piene di disegni stilizzati di uomini adulti che tengono per mano bimbi magri come stecchini, e vengo travolto da una nostalgia struggente, rivorrei indietro i tempi di quella casa bianca dal tetto spiovente con il giardino più bello del vicinato, i tempi in cui ero il suo unico amico e confidente e non l'avevo ancora lasciato prigioniero di una stanza troppo grande e silenziosa e di pensieri piccoli e delicati, come per esempio quello di comprare uno stock di cartoline di Düsseldorf per spedire la stessa immagine per sempre.

Ma questa è tutta un'altra storia, e non ha nulla a che vedere con il giorno della mia prima caduta.

Quell'edizione dello Spargelmarkt fu particolarmente caotica, c'era una folla enorme e la calca rendeva difficile il passaggio tra i banchetti di Kaufingerstraße. Papà mi teneva per mano, una stretta solida a cui non ero abituato ma che mi piaceva molto, mi faceva sentire al sicuro. Come se non volesse perdermi nel vortice di valligiani, turisti e agricoltori di corsa tra cassette di ortaggi pressoché uguali, tutti oscenamente rigogliosi eppure tutti così straordinari da giustificare quel sabba collettivo. Procedevamo lenti ma, nonostante le rassicurazioni di Friedrich, cominciavo a essere stanco e ad avere paura delle facce stravolte dal caldo e dai fiumi di birra filtrati nel corso di una sola mattinata; sempre più spesso qualcuno si inseriva tra me e mio padre e lo costringeva ad allungare il braccio e strattonarmi in avanti per non perdere la presa. Di tanto in tanto ci fermavamo per vedere le esibizioni degli artisti di strada, la maggior parte musicisti tradizionali o mimi così tristi da strappare il cuore anche al più allegro dei passanti. Quando ne incrociavamo uno Friedrich accelerava, sapeva fin troppo bene che avrei finito per piangere dopo pochi secondi e non era così che voleva farmi trascorrere quella giornata di festa. Mimi e circo avevano su di me un effetto drammatico, trovavo strazianti entrambi e non c'era modo di consolarmi, piangevo più per loro che non per me, per la bruttezza assurda dei costumi e l'odore insopportabile degli animali in cattività, per il cerone bianco che cancella le espressioni e le calze elastiche a contenimento graduale delle cavallerizze obese. Dopo un'ora eravamo ancora all'altezza della chiesa di Sankt Michael e, sebbene non volessi deludere le aspettative di mio padre e rovinare la sua iniziativa, ero esausto e molto vicino alle lacrime.

Friedrich capì che non avrei retto oltre e mi trascinò a lato della via, dove il passaggio era meno intenso e l'aria respirabile. A meno di cinquanta metri da noi c'era il Museo della Caccia e della Pesca, con le statue di bronzo del cinghiale e del pesce gatto poste ai due lati dell'ingresso. Mio padre cercò un diversivo e decise che era il momento di giocare. Io sarei partito dal pesce gatto e lui dal cinghiale: avrebbe vinto chi fosse riuscito a salire per primo in groppa all'animale dell'avversario. Non ricordo bene se ci fossero altre regole, il gioco era semplice e divertente e la sfida bastò a farmi dimenticare quasi subito la fatica di quella camminata da incubo. Salire sugli animali di bronzo del Museo era una delle tante cose che mio nonno mi aveva sempre proibito di fare. Era bello celebrare quella piccola rivincita insieme a Friedrich nel giorno del mio compleanno, era un regalo ancora più gradito della bicicletta nuova che Poldi mi aveva fatto trovare in giardino quella mattina, ancora meglio del Piccolo Chimico che mamma aveva comprato e subito aperto per eliminare qualsiasi polvere e reagente esplosivo (mi erano rimasti solo gli alambicchi e un inutile becco Bunsen).

Mi issai a cavalcioni sul pesce gatto ignorando gli sguardi di disapprovazione delle signore e quelli di invidia degli altri bambini. Friedrich salì sul cinghiale e contò alla rovescia, da cinque a zero. Saltammo entrambi giù dal nostro destriero di bronzo e partimmo alla carica, padre e figlio accomunati da un'identica andatura letale, e nessuno dei due alzò la testa mentre correva. Dritti e concentrati al massimo sforzo, mio padre si lanciò come se dovesse vincere una finale olimpica e io feci altrettanto. Lo scontro fu inevitabile, violento e frontale. Rimbalzai contro le sue ginocchia senza però essere colpito al volto, più ancora che calciarmi Friedrich mi sollevò da terra e mi lanciò all'indietro. Lui stesso inciampò, perse il passo e si schiantò di lato. Le persone che avevano assistito alla scena corsero tutte verso di me per sincerarsi che non avessi battuto la testa, che fossi ancora vivo. Era stato un volo notevole, impressionante tanto quanto la differenza di stazza tra me e Friedrich, che intanto giaceva sul fianco destro e mi guardava preoccupato, ignorato da tutti. Ci fu un lungo momento di silenzio in cui nessuno si mosse, nessuno parlò. Quando fu evidente che non avevo perso conoscenza e stavo bene, non sanguinavo e probabilmente non c'erano ossa rotte, il piccolo assembramento intorno a me si disperse e rimasi solo, seduto sulle lastre calde della pavimentazione antica. Fu allora che sentii la risata di mio padre, prima debole e poi sempre più rumorosa e incontenibile. Era per terra e il suo corpo era squassato dalle convulsioni, rideva come un matto e mi indicava. Dopo pochi secondi mi unii a lui, la mia risata acuta di bambino saliva di tono e sovrastava a tratti la sua. Ero caduto, eravamo caduti e ridevamo senza riuscire a smettere, senza intenzione di rinunciare a godere fino in fondo di quel dono inaspettato.

5

Nel mondo delle boy band minori una macchina può diventare un'arma a doppio taglio. Il solo possesso del mezzo garantisce un ruolo di primo piano all'interno del gruppo, anche se alla lunga i fastidi che ne derivano sono molto superiori al prestigio e alle soddisfazioni. Ma JR ha toccato le corde scoperte della mia ambizione e mi ha convinto della leadership che avrei acquistato facendo l'autista, così viaggio sulla via di casa di Alessio Diaz detto Bello. Da lì partiremo insieme per raccogliere l'altro collega. Se accetti di trasformare una modesta carriera da solista in una sfida all'establishment del pop e ai suoi miti, ci sta pure che tu debba accettare dei compromessi: due, per la precisione. Il primo si fa appunto chiamare Bello e tra poco avrò modo di scoprire il perché, e l'altro ha da poco compiuto diciotto anni e non ha ancora scelto un nome d'arte. Per ora si accontenta di Federico, anche se JR sostiene che il ragazzo sia molto tentato dall'inglese *Faith*, secondo lui traduzione adeguata di "Fede". Difficile da digerire, ma affronto un problema alla volta. Bello abita quasi alla fine della città in direzione est, poco prima del ponte di viale Forlanini e della strada a tre corsie che conduce in aeroporto. Il traffico è congestionato e i marciapiedi non offrono spunti interessanti, nessun negozio particolarmente brutto, nessuna zuffa tra anziane casalinghe, nessun cane agitato, e quindi accendo la radio, un'estraibile coreana con le manopole ipersensibili. Un tocco leggero e la sintonia si perde insieme alla stazione, un altro tocco al volume e le casse rischiano di esplodere. Quando la musica sale all'improvviso, mi spavento e schiaccio il pedale del freno; lo faccio di continuo e visto da fuori dev'essere anche divertente, una specie di balletto sincopato: tocco, punta, freno. Dopo un centinaio di metri di sussulti e sobbalzi, mi fermo sulle frequenze di Radio Capital e cerco di non dare troppo peso alla conduzione che fa da raccordo tra disco e disco. Non amo il parlato radiofonico a meno che non si tratti di notiziari, approfondimenti giornalistici o radiodrammi, anche se so bene che questa è la risposta che darebbe qualsiasi anziano membro di un campione di ascolto. Non tollero le voci nasali ed euforiche dei dj dei network commerciali, quelli che ti chiedono qual è il posto più strano in cui hai fatto l'amore e fingono che la tua risposta sia spiritosa, originale e molto piccante. Ma se uno per caso volesse comunicare al mondo che sta per suicidarsi, che le pastiglie sono lì sul tavolo, la pistola è carica, il cappio è pronto e la finestra è aperta? Poniamo che questo ipotetico aspirante suicida non voglia che i suoi cari lo sappiano e non sia stato capace di scrivere un biglietto. Anzi, forse non l'ha fatto perché spera che qualcuno riesca a salvarlo, a dissuaderlo dal suo intento, e nella speranza che ciò avvenga telefona a una radio, il suo ultimo megafono. Sembrerebbe facile, ma se gli capita uno di quei dj il potenziale suicida è ormai materia da epitaffio a metà telefonata. Già, perché il problema è che il dj in onda ha passato l'intera giornata a cercare un argomento per la diretta, e quando tutto sembrava perduto una redattrice devota gli ha suggerito proprio *quel* tema.

Qual è il posto più strano in cui hai fatto l'amore? Il dj l'ha trovato tanto unico e meraviglioso che difenderà il suo argomento fino alle estreme conseguenze. Per il suicida.

"Abbiamo in linea Antonio da Milano, ciao Antonio. Allora, qual è il posto più strano in cui hai fatto l'amore?"

"A letto. Nel mio letto singolo, ma non ho telefonato per questo. Io volevo solo dire che questa sera ho deciso di farla finita e non credere che sia stata una scelta facile..."

"Davvero...? Senti, credo tu sappia che ci sono dei bambini ancora svegli che magari ci ascoltano, questo non è quello che volevo sentirti dire, Antonio, la vita è bellissima e so che la pensi anche tu così. Piuttosto raccontami un po' meglio, nel letto singolo eravate in due o in tre?"

"No, ero da solo. Infatti ti ho detto che non ho telefonato per partecipare al dibattito perché se ci pensi un attimo il letto non è un posto strano e io l'amore non l'ho mai fatto se non da solo. Uno dei motivi per cui non voglio più vivere tra l'altro è proprio la solitudine. Insomma, non ho mai fatto l'amore in un posto strano ma pur di parlare con te e con tutti voi ho barato e ho considerato io e me stesso due persone diverse. Non fraintendermi, sono molto emozionato, complimenti per la trasmissione e tutto il resto, ma più che altro avevo bisogno di parlare con qualcuno, sto malissimo e mi sento solo. Aiutami. Qualcuno può aiutarmi?"

"Antonio, guarda che ci vuole una grandissima energia per riuscire a stare bene da solo. Io ti ammiro. Quindi sei uno che fa tutto da solo... dài, sdrammatizziamo un po'! Lo straordinario Antonio e il suo letto singolo, che storia ragazzi! Ma ve lo immaginate Antonio da Milano nel suo letto, in camera sua, solo ma con i poster di Pamela Anderson e del suo calciatore preferito... per che squadra tifi, Antonio?"

"Non seguo il calcio, ma stavo cercando di dirti che..."

"Va bene Antonio, non mi vuoi dire per che squadra tifi. Hai ragione. Il voto e il tifo sono affari personali, al limite uno lo dice all'amante... e quindi nel tuo caso se lo racconta da solo. Bravo Antonio!"

"Non hai capito, proverò a essere più chiaro e a dare comunque un contributo alla serata. Quando dico che ho fatto l'amore con me stesso nel letto singolo, significa che non ho mai fatto l'amore con nessuno e che mi faccio le seghe. Sono solo come un cane e mi faccio tantissime seghe perché sono disperato e le donne non mi vogliono nemmeno se le pago. Neanche gli uomini mi vogliono, la gente mi evita perché sono strano, pensano che io sia pericoloso.

Sono solo. Aiutami, c'è qualcuno che può aiutarmi là fuori? Io non ce la faccio più. Ho bisogno di aiuto."

"Ma dài Antonio, quale aiuto, mica era una domanda difficile, così mi ammosci tutta la puntata, forza! Quindi a letto da solo, bellissima questa cosa di stare a letto da solo a fare l'amore."

"Ti prego, aiutami. Sono al quarto piano di un palazzo di via..."

"Non posso darti l'aiutino, Antonio... scherzo, ma tu non fare così. Senti, la domanda era facile e comunque prendendo la linea hai già vinto la tua compilation e la maglietta '*Setters do it better*'. Però ti ringrazio per averci offerto un punto di vista diverso."

"Aiutami..."

"Grazie Antonio, lascia i tuoi dati al centralino se non l'hai già fatto... ragazzi, speriamo che Antonio da Milano riesca a trovare qualcuno con cui farlo in un posto strano, perché è un tipo davvero divertentissimo e se lo merita, non trovate anche voi? E ora sentiamo il nuovo singolo di Nek!"

Ma ci sono anche radio che trasmettono buona musica senza troppe intrusioni, in quei casi si tratta solo di sopportare tre minuti di chiacchiere ed è fatta. Potrebbe andare così anche oggi, solo che il tizio in onda è davvero antipatico e mi irrito per il suo monologo sul perché è grazioso dare dei nomignoli al proprio "coso" e alla propria "cosa", come li chiama mentre espone la sua teoria. Non pago, racconta che, da quando lo chiama "paperottolo", il suo coso risponde molto meglio alle sollecitazioni, è più in forma, e che le prestazioni ne hanno tratto molto giovamento. Poi, sempre con un'inflessione bresciana indolente, piazza lì un aneddoto su quando faceva il pasticciere di provincia e lo usava (il paperottolo) come modello e stampo per i panini al latte. Alla fine del monologo sugli sfilatini annuncia il disco successivo senza enfasi, come fosse un disturbo non dovuto. Tutto ciò è molto grave. Dico, come si può avere così poco rispetto per il proprio cazzo, come si può avere così poco rispetto per gli ascoltatori, e soprattutto come si può pensare che la cosa sia in qualche modo divertente? Al di là dell'ossessione grammatico-lessicale a causa della quale vengo evitato ad aperitivi e cene, l'affronto è insopportabile anche solo per la sua gratuità. Se avessi con me un cellulare telefonerei al centralino della radio e chiederei di parlare in diretta con quello lì, ma non ho il cellulare e non l'avrò mai. Resta comunque il fatto che in pochi minuti il tizio ha messo in fila tutti gli errori che uno speaker con qualche prospettiva non dovrebbe mai fare. L'italiano trasandato, l'aneddotica sciatta, la profusione di banalità... e poi quella porcheria sul suo pisello che mi ha turbato moltissimo. Ci vorrebbe la pena di morte per chi ribattezza i propri genitali come piccoli animali domestici o qualità diverse di verdura e frutta. Patatina, farfallina, passerina, fragolina, passerotto, paperottolo, pisellino, cetriolino e via così. Anzi, forse ancor più della morte quei poveracci di spirito meriterebbero una plateale ribellione delle loro vittime. Una chiamata alle armi: genitali di tutto il mondo, ribellatevi! Vi chiamano come piccoli uccelli da voliera? E voi comportatevi come tali, volate via e lasciateli ai loro vezzeggiativi ipocriti. Boicottateli! L'insurrezione degli umiliati e degli offesi contro dei bavosi solo in apparenza inoffensivi. Fate in modo che usino sacchetti di patatine al posto vostro, che soddisfino i loro bassi istinti oratoriali con dei pupazzetti di gomma, non piegatevi più ai lordi bisogni di quei porci senza fantasia. Andate via e costringeteli a rimpiangere il momento in cui non vi hanno trattato come avrebbero potuto e dovuto.

Solo la repressione di follie del genere può salvare il Paese da una deriva qualunquista e pasticciera, combattiamo finché siamo in tempo, non è troppo tardi. Non rassegniamoci a un impoverimento così spaventoso della fantasia. Ci sono mille modi per chiamare ogni cosa e sono tutti appropriati, un tempo i dizionari dei sinonimi e dei contrari vendevano migliaia di copie, ora ci divertiamo a prendere per il culo calciatori che parlano di sé in terza persona e tanto ci basta per sentirci migliori. Ma senza le parole giuste rischiamo di diventare tutti come questo speaker dal futuro non radioso, che tra l'altro ha ricominciato a inanellare banalità e allora spengo la radio prima di rompere il volante e fare esplodere l'airbag. Forse è colpa mia, è probabile che io sia troppo intollerante e inadeguato all'evoluzione, ma fatico ad accettare che si possa parlare a un pubblico così largo e non selezionato senza una licenza, che si riesca a raggiungere ogni casa e a riempirla di parole senza conoscerne la dizione esatta, che nella terra di mia madre tutto sia sempre approssimativo e grossolano. Quando sono a cena con persone pedanti quanto me e provo a farle partecipi della mia lotta contro la regressione linguistica, mi dicono che sono un pessimista, un qualunquista e forse anche un massimalista poco informato, come se la loro vergogna per non essersi mai accorti della tragedia e per non essersi impegnati a evitarla potesse nascondersi meglio dietro a tutti gli "ismi" che mi sparano addosso. Insomma, io sarò pure un rompicoglioni precocemente senile, ma nessuno parla più italiano, nessuno lo conosce più e per me, che ho dovuto mantenerlo vivo e impararlo di nuovo, è un dolore. Quelli che fino a poco tempo fa mi erano sembrati personaggi grezzi, volgari e dannosi vengono scavalcati da esempi sempre più scadenti, gli impresentabili diventano padri della Patria per eccesso di ribasso e io perdo punti di riferimento e li trovo sostituiti da ex macchiette. Oggi Funari è un maestro di giornalismo televisivo perché i piccoli leccaculo prezzolati dalla politica sono molto peggio di lui. Celentano è un modello comportamentale e un filosofo della comunicazione perché l'alternativa è Alessandro Greco con il suo frasario standard da verbale dei carabinieri. Biscardi ha i titoli per parlare di sport come fosse Brera perché le televisioni locali sono invase da Tiziano Crudeli e dai suoi simili, Montesano è da considerare un comico raffinato e sottile perché siamo stati travolti da Pieraccioni, Ceccherini e le loro barzellette tristi e senza colore, Ramazzotti è un cantautore vero perché oltre a lui ci sono i Dirotta su Cuba e il loro italiano accelerato e smangiucchiato da canzonetta *high energy*, e Raffaella Carrà è la madre di tutti noi, appesi alle sue sorprese per evitare di annegare nelle tette e nel lombardo-veneto improbabile di Mara Venier. La soglia della decenza si abbassa, e tutti ce ne stiamo buoni in attesa di nuovi mostri e inferni sempre meno affascinanti, sempre più simili a brutti sogni. L'italiano cessificato trascina con sé le grandi produzioni popolari, la forma contamina la sostanza e ormai basta mettere in scena finzioni sempre più semplici, piccole: l'ordinario ha escluso lo straordinario da qualsiasi palinsesto, non c'è più bisogno di intrattenere perché basta far passare il tempo. Se si va avanti così, finiremo per guardare in televisione gente che non parla più o che non fa alcuno sforzo per farsi capire, che mangia, caga e scopa in diretta, e noi saremo entusiasti di vederli, al limite un po' invidiosi di quelli che scopano. In un mondo così, perfino uno come il dj paperottolo potrebbe farcela, ma un mondo così è ancora lontano da venire. Io mi batterò perché non succeda.

Penso a tutto questo e mi crogiolo in un'indignazione che è sempre e solo segno di nobiltà d'animo e, mentre faccio la solita constatazione poco amichevole con l'orrore quotidiano – io che mi sento molto migliore del Paese e di chi lo governa –, inizia a piovere; rallento all'altezza dell'incrocio con la via che JR mi ha indicato, metto le quattro frecce e scopro che esiste una nemesi anche per me, che la spocchia non resta impunita a lungo e che, se non li puoi combattere, forse non puoi nemmeno unirti a loro. Immobile sotto la pioggia c'è un ragazzo che sembra appena uscito da una festa a tema "Miami Vice". Mi basta guardarlo per capire che è il mio primo passeggero.

Alto e abbronzato, i lunghi capelli scuri raccolti in uno chignon molto più femminile che no, Bello indossa un completo di lino bianco e una maglietta nera che stonano con la temperatura gelida. Degli enormi occhiali fascianti neri gli coprono metà della faccia e ai piedi porta un paio di mocassini di vernice. Ha tutta l'aria di essere uno che passa giornate intere in palestra e che la palestra se la paga passando quel che resta del giorno con anziane signore, ma è solo una prima impressione superficiale e fingerò di non essere uno che giudica le persone dalla prima impressione. Bello parla al telefono, un grosso aggeggio di cui sembra molto fiero perché mentre ascolta lo stacca più volte dall'orecchio per guardarlo soddisfatto e sorridere, anche se in effetti potrebbe essere una reazione alle parole del suo interlocutore.

Suono il clacson, e lui mi fa cenno con la mano libera di aspettare un attimo e continua a parlare. Dopo quasi un minuto interrompe la comunicazione e, ormai fradicio, viene verso la macchina. Entrando porta con sé un tripudio di profumo e mi saluta come se ci conoscessimo da sempre, o almeno da troppo.

«Ciao. JR mi aveva detto che passavi se no venivo lì con i mezzi. Ma ci pensi che da quando ho il cellulare passo tutto il tempo a rispondere alle stronze per cui lavoro?»

Metto la prima e parto, mi incolonno ordinato nel traffico del pomeriggio e rispondo.

«Non è un problema. Preferisci che ti chiami Bello o Alessio?»

«Mica ho detto che è un problema, quale dovrebbe essere il problema? Chiamami Bello, va benissimo, fa molto personaggio. Secondo te fa più personaggio Alessio o Bello?»

«Io credo che Bello possa funzionare, sempre che tu te lo senta addosso. Voglio dire, io non potrei mai farmi chiamare Bello.»

«No, tu non potresti» dice, e per qualche secondo tra di noi cala il silenzio.

Ho sempre apprezzato la schiettezza, ma ci sono dei limiti. Che la mia autostima venga affondata da uno che potrebbe aver appena ballato latinoamericano e che sono pure passato a prendere in macchina, questo no. Ma non voglio comportarmi come al solito, chiudermi a riccio e diventare burbero e taciturno. Concedo ancora qualche speranza al progetto di JR.

«Già. Dicevi che ti chiamano in molte... be', deve essere gratificante. Ma ti chiamano per prendere appuntamenti? Che lavoro fai?» domando con grande cordialità. In effetti potrei chiedergli molte altre cose, non so quanti anni abbia, se ha fratelli o sorelle, se vive da solo, se è nato a Milano e se Diaz è davvero il suo cognome o è un cognome d'arte, ma almeno provo a far ripartire la conversazione.

«Faccio l'aiuto parrucchiere in un centro estetico.»

«Capisco. E come mai ti telefonano, queste clienti? Scusa se te lo chiedo, magari non hai voglia di parlarne.»

«Perché prima le pettino e poi quasi sempre le scopo. Capito?» dice, e ammicca mentre il suo telefono suona di nuovo.

Segue una concitata conversazione tra lui e una tizia a cui promette che non lo darà mai più, perché non era previsto che ne parlasse in zona e «ti rendi conto che era una cosa riservata, che mica dovevamo farci le cazzo di pubblicazioni per una chiavata, no? Ora sei contenta, sei contenta che lo sanno tutte le tue amiche? Brava, brava, bravissima, sei una bambina... ah sì? Guarda, Raffa, sei fortunata che sono via perché se fossi lì salirei in casa e ti scasserei la nonna. Sì, hai capito bene, quella stronza di tua nonna che nemmeno lei si fa mai i cazzi suoi. Va bene, ora ciao eh, ora ciao che c'ho da fare.»

Poi Bello finalmente si interessa a me.

«Tu che telefono hai?»

«Non ho il cellulare, ho deciso di non comprarlo perché non mi piace l'idea di essere sempre rintracciabile, non apprezzo l'eccesso di contatti e comunicazione...» e mentre rispondo mi giro verso di lui, ma capisco che ha smesso di seguirmi dal momento in cui ho detto che non ho il cellulare.

Bello mi guarda a bocca spalancata, impietrito dall'orrore.

«Nemmeno un cazzo di Startac?»

«No, Bello, nemmeno quello e davvero non saprei riconoscerlo, "un cazzo di Startac". Il tuo mi sembra eccezionale tra l'altro, funziona bene?»

«Questo non è un telefono, questo è un figlio di puttana di telefono, il meglio che c'è. È un Nokia Communicator, con questo ci fai quello che vuoi e tieni in ordine tutte le tue cose, anche se ancora non so bene come si usa. Costerebbe tantissimo, ma ho un amico che me l'ha fatto avere a poco.»

«Davvero? Lavora per la Nokia?» chiedo.

«No, fa i camion. A volte ha telefoni, a volte computer, a volte cosmetici. Basta arrangiarsi e torna tutto buono.»

Per il resto del tragitto continuiamo a chiacchierare e a non conoscerci. Scopro che Bello ha ventiquattro anni, che sua madre è colombiana e il padre venezuelano ma lui è nato qui, in zona Niguarda. Lo deludo molte altre volte, quando mi parla di attori di film d'azione, arti marziali, marche di rum, preservativi ed elenchi di posizioni lei sopra-lui sotto. Ho molto da disimparare e forse è il caso che cominci a farlo, perché, anche se è dura ammetterlo, Bello è pericolosamente divertente.

6

Ci sono bisettrici della città che si prolungano all'infinito, viaggi in cui la forma e il colore dei palazzi mutano con la lentezza di un campionario di tessuti per divani, differenze impercettibili di tinte e materiali che non ti fanno capire il progresso del percorso, sentire la strada. Non credo che Joe Strummer facesse tanto per i suoi gregari, ma questo momento fondativo non è paragonabile a quello dei Clash, quindi abbandono i sogni di gloria e continuo a guidare verso casa di Federico detto Faith senza lamentarmi. Bello alterna momenti di totale apatia a furiose accelerazioni di interesse nei miei confronti. Prima guarda il telefono in silenzio e poi mi chiede se davvero so cantare, dove ho imparato a farlo, se secondo me si capisce che lui è uno che viene dalla strada. Vuole sapere se gli occhiali che indossa lo fanno più personaggio. Io rispondo come posso e restituisco qualche domanda innocua. Gli chiedo che musica ascolta, quali sono i suoi artisti di riferimento, se ha idea di cosa faremo insieme e come andranno le cose. Bello ha un enorme vantaggio competitivo nei miei confronti: ascolta le boy band, e gli piacciono pure. Per questo motivo si sente a suo agio nel ruolo, si muove e si veste già come un professionista consumato.

Snocciola nomi, date e album di cui non ho mai sentito parlare, analizza nel suo slang le differenze tra band e mostra di avere le idee chiare su quello che bisogna evitare nel modo più assoluto.

«Dobbiamo sembrare belli e gentili ma non troppo, minchia. Che tra ballare bene e sembrare un ricchione ci passa pochissimo. E noi non siamo ricchioni, vero Antonio? Vero?» chiede all'improvviso, preoccupato.

Lo rassicuro, come se la patente di non-ricchionità che pretende fosse necessaria e fondamentale. Bello è soddisfatto, e ricomincia imperterrito con il suo rosario di idoli e relativi poteri divini. Quello che lo affascina di più nell'essere una star è la disponibilità delle femmine.

A un certo punto mi racconta delle sue groupie, due ragazze che lo seguono «da quando non ero un cazzo di nessuno, Anto'».

«Davvero? Com'è successo?»

«E che cazzo ne so io. Cantavo al karaoke della Ca' Bianca e queste due erano sempre lì, sempre lì, sempre lì finché...»

«Le hai scopate?» provo a completare la frase secondo il suo stile.

Bello mi guarda serio, scuote la testa e risponde col tono che userebbe con un bambino.

«Che sono scemo? Uno dovrà pure avere delle amiche, delle confidenti, mica si possono scopare tutte le donne del mondo, no?»

«Ma scusa» ribatto, «poco fa hai detto che le clienti prima le pettini e poi le scopi.»

«Cazzo c'entra, quelle pagano.»

«E quindi cos'è successo?»

«Quando?»

«Con le due ragazze di cui mi dicevi!» rispondo esasperato.

«Niente, cazzo doveva succedere? Sono diventate le mie groupie» e scrolla le spalle come se avesse appena detto la cosa più naturale del mondo.

Vorrei spiegargli che le groupie sono sì amiche e confidenti, ma la loro funzione non si esaurisce nell'ascolto e nella custodia dei segreti degli artisti, anzi. Alcune di loro assurgono al ruolo di compagne ufficiali proprio dopo aver dato il meglio di sé nei camerini o nei tour bus. Vorrei spiegarglielo ma non lo faccio, perché comincio a sospettare che sia inutile o che comunque non ce ne sia bisogno. Quindi annuisco come se avesse appena detto una grande verità che io avessi compreso solo ora.

«Bravo, vedi che capisci? Mica te le puoi scopare tutte» ripete.

Comincio a ricredermi sulle nostre possibilità. Se il pop è il trionfo dell'estetica e della spregiudicatezza, Bello è un'arma letale, l'asso che JR ha scovato chissà dove. Se balla come dice di saper fare e seduce come crede di poter fare, forse tutta questa strada non è stata inutile. In fondo, si tratta di puro marketing applicato a musica senza cuore. Manager e coreografi fanno il lavoro sporco e individuano la tendenza del momento, tutto il resto si muove automaticamente, di conseguenza.

Non serve molta fantasia e, una volta trovata la vena, si parte in quella direzione. Ora vanno le girl band e tutti i migliori creatori di mostri fanno la stessa cosa: gruppi soft porno. Scimmiottano la vecchia pubblicità dello Zafferano 3 Cuochi e la ripropongono in chiave erotica: un'eurasiatica, un'afroamericana e un'asiatica. Bianca, nera, gialla. Mi sono documentato scrupolosamente e ho capito che i prodotti destinati al mercato dei maschi adolescenti sono solo un enorme incitamento alla masturbazione. Anche quelli destinati al mercato dei postadolescenti e degli adulti, in realtà.

«Ascolti anche gruppi femminili?»

«Ma sei scemo? Quella è roba per segaioli» risponde indignato.

Le regine del genere sono le Spice Girls, cinque ragazze inglesi di grande e inspiegabile successo. La bionda maliziosa, la mulatta sguaiata, la rossa navigata, la mora altezzosa e incapace. Sembra un'ammucchiata di talenti scarsi o appena abbozzati, corpi buoni per chi non è ancora pronto al porno vero. Certo, poi ce ne vuole almeno una che sa cantare, in genere l'unica che proprio non si può guardare e allora tocca trovarle una connotazione diversa, per esempio sportiva. La chiamano Sporty Spice, come se fosse normale trovare una che gira in tuta Adidas e mima colpi di taekwondo in un gruppo di ragazze in guêpière. Forse è una sottile apertura al target lesbo-teen, ma non credo siano arrivate a tanto.

«Bello, visto che me lo hai chiesto poco fa ora lo faccio io: secondo te sono abbastanza personaggio per una boy band?»

Lui mi scruta per qualche secondo, capisco che sta esaminando con cura tutti i dettagli del mio abbigliamento trasandato. Lo fa con l'occhio clinico di chi non lascia nulla al caso.

«Ma tu sei sempre vestito così, anche quando ti esibisci?»

Indosso una felpa blu con la cerniera aperta – da sotto sbuca una maglietta bianca con la faccia di Paul Gascoigne –, un paio di jeans scuri e delle scarpe da ginnastica che un tempo avevano anche una forma e una marca, ma che ormai si sono completamente assuefatte al mio desiderio di anonimato. Un cappotto marrone altrettanto anonimo è ripiegato con cura sul sedile posteriore.

«Sì, ma forse JR non ti ha detto che ho sempre cantato in gruppi rock e hard rock.»

«No, non mi ha detto un cazzo. Non me lo hai detto nemmeno tu quando ti ho chiesto se sai cantare davvero.»

Per Bello il rock non è una cosa seria.

«Toni, mi avessi detto l'r&b, il soul, perfino l'hip hop... Ma il rock, tutti quegli urli, la gente sporca, i capelli tagliati male! Roba da locali brutti, pieni di comunisti e donne che non sanno ballare. Cosa ce ne facciamo noi del rock, come possiamo fare se io ballo come so e tu canti quella merda?» mi chiede.

«Non è così, sbagli.»

Spiego a Bello che esistono anche il blues e l'hard blues, e che, se riesco a cantare Muddy Waters, ciò che mi chiede non dev'essere troppo difficile. Gli vorrei anche dire che associare l'igiene personale alla politica è una cosa davvero stupida, come se fosse quello a fare la differenza. Come dire: il partito dei belli e il partito dei brutti, il partito dell'amore e il partito dell'odio e dell'invidia. Idiozie. Non glielo faccio notare ma lo farò in seguito.

«Comunque, Bello, la domanda non era quella. Non ti parlavo di come sono vestito o di quello che canto, ma di me e della mia personaggiabilità, o come la chiami tu.»

«Non so, dovrei vederti in piedi. Magari su un palco. Perché sai, l'apparenza inganna, cazzo se inganna. C'era un mio amico che sembrava davvero bellissimo, era il meglio di tutti noi. Si chiamava Moris e nel quartiere non ce n'era uno come lui. Alto, fisico perfetto, bravissimo a spacciare e con una macchina seria. Eravamo sicuri che ce l'avrebbe fatta, era un personaggio. Lui e la sua tipa si mettono d'accordo per farsi chiamare a "Stranamore", fanno su tutto un casino con la redazione e s'inventano la storia giusta. Sai com'è, per una coppia è difficile, mica c'è un altro programma che ci vai insieme e tutti e due svoltano. Così un giorno arrivano le telecamere in zona e noi riusciamo pure a non farle rubare, diciamo ai ragazzini di non fare i malandrini e di stare alla larga. Fanno queste riprese e poi vanno via e da lì tutti ad aspettare la puntata...»

Bello si ferma per digitare un messaggio e ne approfitta per una pausa, il ragazzo ha una tecnica oratoria davvero sorprendente.

«Poi arriva la domenica sera e noi ci troviamo tutti per vederli, mettiamo la televisione fuori dal bar della piazza e aspettiamo il momento di Moris e della sua tipa. Sai cos'è successo?»

«No.»

«Tutto il contrario di quello che pensavamo. Moris era terribile in tv, faceva schifo al cazzo, era tutto imbarazzato, cercava di fare il duro e pareva un cretino. Dopo un po' dal fondo della piazza hanno iniziato a ridere e a fischiarlo e lui prima si è innervosito, poi è rimasto in silenzio e alla fine è scappato a casa con i suoi genitori che lo inseguivano per consolarlo. Ma sai qual è la cosa più bella? La sua tipa, che aveva fatto tutto quel casino per lui, che viveva per lui e che tutti consideravano fortunata a stare con uno così bello, lei invece è venuta da dio e da lì in poi ha fatto il grano. Il successo vero, ora sta in tv per le televendite di materassi. Capisci?»

«Cosa dovrei capire?»

«Che non sempre quelli belli dal vivo vengono bene in tv e stanno bene sul palco, e che quindi vale anche il contrario: può succedere che quelli come te magari spaccano e ce la fanno.»

«Quelli come me?»

«Massì, i normali. Quelli normali, con un fisico normale e una faccia normale. Vedi, Antonio, ascolta bene perché questo è un discorso serio...» dice, prima della solita pausa eterna. «La scena delle boy band è come un film western, tutti i gruppi sono fatti allo stesso modo. Hai presente *Il buono, il brutto, il cattivo*? Io non l'ho mai visto, ma mi hanno detto che è un western e il titolo mi è sempre piaciuto un casino. Insomma, ce l'hai presente almeno tu? Ecco, solo che nelle boy band ci sono i belli, chi balla e il bravo. C'è sempre bisogno di uno che sa cosa fare con il microfono in mano e credo che nel nostro caso dovresti essere tu, perché Fede lo conosco e so che è quello che balla, io quello bello e tu il bravo, un po' sfortunato ma bravo.»

«Sfortunato in che senso, scusa? Non mi stai facendo un complimento, te ne rendi conto?», anche e soprattutto perché ci conosciamo da meno di mezz'ora.

«Ma ce l'hai uno specchio in casa? Usalo. Sei parecchio più grande di me e di Fede. Hai la pancia e si vede che ti stai stempiando, te lo dico perché sono del settore. Se sai cantare bene tutte queste cose le usiamo come vantaggio. Hai presente Gary Barlow?»

«No.»

«È il ciccione dei Take That. Quello se non sta a dieta esplode, è grasso e non riescono a farlo ballare nemmeno con le gru. Ma canta e suona il piano e tutti lo amano, secondo me riesce a tirare fuori pure qualche bella scopata, sempre che se lo trova...»

«Grazie, sei troppo generoso, bellissimo paragone» gli rispondo divertito.

«Oppure Brian, quello di questo gruppo nuovo, i Backstreet Boys? Nella band ce n'è uno cattivo che viene dalla strada, uno alto che balla bene, uno che non si capisce cosa cazzo ci faccia lì e un ragazzino biondo che piace a mamme e figlie. Poi c'è Brian, che è strabico e nano e l'hanno operato al cuore quando aveva quattro anni, ma canta come un usignolo» dice Bello, tirandomi una pacca sulla coscia che mi fa accelerare pericolosamente.

«Ronan Keating» urla poi, «quello irlandese! Lo conosci? Moscio, pure lui balla come un mutilato di guerra, però ha la sua immagine, si è fatto la sua immagine anche se è un irlandese.»

«Insomma, vorresti dirmi che devo lavorare sulle mie sfortune e accentuarle, che potrebbe fare bene alla band?»

«Non lo so, mica faccio il manager io, era tanto per parlare.»

Mi chiamo Antonio Flünke, ho trent'anni e ho appena scoperto di essere diventato l'esatto equivalente di un'amica brutta, quelle che vanno in giro con le ragazze più carine e corteggiate. Bello e Federico cresceranno, diventeranno uomini e si faranno ancora più desiderabili. Io peggiorerò e la mia mediocrità ci farà ricchi. Più o meno dovrebbe andare così.

Bello ha ricominciato a parlare al telefono, io parcheggio sotto casa di Federico Faith.

7

Cantare in pubblico non è mai stato un problema. La teatralità, le smorfie, gli ammiccamenti e tutto quello sfinente indicare cielo e stelle e pioggia di lacrime fanno parte del bagaglio del bravo cantante di terza fila almeno quanto quel famoso pezzo dei Nomadi nel repertorio. Mi sono abituato a finire le serate abbattuto a pacche sulle spalle da gente che strilla: «Quando hai cantato le tue cose mi sono annoiato tantissimo, ma quanto sei stato bravo su "Io vagabondo che son io", ma quanto...».

Uno ci fa il callo, accumula mattonelle d'odio, mette la base registrata nella memoria della tastiera e ci fa il callo. Ballare in pubblico, però, è tutta un'altra cosa, ci vuole un'enorme inversione di faccia e culo e un controllo dei movimenti che non mi appartiene.

Da una settimana ci alleniamo in una piccola palestra di zona scovata da Bello tra le attività e gli immobili delle sue clienti. Sta sotto un cinema parrocchiale e per qualche anno deve aver svolto la funzione di magazzino di muffe, perché niente in natura può produrre questo odore intenso e stagnante. Forse ci tenevano davvero delle muffe, rari miceli spugnosi nascosti nei sotterranei in attesa di chissà quale utilizzo. Se l'umidità è la caratteristica prima dei luoghi frequentati da JR, un motivo ci dev'essere. A fare il complottista, uno potrebbe pensare che sia un rettiliano, un altro come Bush, la Thatcher e soci, ma quelli sono potenti e assetati di gloria, non prenderebbero certo le sembianze di un trafficante di cantanti stanchi... Comunque, questa specie di magazzino era un buco buio e senza senso come milioni di altre cantine, fino a quando Loredana non si è stufata del solarium e del salone di nail art («Eppure in America vanno fortissimo, me l'ha detto mia cognata che c'è stata»), e ha deciso di tinteggiare, ristrutturare e riempire di attrezzi i trecento metri quadri maleodoranti. Loredana è un blues tristissimo, uno di quegli standard del profondo Sud in cui tutto è andato per il verso sbagliato, tranne qualche buon investimento del padre militare di carriera. Sfibrata come i suoi capelli tinti troppe volte, fuma ininterrottamente e ha una raucedine cronica e una tosse squassante. Cosa combini con Bello è un mistero che non voglio approfondire, ma dev'essere gratificante per questa donna sola, tanto gratificante da averla convinta a concederci l'uso dei locali. Dico che "ci alleniamo" perché, secondo il programma di JR, dobbiamo prima trovare uno stile, dei movimenti solo nostri, e poi dedicarci alla parte vocale, che comunque toccherà unicamente a me.

Le sedute sono un calvario. Bello ha preteso il ruolo di coreografo e costringe me e Federico Faith a seguire e replicare i passi rubati dal video di un gruppo americano che deve aver citato durante la nostra prima conversazione. Nella serie di movimenti il cantante ha un evidente privilegio, quello di dover guardare in una camera immaginaria e sedurla. Il fatto in sé mi esenta da tutta una serie di mosse preliminari pericolosissime, ma dopo un po' di sguardi fuori campo e cerchi per aria viene il momento di allinearmi agli altri due e fare qualche passo incrociato, di quelli che piacevano tanto agli insegnanti di educazione fisica. Inutile specificarlo, cado ogni volta e spesso travolgo anche Federico, che sempre con lo stesso sorriso gentile si ferma e mi chiede se sto bene.

«Stai bene, Antonio?»

Faith è il figlio ideale, il fidanzato perfetto, il nipote dei sogni e l'alunno che ogni professore delle medie superiori avrebbe progettato al computer, se solo avesse potuto. Diciotto anni di bontà incondizionata, alto e biondo, i lineamenti di un putto e i capelli densi come un monoblocco della Playmobil, Federico ha studiato in provincia per fare l'enologo con il padre e poi è fuggito nella metropoli per fare qualcos'altro. Non so molto di lui, il ragazzo è uno di quelli che considera la differenza di età come un invalicabile fossato all'interno del quale scorrono concetti desueti come rispetto, educazione, umiltà. Pensa di avere qualcosa da imparare da tutti, in particolare da quelli più anziani di lui. Insomma, Fede ha una condotta impeccabile ed è provvisto di spirito puro, in più è talentuoso. Ballerino molto dotato, se l'udito non mi tradisce sa anche buttare fuori la voce nel modo giusto, ho sentito il suo mormorio intonato staccare più volte sulla base. Lo ospita il nonno, immancabilmente presente in sala tra il pubblico cui non riesco a rassegnarmi.

«Quello cade sempre» dice Loredana scuotendo la testa.

«Signora, guardi che non dev'essere mica facile alla sua età» le risponde il nonno comprensivo.

In effetti cado sempre allo stesso incrocio, il terzo. Dopo dovrei fermarmi e strappare la camicia, che in questa finzione scenica è una maglietta bianca aperta in due sul davanti.

«Da capo, da capo, Antonio. Se non riesci basta dirlo e facciamo che te ne stai davanti e disegni solo le figure per aria. Ok?» dice Bello mentre mi rimetto in piedi.

Non è ok, ma d'altronde in questo preciso momento della mia vita professionale lo sono poche cose. Il piano di JR per conquistare le classifiche fa acqua da tutte le parti. Non abbiamo nemmeno un nome, il nostro progetto di boy band è ancora privo di qualsiasi definizione. Non ci chiamiamo. Ho buttato lì qualche proposta, giusto per scimmiottare i nomi che vanno per la maggiore, ma sono stato sconfitto dalla maggioranza. Mi hanno detto che "Dead and Breakfast" è troppo lugubre e sembra il titolo di un film horror, che "Shake That" non funziona perché «ti ricordi quando sono uscite le prime Nike e tutti le volevano?» ha detto JR.

«Certo, ma cosa c'entra?»

«Ecco, se lo ricordi saprai anche che in giro c'erano una valanga di imitazioni orrende che si chiamavano Mike, Like, Ike...»

«Ike no, non è vero.»

«Va bene, non è vero, ma hai capito cosa intendo, chiamarsi Shake That ci confinerebbe alla dimensione della parodia, l'imitazione sfigata dei Take That...»

«Perché, tu pensi di poter fare qualcosa di meglio?»

A quel punto JR mi ha guardato con tutto l'odio di cui è capace un re nudo e ha detto che non ha mai tollerato il mio cinismo e il disfattismo da tedesco senza slanci.

JR ama l'insulto sottrattivo a sfondo razziale, crede fermamente nel carattere nazionale. Per lui, Bello è un sudamericano senza palle, Fede un veneto senza fascino, io appunto un tedesco senza slanci.

Comunque, non abbiamo nome e ci limitiamo a parlare del gruppo come della "boy band". Ma se anche l'avessimo sarebbe del tutto inutile perché non abbiamo repertorio e non abbiamo date, tranne una sorta di giorno del giudizio che JR continua a indicare come traguardo unico, un'apparizione a Sanremo il 18 febbraio, ma non come artisti in gara, bensì in qualità di ospiti di una manifestazione parallela. Un'opportunità davvero minore, anche perché a quel dì manca meno di un mese e non siamo ancora in grado di esibirci da soli, tantomeno di farlo dal vivo a un evento rock. Ma JR è fiducioso e sostiene che basterà essere lì, non può andare male.

«... Due, tre, fai partire la base, capo» ordina Bello.

La canzone si chiama *Quit Playing Games with My Heart*, al duecentesimo ascolto ho fatto caso alle parole e la storia gira tutta attorno a lui che ha capito che lei lo prende in giro, lo ha intuito da mille piccoli particolari e ora le chiede di smettere e di accorgersi che la porta è sempre aperta, e che lui non potrebbe fare di più.

Urletti, acuti, doppie e triple voci e una melodia furba ma dotata di una certa classe, tocca riconoscerlo. Se prima li rifiutavo frontalmente, ora capisco che, molto più degli attori dei fotoromanzi negli anni Settanta e dei mostri prognati delle soap anni Ottanta, i membri delle boy band svolgono una funzione socialmente utile. Vendono sogni, quelli che non potremmo nemmeno promettere senza scoppiare in lacrime dalle risate. Sono ragazzi con del coraggio, martiri romantici disposti a scaldarle tutte: quelle alte, quelle basse, quelle con l'apparecchio, quelle acneiche, quelle sovrappeso, quelle che li dimenticheranno in due anni e quelle che seguiranno le loro pietose carriere soliste. Si sono proiettati nel mondo dell'affidabilità e interpretano alla perfezione tutto ciò che noi non saremo mai. Attenti, sensibili, caritatevoli, sinceri, comprensivi e pronti al perdono. Questa è gente che dà delle risposte, anche a domande che nessuno aveva fatto. In più sono pure belli e atletici, in forma, dovesse mai esserci un seguito meno romantico a tutte le promesse.

La base parte di nuovo, io non mi arrendo e opto per la soluzione cerchi nell'aria e poi balletto.

Federico conta i passi per aiutarmi e sopravvivo anche al terzo incrocio, ma quando apro la finta camicia le due groupie di Bello, divenute nostre groupie per naturale derivazione, scoppiano in una risata clamorosa, io mi distraggo e strappo tutta la maglietta, perdo l'equilibrio e colpisco Bello al volto. Un destro secco e deciso, quel genere di pugno che mai avrei saputo dare con intenzione.

«Ma porca puttana!» si accascia.

«Scusa, lo so, è che loro...» e indico le due ragazze ricoperte di ciucci di plastica e arrampicate su zeppe impossibili.

«Doni, Moni, io vi avevo avvertito» le minaccia Bello con un occhio semichiuso.

«Sì, però mica hanno torto» si intromette Loredana, «fate aprire la camicia al ragazzino che questo qui è inguardabile.»

Le due approvano entusiaste l'idea di Loredana, ma si devono abbassare per schivare l'asciugamano scagliato da Bello. Faith il talentuoso accende il pubblico teen, io molto meno – però, in compenso, scateno il tifo dei meno giovani.

«Signora, guardi che mica deve essere facile alla sua età» chiude la questione il nonno, sempre comprensivo.

Moni e Doni sono due oggetti misteriosi, o almeno lo sono per me. Potrebbero avere qualsiasi età, sono minute e portano capelli corti e colorati: fino a pochi anni fa le avrei definite punk, ora invece non saprei proprio. Oltre ai ciucci, di ogni colore e foggia, ostentano una quantità di braccialetti e collane che deve pesare più o meno quanto una cotta di maglia medievale. Lavorano entrambe alle casse di un supermarket, si conoscono da quando erano bambine (e forse lo sono ancora), e sono state fidanzate con due fratelli fino al momento in cui non hanno deciso di diventare delle groupie, ruolo che interpretano con serietà e dedizione. Non parlano mai se non interpellate da Bello, e quando lo fanno le loro voci escono all'unisono, come se seguissero un copione. I miei pettorali e la mia pancia hanno un effetto irresistibile su di loro, perché la scena della risata quasi isterica si ripete puntualmente almeno sei volte al giorno.

«Bello, scusa. Però non potremmo provare senza pubblico?» chiedo mentre indico i nostri quattro fedelissimi più JR. «Forse sarebbe un buon modo per evitare tutto ciò.»

«Antonio, se non riesci davanti a questi...» risponde lui.

Così si ricomincia. Almeno sui cerchi per aria sono diventato fortissimo e li eseguo con perizia unica, cerco di farli il più possibile simili tra loro, delimitare la stessa quantità di aria nelle due circonferenze. Ho sempre amato i movimenti esatti, ripetuti come forme geometriche, le mie mani come parti di simmetrie regolari, e così, quando lui dice a lei che basterebbe ricordarsi come andavano le cose e smettere di rovinare tutto, io libro le braccia per aria e uso gli indici come terminali di due compassi immaginari. Il risultato è perfetto e sorrido, ho interpretato al meglio il nodo centrale del testo, i due cerchi sono le forme ideali della storia di lui e lei prima che iniziassero i giochi.

«Cosa fai? È un cuore, devi disegnare un cuore» mi sussurra Fede poco prima che inizi il solito incrocio.

8

Quando usciamo dalla palestra fa un freddo spaventoso, è una di quelle serate in cui tutta l'umidità delle paludi che furono perfora l'asfalto e si arrampica dalla punta delle dita alle mie ginocchia malferme per le cadute fatte, evitate o attutite. Il led rosso accanto all'insegna di una farmacia ci ricorda che siamo sottozero e che Sanremo e la sua versione minore si avvicinano. Il silenzio di JR e la sua fronte corrucciata lasciano intendere che la cosa non gli sia indifferente, sempre che stia pensando a quello.

Inciampo nel sacchetto in cui ho riposto i miei stracci sudati, vittima della pigrizia e del rifiuto di comprare una sacca sportiva o qualcosa che le somigli. Ho iniziato a colpirlo con le ginocchia come fosse un pallone e mi è finito tra le gambe, diventando un ostacolo insormontabile. JR mi afferra giusto in tempo, e il salvataggio lo scuote dal fitto rimuginare.

Mi prende sottobraccio, un po' per evitare che io cada di nuovo e un po' perché fa sempre così quando vuole condividere il frutto delle sue riflessioni.

«Senza nome non abbiamo identità, ma non avendo identità non riesco a trovare un nome adatto» mi dice abbassando lo sguardo.

È un ragionamento tipico, non in senso assoluto ma molto tipico per JR, con causa ed effetto miscelati al punto da avvitarsi senza speranza di una soluzione semplice. Sbuffo senza rispondere e aggiungo un po' di condensa al grigio della sera. Ci facciamo strada in mezzo alla nebbia, il freddo e l'umidità, avanziamo sull'asfalto irregolare come se attraversassimo un corpo unico e denso, camminiamo in cerca di un nome e, mentre le suole in gomma battono i lori colpi sordi e alternati in terra, io mi ritrovo finalmente a prendere in considerazione il perché di tutto questo, laddove "questo" racchiude il senso di un'esistenza da mammifero di pianura, l'esercizio di stile di una vita nascosta e spesa a evitare di vivere per davvero. Il canto, la boy band, un manager brutto o comunque più bello che non utile, e una vita sentimentale senza sentimento. Perché poi bisogna raccontarsi tutta la verità, senza che le omissioni prendano importanza e dimensioni immeritate. *Lei* se n'è andata un pomeriggio di primavera, un pomeriggio qualsiasi. Mi ha parlato, l'ha fatto con calma e con tutta l'umanità che può avere chi ti dice che non ti ama più perché sei noioso e prevedibile, e perché non riesce a sopportare le tue ossessioni. Ha detto proprio così, "le tue ossessioni". Avrei preferito che si fosse stufata delle cadute, dell'incapacità di adattarmi a qualsiasi lavoro, e invece no, *lei* non sopportava più i tappetini del bagno girati, i dieci controlli notturni della serratura, la roba sporca piegata anche nel cestello della lavatrice. Era esasperata ed è andata via, essere abbandonati per noia può anche avere una sua grande originalità, ma non contiene alcun elemento esotico e non accende né la fantasia né la voglia di riscatto dell'abbandonato, il quale a sua volta si annoia presto della condizione di abbandonato e torna alle sue ossessioni. Tutto qua. Ma al di là delle cose semplici che dovrebbero essere difficili, ci sono tutte quelle che volano al contrario e mi accorgo che questo è un momento pericoloso, perché rischio di vedere i fili e le impalcature della storia della band e del concerto: l'avventura può cambiare registro da un momento all'altro e trasformarsi da divertente a grottesca, da pittoresca a lugubre. Sembra possa arrivare all'improvviso l'attimo in cui il fallimento con il suo profumo dolciastro si manifesterà e prenderà le sembianze di qualcuno di molto vicino e familiare, magari proprio di JR, e io mi allontanerò senza più guardare indietro, eserciterò il mio privilegio di nomade e cambierò di nuovo città, Paese, canzone. Valicare il confine tra qualcosa di simpatico e qualcosa di altamente patetico è un passo che ho sempre evitato con cura, perché significherebbe accettare un processo alle intenzioni e verificare dove sono arrivato, a che punto sono della strada da percorrere, e magari ammettere pure che il tratto alle spalle non è stato bello come avrei sperato. Per questo sono pensieroso e non faccio nulla che sollevi JR dalla sensazione di disagio in cui il silenzio lo precipita. Per lui è una questione di estrema importanza, ha scelto di provarci per davvero a fare il manager di mezze tacche e a resistere all'infinito nella lotta al ribasso con la sua dignità. Io in genere mi fermo molto più a monte, e quindi il momento in cui toglierò le mani dalle tasche, punterò i piedi e lo guarderò dritto in faccia è molto vicino. Allora gli dirò che non ci riesco, che tutta questa cosa non fa per me, che sono una persona seria e che forse è il caso che per il progetto della boy band si cerchi qualcun altro, tanto più che sono molto sostituibile. Manca poco, davvero poco, ma ecco che JR mi precede.

«Dobbiamo avere un nome, dobbiamo cercare disperatamente un nome, tocca a noi due» dice. Disperatamente, e io accolgo l'avverbio come lo sculaccione che libera un neonato dall'apnea. Anche se per JR è solo una sottolineatura, una componente incidentale del discorso, in questa parola c'è la soluzione dell'enigma, la risposta a tutti i miei problemi e soprattutto alla domanda originale: che cosa ci faccio io qui? Perché un uomo dotato di normali facoltà intellettuali e grandi risorse economiche brucia la sua età dell'oro in una città in cui il sole non ha il permesso di soggiorno e le persone sono così poco abituate a sorridere che quando succede si spaventano nella migliore delle ipotesi, e nella peggiore ringhiano? Perché invece di coronare la storia del mio vizio e sfinirmi a studiare classici che non canterò e non suonerò mai ho scelto di rappresentare questo spettacolo dall'alto coefficiente di fallibilità? La risposta sta nella frase di JR, in quella parola. La disperazione, la benzina di un motore romantico e tardo-romagnolo, l'influenza dello *Sturm und Drang* familiare, l'amore per tutto il vocabolario perdente fatto di eroismo, sofferenza, disperazione e sconfitta. Perché io vada a fondo, in genere, basta sventolarmi davanti al naso l'imminente ma ancora evitabile rovina e ci casco, mi faccio trascinare in qualsiasi cimento. Con una semplice astrazione e con il filtro dell'impresa, tutto assume di nuovo i contorni di una bella sfida. Basta un po' di fantasia: il contesto cambia e si avvicina alla soglia minima della decenza, giustifica la scelta.

Sembra quasi che JR abbia parcheggiato lontano per accrescere la solennità del momento del battesimo della band, in balia dei flutti del traffico come Lohengrin e il suo cigno in cerca della riva, in un tempo sospeso in cui i rumori della città sembrano lontani e meno minacciosi. So che JR è all'oscuro di tutto ciò, so che per lui non esiste il potere magico dei luoghi e degli attimi e che probabilmente ha abbandonato la sua jeep mostruosa ed enorme oltre il parco solo perché pensava che in zona non ci fosse parcheggio, ma la mia vena romantica analizza solo gli elementi ben accordati e non può che essergli grata per la passeggiata. Sono di nuovo in gara, non ho scoperchiato il tombino. Nebbia, freddo, umidità e una distesa infinita di asfalto, mi sento come la pedina di un grande disegno secondo cui la traversata della città poco prima della notte ci renderà uniti e tanto invincibili da condurci a un nome, il nostro nome. È scritto, tutto previsto da qualcuno o qualcosa che usa JR come tramite. Perché c'è un fine, e il fine è il nostro nome.

Serve un nome, dobbiamo pensare al nome del gruppo, farlo ora per avere qualcosa a cui aggrapparci, per non sparire qui fuori nel buio. La suggestione del lieto fine mi riempie di calore, cedo il passo alla fantasia ma dura poco, perché subito mi chiedo ancora cosa ci faccio qui, lontano chilometri da casa – sempre che la si possa definire così.

Se sopporto a fatica Milano e le sue isterie durante le feste natalizie, nei giorni successivi la mia unica tentazione è di consolarla, di abbracciarla con affetto.

Sono i giorni in cui la povera città mostra ferite e impalcature, come una signora vestita a festa per il cenone che dopo la mezzanotte si libera del trucco e svela il suo volto più nascosto e sciupato. Le decorazioni sono ancora al loro posto, ma molte sono ormai spente o danneggiate, irriconoscibili e lugubri come lampadine fulminate.

Il viale alberato che percorriamo a piedi è battuto da un traffico lento e disciplinato, e le vetrine hanno ripreso il loro aspetto, quello adatto a una zona semiperiferica piena di mezze promesse, mezze firme e mezze idee. Arriviamo all'angolo con un'altra grande via di scorrimento e ci fermiamo nel punto in cui le ondate di macchine confluiscono in un'unica coda. I colpi di clacson partono quasi rassegnati, monotoni come se fosse impossibile un altro ritmo, come se non si potesse concedere nulla alla nevrosi, come se vivere e sopravvivere a Milano fossero il risultato della somma di tante piccole rese.

Quando il semaforo pedonale diventa verde, il mio gigantesco manager si rimette in marcia, mi strattona e mi trascina con sé. Se dal punto di vista tecnico la nostra è una chiacchierata tra amici, osservata da fuori deve avere l'aria di un sequestro.

Uomo grande che cattura uomo piccolo.

«Hai pensato a qualcosa, hai lavorato un po' di fantasia?» chiede.

Non ho pensato, la verità è che non sarei mai riuscito a pensare a un buon nome per la band nel mezzo di una sessione di cadute, umiliazioni ed errori.

Scuoto la testa e JR non la prende bene.

«Non saprei proprio...»

«Ma che cazzo ti pago a fare» risponde a denti stretti.

Questa lite non decollerà. JR non ha mordente e soprattutto manca l'elemento di base perché l'indignazione e la rabbia possano montare, perché la sua versione sia credibile.

«Tu non mi paghi, te lo fossi mai scordato» gli dico compassionevole, «anzi, trattieni pure una percentuale di quello che non guadagniamo. Se ci pensi, in cambio della nostra pazienza sarebbe una cosa carina che ti occupassi almeno del nome.»

«Facile così, vero?» mi dice scuotendo la testa. «Sempre la risposta pronta, tranne quando servirebbe.»

Dall'altra parte del viale c'è un chiosco, una di quelle baracche che altrove sarebbero solo baracche, ma che a Milano sentono l'esigenza di diventare molto di più. Così, nel mezzo del fragore meccanico di accelerazioni, frenate e cambi di marcia, si manifesta ai nostri occhi questo minuscolo dehors con tavolini, sedie e funghi riscaldanti, tutti dipinti di viola.

Attraverso la strada quasi sospeso per aria, un'andatura simile all'incedere leggero di un hovercraft.

«Fermati qui, pensiamoci insieme» gli propongo.

Prendiamo posto a uno dei piccoli tavoli tondi e subito si materializza un cameriere.

Veloce, solerte, sorridente come se non lavorasse nella corsia d'emergenza di un'autostrada ma in un posto degno di qualità, il ragazzo ci porge due menu. Alto, ben pettinato e profumato nonostante l'orario, è qui per dimostrare al mondo che l'efficientismo metropolitano si fonda su un'incrollabile fiducia nel progresso, in quello che verrà. Tra due anni sarà capocameriere, tra cinque manager del locale e tra dieci ne aprirà uno tutto suo. Il pianeta continua a ruotare entusiasticamente sull'asse grazie a quelli come lui e a posti come questa macchia viola nella nebbia.

JR scorre la lista senza prestare attenzione. Finirà con una birra media stritolata tra le mani grandi, succede sempre così.

«Una birra media, grazie» e poi ordina una grappa secca per me senza consultarmi, come farebbe un manager davvero premuroso.

«Quant'è che non scopi?» chiede all'improvviso senza guardarmi negli occhi, ancor prima che il cameriere abbia abbandonato il perimetro del nostro tavolo.

«Scusa?» rispondo.

«Scusa cosa? In quanti sensi si può non scopare?»

«Perché me lo chiedi?»

«Ho i miei buoni motivi.»

«Sentiamoli.»

«Non ci penso nemmeno. Ti ho fatto una domanda, quindi tu ora mi fai la cortesia di rispondere. Da quanto?»

«Non ti riguarda, non sono affari tuoi.»

«Avanti. Me lo devi dire. Io sono l'unica persona di cui ti puoi fidare, con cui puoi confidarti. Sono il tuo manager, sai cosa significa, vero?»

«Scusa?»

JR fa una lunga pausa, potrei anche averlo fiaccato. Potrebbe essersi arreso.

Nemmeno per sogno.

«Significa che non solo io e te siamo amici da quasi dieci anni, ma che se accetti che io ti rappresenti, allora non puoi non sapere che io sono il tuo medico, il tuo avvocato, tuo fratello e la tua banca. A me devi dire tutto.»

Non ho fratelli, non sono mai andato in banca a parlare di astinenza, non telefono al mio avvocato per chiedergli di tenere la contabilità delle mie copule. E dal medico vado solo per parlare dei miei problemi con l'equilibrio. Ma soprattutto il rapporto tra me e JR si è sempre basato su una blanda accettazione reciproca, sull'idea che la nostra buona conoscenza non si sarebbe mai trasformata in un'amicizia vera, di quelle costruite sulle fondamenta solide della fiducia e delle confidenze.

«Non ti riguarda.»

«Va bene, è come se mi avessi risposto. Tu non scopi da tantissimo, da quando *lei* se n'è andata, e permettimi di dirti che si vede. Io lo riconosco da lontano uno che non scopa da tanto. Diventano tutti nervosi, suscettibili, si inacidiscono...»

«Jack... Giacomo» e lo chiamo con il suo nome di battesimo, segno che sono sfinito, «posto che la tua teoria non è originalissima e nemmeno troppo accurata, ti devo ricordare che sono un uomo. Un maschietto. Quelli come te, quelli saggi come te, usano le stesse argomentazioni parlando delle donne che li trattano come meritano. Ovvero male. Una professoressa che ti giudica insufficiente, una vigilessa che ti multa, qualsiasi donna non disposta a sopportare la tua arroganza e le tue irresistibili doti di seduttore è una che non scopa da troppo. Che non prende il cazzo. Che non si fa una bella chiavata. Magari proprio con te. Ma io sono un uomo e in più non esercito alcuna autorità, quindi stai pure tranquillo.»

«Peggio ancora. Almeno ti masturbi?» e mentre il nostro cameriere ottimista torna al tavolo con le ordinazioni, JR, per non lasciare spazio a fraintendimenti, aggiunge: «Ti fai le seghe?».

Eccoci qua.

Un uomo colossale nel pieno della maturità che gesticola con la mano destra, il pugno semichiuso intorno a un cilindro immaginario che fa un movimento oscillatorio continuo. Di fronte a lui, un ragazzo vecchio che guarda il tavolo, costernato. In piedi tra i due, un cameriere che comincia ad accorgersi del rumore delle macchine, dell'umidità che appanna la tenda di plastica del chiosco, e della straniante bruttezza del tutto.

«Giacomo, perché fai così?»

«Lo faccio per te, lo sai benissimo.»

«Il totale è dodicimila lire, grazie» interviene timido il cameriere.

«Non è necessario che ti preoccupi della mia vita sessuale.»

«Lo pensi tu. Ma se ne sono accorti anche i ragazzi, soprattutto Bello. Dice che secondo lui cadi spesso proprio perché l'accumulo di ormoni ti fa diventare pazzo. Dice anche che rischi pure delle malattie, che alla lunga potresti diventare sterile oppure aggressivo.»

«Certo, e magari azzannare i bambini e il padrone, come un dobermann.»

«Questo non lo so, Bello non ne ha parlato.»

«Se volete torno tra un po', vi lascio qua il conto» ci riprova il cameriere, inascoltato.

«Bene, siamo al punto in cui Bello è in grado di fare diagnosi accurate. Ottimo. E quindi, secondo voi, cosa dovrei fare?»

«Scopa. O almeno...» e ricomincia ad agitare la mano. Purtroppo è serissimo, non c'è traccia di ironia sul volto e nei gesti. Mentre poco fa io pensavo a Wagner, lui con tutta probabilità meditava su chi sacrificare alla mia libido repressa.

Devo uscirne, in qualche modo. Voglio comunque passare un po' di tempo insieme a Bello e a Faith, per conoscerci meglio ed evitare queste farneticazioni sulla mia sessualità. Organizzerò una cena, al più presto.

Mi libero del cameriere, vittima innocente. Ci metto anche tremila lire di mancia, supplemento dovuto per aver sopportato in silenzio, o quasi.

JR non si vuole arrendere alla mia riservatezza e rilancia.

«Non è possibile che non ci sia una che ti piace. Per esempio, prendi Moni e Doni...»

«Scordatele, sono bambine.»

«Cosa significa "bambine"? Siamo negli anni Novanta e quelle sono donne a tutti gli effetti, sono già donne e pensano come donne. Sono indipendenti e sanno bene quello che vogliono.»

«Permettimi di dubitarne, sembrano davvero troppo giovani.»

«Questo lo dici tu!» dice battendo il pugno sul tavolo, salvo rendersi conto di averci messo troppa foga e aver confessato quello che solo pochi minuti fa giaceva al sicuro nel doppiofondo della sua coscienza.

Lui le considera donne eccome, sempre che non ci abbia già provato.

Ha un sussulto, prova a dire: «Se no ci sarebbe Loredana, che...».

Ma poi porta la birra alle labbra e per qualche minuto si chiude nel silenzio dei colpevoli.

Mentre evita di incrociare il mio sguardo, osservo curioso il bicchierino di grappa che il cameriere ha adornato con una piccola clip a forma di pigna.

Al centro del bicchiere c'è una scritta in rilievo, dipinta di un blu intenso adeguato alla bevanda.

La grappa si chiama Epica.

Un nome perfetto.

9

La saggezza popolare affronta ogni questione di grande importanza con calma, se e quando possibile suggerisce di creare occasioni di convivialità. Il teorema delle gambe sotto il tavolo per concludere gli affari è uno dei più semplici da dimostrare e applicare.

A parità di grado tra i membri della boy band, l'iniziativa spetta al più anziano, e quindi sono io a convocare Bello e Faith per la nostra prima cena insieme in una rumorosa pizzeria del centro. La scelta del posto non è mai casuale e in questo caso era necessario un locale semplice per risolvere ogni imbarazzo, per rimuovere ogni ostacolo diverso dalla nostra poca consuetudine reciproca. Che si tratti di problemi di natura economica dei due ragazzi o delle loro abitudini alimentari, la pizzeria è di una neutralità trionfale. Sulla carta c'è di tutto, il servizio è veloce e il conto abbordabile, anche se ho intenzione di farmi carico dei miei ospiti almeno per questa prima uscita. Il posto è informale e pieno di ogni genere di avventori, dai banker stravolti in pausa cena ai turisti della moda a fine passeggiata, fino alle diverse generazioni di habitué che sono invecchiate con i camerieri, sempre gli stessi da una vita. Compilando la scheda su una guida turistica, lo direi un locale dall'atmosfera rilassata e familiare, anche se il fatto di trovarsi proprio a ridosso di piazza del Duomo, nelle vie strette del centro, gli conferisce quella solennità di cui un locale milanese ha comunque bisogno.

Considero la puntualità un dovere, e mi capita assai spesso di valutare le persone con questo parametro o di utilizzarlo per confermare o meno la validità delle prime impressioni. Non mi sorprende affatto che Faith si presenti all'appuntamento ancor prima che io abbia confermato la prenotazione e chiesto il tavolo al caposala. Il mio giovane amico è vestito proprio come ti aspetteresti da un diciottenne a modo convocato per cena da un parente anziano. Indossa una giacca marrone di velluto a coste, un maglione di lana blu scuro, una camicia bianca e dei jeans nuovi. Mi saluta timido, e quando gli faccio cenno di precedermi e seguire il cameriere che ci accompagna al tavolo, esita per un secondo, come per lasciarmi comunque il passo. Forse dovrei cercare un argomento per metterlo a suo agio, ma per buona sorte pare che Faith conviva con l'assenza di conversazione tanto serenamente quanto me, così lo seguo lungo il corridoio tra le due sale e non ho altro pensiero che non sia quello di evitare le sedie e le maniche dei cappotti appesi agli schienali. Non cado, è un ottimo auspicio.

Prendiamo posto, ed è solo al terzo bicchiere di prosecco e dopo che abbiamo sterminato in silenzio tutti i grissini del cestino che sentiamo Bello dire ad altissima voce di avere appuntamento con uno di cui però non sa il cognome, sa solo che si chiama Antonio. Io e Faith non lo vediamo, ma è come tenere le mani davanti agli occhi durante la scena clou di un film dell'orrore, è il suono che ti spaventa in assenza di immagini. Dopo qualche secondo, il nostro collega irrompe sulla scena.

«Quel coglione non mi voleva far entrare a vedere se c'eravate, ma pensa te...»

Il "coglione" entra nella saletta trafelato, appena un secondo dopo.

«Il signore è con voi, vero?» chiede allarmato.

«Certo, grazie» rispondo con il tono più rassicurante possibile.

Bello è agghindato come la comparsa di un action movie americano di serie B, uno di quelli in cui anche le scazzottate sono posticce e gli attori sembrano intontiti dalla lacca usata per fissare ciuffi, boccoli e permanenti. Il fratello che Lorenzo Lamas non ha mai avuto, per intenderci. Porta dei jeans sfrangiati da cui emergono trionfali le punte di un paio di stivali di pitone e camoscio, una maglietta nera aderentissima e un giubbotto da motociclista in pelle rossa.

«State già mangiando, potevate aspettarmi» dice mentre si siede e rifila a Faith una pacca sulla schiena.

Gli spiego che non abbiamo ancora ordinato e gli passo un menu, che lui non consulta nemmeno. Al momento di ordinare chiede solo da bere, una bottiglia di bianco. Noi optiamo per due birre da un litro.

«Sono felice di avervi qui» esordisco.

«Il locale è tuo?» mi chiede Bello.

«In che senso?» gli rispondo.

«Che sei felice di averci qui, pensavo dicessi "qui" perché il posto è tuo.»

«Credo che Antonio intendesse che è contento di averci invitato qui, che gli piace l'idea di noi tre a cena per conoscerci meglio» interviene Faith, e Bello gli allunga un'altra manata sulla schiena.

«L'avevo capito, per chi cazzo mi hai preso? Volevo solo tirarlo un po' scemo...»

Bello occupa da subito il centro della scena. Sa di essere divertente e attinge da un serbatoio di aneddoti infinito, storie di quartiere e di poltrona da acconciatore, pettegolezzi sul mondo del pop italiano e verità nascoste di personaggi pubblici e dello spettacolo che conosco a stento, ma fa poca differenza.

Per quasi un'ora ci abbandoniamo al suo racconto senza capo né coda, Bello ride spesso e la sua risata è contagiosa. Ci parla anche della diaspora della sua famiglia e delle centinaia di zii e cugini disseminati in giro per il mondo, racconta con leggerezza delle difficoltà economiche dei suoi genitori e del gran carattere di sua madre. A tratti si emoziona e rallenta il ritmo del monologo, poi riprende velocità e coraggio. Mentre lui parla continuiamo a bere, un ritmo tanto sconsiderato quanto quello delle sue parole. Dopo aver rievocato un Natale senza regali ma con cento parenti obesi chiusi nella stessa sala da pranzo, Bello smette di parlare e guarda Faith dritto negli occhi.

«Bene, se siamo qui per conoscerci ora sapete qualcosa di me, anche se non me l'avevate chiesto. E tu?» chiede al ragazzino.

Faith esita e le sue guance avvampano, per qualche attimo si sforza di trovare una buona partenza per raccontarsi, ma poi viene sopraffatto definitivamente dalla timidezza e tace.

«Potresti provare a dirci cosa ti piace e cosa invece detesti, anzi, potremmo farlo tutti e tre a turno per scoprire i nostri gusti, per capire se sono compatibili» propongo per cavarlo d'impiccio, proprio come lui ha fatto con me in questi primi giorni di prove.

«Mi pare una buona idea» dice Bello con convinzione.

«Partiamo da quello che ci piace» dico, e batto la mano aperta sul tavolo, uno dei tanti gesti che l'alcol rende naturali e quasi necessari.

Faith annuisce e aggrotta la fronte, poi parla.

«Mi piace ballare. Credo sia l'unica cosa che so fare, l'unica che ho sempre voluto fare. Non so quando ho iniziato a pensare alla danza, non lo ricordo, ma non ricordo nemmeno un momento della mia vita in cui io non abbia desiderato ballare, e quindi credo sia così da sempre. Mi piace ballare, guardare chi lo fa, studiare le coreografie. Mi piace l'idea di poter migliorare e passo ore a mandare avanti e indietro le videocassette dei miei film preferiti. Conosco a memoria tutti i passaggi dei musical, avete presente *Cats*? Potrei sostituire tutti i gatti del quartiere di Jellicle e non sbagliare un passo. Non amo raccontare, non so parlare di me. Ma se mi chiedete di fare una coreografia sulla mia vita, lo farò con piacere» conclude sorridendo, e sono evidenti sia lo sforzo enorme che gli è costata la confessione sia la grande facilità con cui ha ammesso il suo unico amore.

«A me piace vivere comodo» dice Bello. «Non saprei scegliere una cosa in particolare, ma so come non voglio vivere perché l'ho fatto per tantissimo tempo. Non voglio dividere la mia stanza con nessuno, non voglio avere il portafogli vuoto, non voglio guidare una macchina piccola e non voglio dovermi preoccupare dei debiti. Voglio un mucchio di denaro, mi piacciono i soldi e mi piacciono quelli che li hanno, che siano delle teste di cazzo o le persone migliori del mondo. Sembra una cosa stupida, un desiderio da superficiale, vero?» mi chiede

Annuisco.

«Lo sapevo, non avevo dubbi. Vedi, non ho mai visto un ricco dire che sia giusto voler diventare ricco, che non trovi volgare chi cerca di fare denaro. Non ho mai visto un figlio di papà ammettere di esserlo e godersela. Senza offesa, chiaro.»

«Chiaro» rispondo, anche se qualcosa di offensivo e di poco chiaro ci sarebbe.

«A me piace la musica» chiudo il giro di consultazioni, e snocciolo tutte le ragioni per una scelta così larga. Non ce ne sarebbe bisogno, ma amo argomentare le mie posizioni. Dopo qualche minuto l'attenzione dei miei commensali si riduce a una cortese forma di assenso, dei cenni del capo ai passaggi più comprensibili, e capisco che è il momento di passare alla seconda domanda.

«Io non amo la campagna» dice Faith, «la terra, le viti, la sveglia a orari assurdi, le mani sporche dalla mattina alla sera, le tute senza forma e gli odori schifosi della vendemmia. Non amo la natura perché ci sono nato in mezzo e ne ho vista troppa, non mi piace la notte buia delle colline, quella senza le luci della città. Dalle mie parti dicono che tutte le lampadine e i fari delle auto e i lampioni stanno uccidendo la notte, che non esiste più il buio. Bene, sono felice, perché io ho paura del buio e di quel silenzio tremendo. Non amo nemmeno gli animali perché sono stupidi e cattivi, o almeno sono diventati così a forza di stare nei cortili di gente stupida e cattiva.»

Anche senza la tara della birra, è chiaro che nel suo sfogo c'è molta più verità di quanto lui stesso avrebbe voluto. Faith finisce di parlare e china la testa sul piatto vuoto alla ricerca di qualcosa, di un segno che gli dica che ha fatto bene a scappare di casa e rifugiarsi dal nonno, lontano da tutto quello che odia o gli hanno fatto detestare.

«Tu?» mi chiede Bello.

«Io odio la parola "manicaretti"» rispondo.

«Solo quella?» dice divertito.

«No, ma è quella che odio di più.»

«Perché?» si intromette Faith, curioso e rinfrancato.

«Perché è una parola sciatta, dovrebbe farmi pensare a una categoria di eccellenza e invece ha il fascino delle ciabatte di lana della nonna» rispondo.

Gli altri due non ridono ma si scambiano un cenno d'intesa, come a dire che già sospettavano qualcosa ma che ora cominciano ad avere delle conferme.

«Io odio le vecchie» dice Bello. «Voi non avete idea di quanto possa odiarle. Le pettino e le odio, lavo i loro capelli e le odio, glieli tingo e le odio. Sistemo le loro parrucche e le odio, mi faccio guardare il culo e le odio, vado a casa loro mentre i mariti sono sotto la scrivania con le segretarie e le odio. A volte penso di esagerare, ma quelle fanno subito qualcosa di sbagliato e ricomincio a odiarle più di prima. Un giorno vorrei riuscire a realizzare il sogno del mio amico Giuseppe.»

«Quale?» chiediamo in coro io e Faith.

«Giuseppe aveva un'edicola in centro e ogni mattina c'era questa cazzo di vecchietta che scendeva dal palazzo di fronte e stava lì per delle ore a sfogliargli tutti i giornali, a spostare le riviste e a parlare con i clienti. Come fosse il suo salotto, quella stava lì e non comprava mai niente. Giuseppe la odiava con tutte le sue forze, ma poi ha capito che per sconfiggere il suo nemico avrebbe dovuto conoscerlo, e indagando ha scoperto che la vecchia aveva paura di una sola cosa. Quella maledetta era terrorizzata dai cani, e così Giuseppe una sera è tornato a casa e ha chiesto a un amico di prestargli il pitbull. Il tizio glielo dà, un cane enorme e cattivissimo di nome Simba che tutti nel quartiere chiamavamo Merda, perché era troppo feroce, era cattivo come una merda.»

Bello afferra la seconda bottiglia di bianco e butta giù una di quelle sorsate che probabilmente ucciderebbero anche il temibile pitbull Simba in arte Merda, poi si asciuga la bocca con la manica della giacca di pelle rossa e prosegue.

«Insomma, il giorno dopo Giuseppe e Merda si presentano all'edicola e la vecchietta quando vede il cane si spaventa talmente tanto che perde la dentiera e scappa in casa. Il problema è che Merda si avventa sulla dentiera e la manda giù in un solo boccone, senza masticare, e dopo due minuti crolla in terra con le zampe all'aria e la lingua di fuori come se fosse morto stecchito.»

«Era morto?» chiedo.

«No, altrimenti a quest'ora sarebbe morto anche Giuseppe, o comunque camminerebbe male. Lui e il padrone l'hanno portato di corsa da un veterinario che l'ha operato e gli ha tirato fuori quello schifo di dentiera. Da quel giorno la vecchia non è più tornata» dice Bello.

«E il sogno di Giuseppe quindi quale sarebbe?» chiede Faith.

«Vuole organizzare dei tornei clandestini tra vecchi e pitbull, ma dice che i vecchi sono troppo pericolosi e cattivi e che prima di farli combattere bisogna togliergli la dentiera» conclude, e continua a ridere da solo anche dopo che ho pagato il conto e siamo usciti dalla pizzeria.

10

Non sono mai riuscito a contare il numero dei gradini della scala di casa. Il motivo è scontato e riguarda la frequenza con cui inciampo, ma in realtà non sono solo le cadute a compromettere il conteggio, perché in genere quando precipito a terra mi sono già perso da un po'. Non c'è rumore o incontro casuale che non mi distragga fatalmente, il risultato del conteggio resterà per sempre un mistero e ormai lo accetto come tale. Non che non mi piacerebbe saperlo, è solo che non ci riesco. Mentre penso alla fragilità della mia concentrazione, perdo l'equilibrio e sbatto la faccia sul penultimo gradino prima della porta di casa, che riconosco senza bisogno di particolari misurazioni.

Il labbro inferiore si è lacerato all'interno, un brutto taglio provocato dagli incisivi che inizia a sanguinare e confeziona una scena del delitto davvero impressionante. Uno dei pochi vantaggi di una vita da stuntman involontario è proprio l'abitudine ai traumi, alle ferite e al proprio sangue sparso un po' ovunque. Così, non appena smetto di ridere e macchiare i battiscopa del pianerottolo, mi rimetto in piedi e raccolgo il "Corriere della Sera" dallo zerbino, apro la porta e attraverso veloce il soggiorno verso il bagno. Almeno in casa non ci sono ostacoli, perché è vuota esattamente come dovrebbe essere per evitare ulteriori pericoli. Con la coda dell'occhio vedo che la spia della mia vecchia segreteria telefonica Sip è accesa, cosa più unica che rara di questi tempi. Mentre mi metto davanti allo specchio per affrontare la ferita e medicarla al meglio, butto uno sguardo alla prima pagina del giornale, macchiato e increspato qui e là dalle gocce dense e scure del mio sangue. *La Bicamerale si fa, via a D'Alema presidente.*

Mi piace D'Alema e mi piace l'idea della convergenza, la Bicamerale che deve spingere in avanti la quinta potenza economica del mondo, l'intesa che deve liberare il Paese da un sistema pubblico lento, inaffidabile, inefficiente. Mi piace questo modo di fare politica con e dentro le istituzioni, il fatto che un giovane leader acuto e preparato colga l'attimo della Storia e riesca a dialogare con le opposizioni. Una revisione della Carta Costituzionale non può che essere condivisa, la buona fede di tutti aiuterà a portare il culo fuori dalle secche. È bravo D'Alema, è moderno e viene da lontano, non si fa trascinare nel fango e non accetta la riduzione della dialettica politica a una rissa. Io mi fido di D'Alema e non sono l'unico, perché si fidano di lui Forza Italia, CCD e CDU, non può non essere un buon segno. Quando si parla di politica fatico a confrontarmi, l'assoluta mancanza di dietrologia mi fa passare per un ingenuo e la mia doppia cittadinanza conforta quest'impressione nei più superficiali, quindi ho deciso di intraprendere un lungo percorso di redenzione al contrario: sto cercando di italianizzare il più possibile le mie posizioni e di assumere l'atteggiamento rassegnato e afflitto che solo i migliori esperti del settore sanno mantenere in ogni loro esternazione. Quell'arco completo che va dal "i politici sono tutti uguali", detto sbuffando al bancone, al "sono sicuro che dietro ci siano i servizi segreti", sussurrato dai più raffinati. Ma D'Alema no, D'Alema ha illuminato la mia strada e mi ha convinto che stavo sbagliando, che c'è vita e c'è speranza. Molta. Ha anche detto che è disposto a fare un passo indietro, che non vuole essere un ostacolo e che, se il gradimento della destra e degli ex fascisti dovesse cadere su altri, per lui andrebbe bene. Questo si chiama ragionare. Mentre aspetto che il disinfettante smetta di friggere sulla ferita e di farmi lacrimare gli occhi, sfoglio distrattamente il quotidiano, nulla di interessante tranne una notizia notevole: *La casa rischia di saltare per il gas, amanti focosi non se ne accorgono. Pompieri imbarazzati.* Un guasto ai fornelli e quei due che scopano furiosamente come se nulla fosse. I vicini chiamano i pompieri, ma loro niente, vanno avanti a scopare. Così i pompieri sfondano la porta e li trovano nudi sul letto, terrorizzati. La cosa più straordinaria è che dietro ai pompieri sono entrate anche tutte le beghine del palazzo, che hanno tentato di aggredire i due amanti urlando che per colpa loro sarebbero morti tutti, assassini! Ecco perché serve la Bicamerale, la società si sta disgregando a una velocità folle, non c'è più solidarietà, non ci si cura del prossimo – e mica parlo solo dei due erotomani dal fornello facile, parlo pure di quelli che volevano linciarli piuttosto di tirare un sospiro di sollievo, e al limite stare un po' a guardarli mentre finivano. Serve qualcuno che indichi la via della responsabilità, che costruisca larghe intese. Serve D'Alema. Ho smesso di sanguinare, esco dal bagno e mi sposto fino al tavolino su cui stanno telefono e segreteria, sposto a destra il tasto mobile alla base della piccola scatola bianca e lo posiziono su "ascolto".

"Pronto, ha fatto il bip? Non lo so, non so se lo ha fatto ma parlo. Buonasera signor Antonio, le dico buonasera perché effettivamente alle ore quindici c'è ancora un po' di luce in questa stagione, ma sono stato educato a considerare sera tutto ciò che viene dopo la colazione. Non la prima colazione, che quello è ancora tempo del mattino. Mi chiamo Riccardo Sanpa e sono il nonno di Federico. Federico Belotti, il suo collega. Intuirà che sono il nonno materno, il padre della mamma di Federico, Malvina. Mia figlia è stata ed è la più grande gioia della mia vita, peccato si sia innamorata di quel bruto. Comunque, Federico è mio nipote ed è un ragazzo d'oro. Creda, io sono uno che ha vissuto molto e di persone ne ho conosciute una quantità, ma quando Federico mi ha parlato di lei ho deciso di venire a vedervi provare, perché lo ha fatto in modo così entusiastico che ho sperato fosse finalmente giunto il momento: vuoi vedere che il mio adorato nipote ha trovato una figura di riferimento maschile più vicina alla sua età? Lei è un musicista diplomato, una persona colta e bene educata, e mi creda: nonostante sia per metà tedesco, io non nutro alcun rancore nei suoi confronti. Lasci che mi spieghi meglio... ma avrà fatto bip? Sono nato a Codogno nell'agosto del 1920, quindi come potrà ben calcolare ho la veneranda età di settantasei anni. Non che mi senta vecchio, ma di certo non mi sento giovane. Mia madre si chiamava Ernestina e quell'uomo meraviglioso di mio padre faceva il tappezziere ed era un socialista tutto d'un pezzo, un antifascista vero. Si chiamava Enrico, Enrico Sanpa. Perdoni se mi dilungo, ma dovesse mai interrompersi questa registrazione la richiamerei perché ci tengo a essere chiaro e preciso, finché la memoria me lo permetterà. Lei sa che la memoria è un bene imprescindibile, ma ancora di più lo è la Memoria, quella con la M maiuscola. Perché finché quelli come me saranno in grado di parlare con quelli come lei, o almeno con la loro segreteria telefonica, finché ci sarà chi ascolta i nostri racconti, nessuno potrà dimenticare. Le dicevo..."

"Mi scusi – ma ha fatto bip? –, eccomi di nuovo. Sono l'ultimo di cinque fratelli, ho avuto un'infanzia dura ma felice, dei genitori di grande forza morale. A diciannove anni sono entrato nell'esercito. Non pensi che lo sottolinei per marcare la differenza con mio nipote, che alla stessa età si diletta sculettando insieme a lei e a quell'altro sulle note di canzoni che non capisco e non capirò mai. Federico è la luce dei miei occhi, e mai mi permetterei di giudicarvi. Solo che allora la vita era diversa, e lo era anche a causa delle mirabolanti imprese dei suoi avi tedeschi. Fui arruolato nell'VIII Reggimento Artiglieria G.a.F. di Venaria Reale, e allo scoppio della guerra fui dislocato a Ulzio. Non mi piacevano mica i fascisti e ancora meno tolleravo i nazisti, con i loro modi spicci, la rabbia repressa e quella crudeltà così naturale. I fascisti poi... violenti, beceri, stupidi e brutali. Tutti illusi che quel truffatore, che quell'abilissimo comico li avrebbe portati chissà dove. Comunque mi perdoni, non voglio annoiarla troppo a lungo, volevo solo motivare la mia avversione nei confronti dei suoi mezzi connazionali, i germanici. Nel 1943 sono riuscito a fuggire, nel caos dopo l'8 settembre mi sono dileguato e sono tornato verso il mio paese, a Codogno, per proteggere quelle case. Quando restare lì era diventato troppo pericoloso, mi sono arruolato nella II Brigata della Divisione Giustizia e Libertà, eravamo di stanza tra Castelvetro e Pianello Val Tidone. È mai stato in Val Tidone? Una meraviglia poco conosciuta e ancora poco battuta dai milanesi, dovrebbe andarci prima che sia troppo tardi. Ai tempi non era così ospitale, zona di contadini e di vigne, ma vigne di quelle che fanno il vino buono e portano il denaro cattivo. Cercavamo di resistere, ci aiutavano tutti, ci nascondevano dove potevano. Ce la cavammo fino a quella terribile notte del 1944, una notte di novembre fredda come questi giorni e buia come l'inferno, sempre che l'inferno sia buio. I tedeschi iniziarono il rastrellamento, eravamo sui monti in una piccola frazione che si chiamava Casavecchia. Io ero stato ferito lievemente in un combattimento di pochi giorni prima e non ero in grado di muovermi da solo, quindi era assolutamente necessario che qualcuno mi trasportasse via da lì. Roberto Torti, un uomo grande e grosso dalla faccia buona, uno che prima della guerra faceva il veterinario e che forse proprio per quello aveva mostrato più volte un coraggio e un istinto animali, si incaricò della missione. Aveva quarant'anni Roberto, due bellissime figlie e l'incrollabile fede che tutto sarebbe andato a finire bene, che ce l'avremmo fatta. Decise di passare dalla parte alta della montagna e..."

"È caduta la linea, o forse il mio messaggio sta diventando troppo lungo. Insomma, mentre Torti mi portava in salvo fummo avvistati da una pattuglia tedesca, che ci sparò addosso senza mai prenderci e poi ci perse di vista. Roberto mi lasciò al sicuro e poi decise di tornare comunque indietro a controllare la situazione, nonostante lo pregassi di restare con me. La sfortuna gli fece incrociare di nuovo i tedeschi e ingaggiò con loro un duro scontro a fuoco. Sparò tutte le cartucce e fu ferito più volte, ma non si arrese mai. All'ultimo, quando non aveva più colpi, si alzò in piedi e corse con le forze rimaste verso il nemico, urlando 'Viva l'Italia!'. Lo uccisero lì. Ecco perché non mi fido dei tedeschi, così come non mi fido del tutto degli italiani. È vero che le colpe dei padri non devono ricadere sui figli, ma è passato troppo poco tempo. Comunque ora sa chi sono, sono un partigiano e di un partigiano ci si può sempre fidare. La chiamo per dirle che sono preoccupato per Federico. Molto preoccupato. Secondo me il ragazzo ha cominciato a frequentare brutta gente. Dorme poco e dice cose strane sul senso della vita, sull'amore universale, sulla bontà degli occhi o sugli occhi buoni. Non ci capisco niente ma so che passa troppe ore davanti al computer che ha voluto a tutti i costi, e che io purtroppo non so né usare né tantomeno controllare. Signor Antonio, le chiedo di aiutarmi..."

Austria, giugno 1975

Quando manca poco più di un'ora all'atterraggio, lo Spirit of '76 entra in un'area di violente turbolenze e le stoviglie apparecchiate con cura sul piccolo tavolo da pranzo cominciano a spostarsi e avvicinarsi al bordo. I bicchieri cozzano di continuo e la zuppiera con lo stemma presidenziale prima si inclina su un lato e poi precipita per terra, allontanandosi a grande velocità lungo lo stretto corridoio in moquette chiara. Le dimensioni dei piatti, la tappezzeria delle comode poltrone da prima classe, ogni singolo dettaglio è stato scelto da Nixon, e non da lui. Lo stesso Boeing 707 che ora si arrampica sulle creste d'aria e poi precipita per decine di metri nel vuoto è stato scelto, o almeno richiesto, da Nixon, che l'ha voluto chiamare così a quattro anni dal Bicentenario, per evocare lo spirito patriottico e indipendente di una Nazione libera da qualsiasi giogo, tranne che dal suo. A dire la verità gli aerei battezzati Spirit of '76 sono due, il SAM *26000 e il* SAM *27000 su cui viaggia ora il Presidente; sono quasi identici ed entrambi sono stati da poco dotati di un moderno sistema di difesa antimissilistica come risposta alla continua minaccia di attentati terroristici, altra grande novità toccata in sorte a Gerald Rudolph Ford Jr, l'uomo seduto dietro al tavolo. Anche se entrambi sono a disposizione del Presidente, solo quello che lo trasporta prende il nome di Air Force One, il più importante velivolo della Nazione, l'aereo senza obblighi né rotte prestabilite.*

Gerald osserva concentrato la traiettoria della zuppiera, irregolare e imprevedibile per via delle deviazioni imposte dai due piccoli manici di *ceramica. Quando sta per uscire dalla sua visuale, per non perdere le ultime evoluzioni prima del probabile schianto Gerald Ford, detto Jerry anche dagli amici meno intimi, si sporge sulla sua sinistra, inclinandosi un po' troppo oltre il baricentro e sfiorando il disastro. Per restare in piedi, o meglio per non cadere dalla sedia, afferra la tovaglia candida ricamata con l'effigie dell'aquila nel mezzo e, strattonandola, rovescia tutto ciò che fino a pochi secondi prima traballava e tintinnava senza troppi rischi. "*Clumsy*", goffo, per questo lo chiamano così. Ignoranti, ingrati, avessero fatto un centesimo della fatica che ha fatto lui sul campo, un millesimo delle flessioni e delle sospensioni alla sbarra che hanno reso le sue mani salde come tenaglie e il suo petto duro come la roccia su cui si infrangevano squadre intere di adolescenti. Jerry non è goffo, è solo che da quando ha dovuto immolarsi per il bene del Paese c'è qualcosa che non va con l'equilibrio. Un vero pasticcio, perché Jerry è grande e grosso, un uomo robusto che ha coltivato la sua muscolatura per anni e che ora paga proprio quella mole ipertrofica. All'ultimo istante utile prima della caduta, mentre la povera Betty già grida con gli occhi coperti dalle mani guantate, uno degli uomini della scorta si getta in avanti e riesce a sostenere tutto il peso del Presidente, lo ricaccia con delicatezza ma non senza decisione sulla poltrona. Segue un attimo di silenzio imbarazzato, ma poco dopo è lo stesso Jerry a esplodere in una risata stentorea, potente e aperta. I pochi giornalisti al seguito stanno nella sala attrezzata e non hanno visto nulla, Betty scuote la testa ma sorride, e così tutti tornano alle loro occupazioni mentre il cameriere personale ne ha una nuova e nemmeno troppo gradevole, ripulire il tavolo e il corridoio dai cocci seminati un po' ovunque. Le turbolenze sono terminate, l'aereo galleggia placido in quota e tra poco comincerà a scendere verso la destinazione. Il Presidente si alza con uno scatto che vorrebbe dissimulare la goffaggine causa di tanti problemi, ma nessuno gli fa caso. Il sole sopra le nuvole lo ha sempre messo di splendido umore, è una di quelle meraviglie semplici a cui non vuole abituarsi, che non darà mai per scontata.*

Prende dalle mani del segretario una quantità di cartellette, tutte portano stampata sulla copertina la dicitura "top secret"; sono di colori diversi, e chissà se Nixon ha scelto anche quelli. Gerald Rudolph Ford Jr si risiede sulla larga poltrona accanto al finestrino, apre la prima cartelletta e scorre velocemente i fogli all'interno. Nei giorni precedenti ha mandato a memoria tutto il discorso da fare agli austriaci durante il brindisi, non è stato difficile. Ogni volta che si allontana da casa prova la gradevole sensazione di non doversi scusare, giustificare cose che non ha fatto, errori che non ha commesso, bugie che non ha raccontato.

Chissà se un presidente involontario può commettere reato di alto tradimento? In quel caso si parlerebbe di alto tradimento involontario? Sono questi i pensieri che gli impediscono di concentrarsi a fondo, e non c'è modo di spegnerli. Questi pensieri e il ricordo di quando e quanto era bello servire a qualcosa, servire a servire il Paese senza l'attenzione e la responsabilità di ogni proprio gesto pubblico.

La diplomazia è l'esatto opposto del football americano. L'unico punto di contatto è la disciplina, ma nel football americano qualsiasi tatticismo non può durare all'infinito, la strategia non può coprire e soffocare l'audacia. Gerald lo sa.

Per esempio quella volta che con la squadra dell'università del Michigan incontrarono la University of Chicago, quella volta che riuscì a mettere in terra Jay Berwanger... lo sanno quei cialtroni in malafede al di là della porta, quei crumiri di ogni sua disattenzione, chi era Jay Berwanger? Nemmeno per sogno. A quei tempi uno dei suoi allenatori gli aveva fatto il più bel complimento della sua vita, una di quelle frasi che si portano nel cuore e nella memoria per sempre, e spesso si sale lassù a spolverarla e ripeterla. Aveva detto che Jerry era uno capace di non scappare e di combattere per una causa persa. Ecco, Berwanger era una causa persa, il più forte running back di tutto il football universitario, uno che avrebbe lasciato il segno e di lì a poco avrebbe vinto l'Heisman Trophy, il premio per il miglior giocatore della stagione.

Era il 1934, e Jerry riuscì ad abbatterlo e fermare la sua corsa, un gesto perfetto, le braccia strette intorno al bacino dell'avversario e tutto il peso del futuro presidente in maglia numero 48 a tirare verso terra, a impedire che le gambe veloci di Berwanger scalciassero e riprendessero la corsa. La faccia di quel ragazzo quando si rialzarono in piedi, la sua espressione scossa e la mano tesa in direzione di Jerry, a complimentarsi. Può accade-

re qualcosa del genere a chi fa questo faticoso e noiosissimo lavoro necessario all'umanità, e in particolare all'umanità occidentale del primo mondo? Nemmeno per sogno, la diplomazia non osa, la diplomazia calcola.

Un profondo sospiro, e il Presidente sposta la sua attenzione su Betty, seduta dall'altra parte del tavolo e intenta a chiacchierare a bassa voce con uno degli assistenti di cabina. Quando finalmente incrocia il suo sguardo deciso ma privo di ombre, Gerald – Jerry – sa di essere al sicuro e si concentra su altre due cartelline, quelle con i profili di Sadat e di Kreisky. Anche se sa bene che sull'esile dossier Kreisky dovrebbe perdere al massimo cinque minuti, c'è qualcosa che lo affascina nella storia dell'uomo apparentemente mite e ragionevole che gli austriaci hanno eletto cancelliere quasi contro la sua stessa volontà. Un socialdemocratico ebreo messo nella posizione del bimbo olandese davanti alla diga, con un dito a tappare la falla enorme da cui è sgorgato tutto il male del mondo. C'è una parte della biografia di Kreisky che Jerry il Goffo legge e rilegge più volte fino a farla sua: è il passaggio in cui quell'uomo di soli due anni più vecchio di lui, cui è toccato scampare all'Olocausto abbandonando casa, famiglia e patria, si dice molto perplesso della scelta dei suoi connazionali, come se non fosse convinto di essere la persona adatta. Quanto lo capisce!

Nessuno può capirlo meglio di Gerald Rudolph Ford Jr, nato Leslie Lynch King Jr e costretto da subito a cambiare nome a causa di un padre troppo violento e di una madre molto moderna. Nemmeno il nome si è potuto scegliere Jerry, per questo capisce Kreisky e i suoi dubbi.

Jerry è diventato presidente per mancanza di alternative, come uno di quei nuotatori che corrono le batterie da soli perché gli altri si sono tutti fatti squalificare per false partenze o non si sono proprio presentati. Spiro Agnew ha lasciato la carica di vicepresidente ed è toccata a lui, che era ben felice di fare quello che faceva, il leader della minoranza alla Camera dei Rappresentanti. Poi è stato Nixon a mollare e allora tutti si sono girati, e increduli quanto lui gli hanno annunciato che era giunto il momento, il suo turno.

Lui, non proprio uno che passava di lì per caso ma quasi, con l'eredità di una Nazione umiliata dalla sua guida e di una crisi economica spaventosa. La stagflazione. Una cosa che Jerry non riesce a mandare a mente, una parola che starebbe bene nel manuale di istruzioni di uno di questi giganteschi e inutili aerei di rappresentanza, e che invece tocca addirittura risolvere.

E poi i terroristi, le guerre in Medioriente e tutto quello che sapeva ma non avrebbe voluto conoscere meglio.

Jerry incontrerà Sadat e cercherà di capire cosa succede laggiù, cosa si può fare per evitare che Israele venga rasa al suolo o rada al suolo, più o meno è questo il senso. Ma il resto della questione ora non riesce proprio a ricordarlo e non se ne fa un problema, rassicurato dal lavoro degli sherpa, dei ministri e delle unità di crisi che, lungi dall'essere coordinate, lo coordinano.

Betty, l'unica ragione di vita.

Ora lucida, poco prima di salire in aereo ancora intontita da tutto quello che la sta lentamente spegnendo, da bottiglie e pillole e ancora bottiglie che Gerald non sa più come affrontare, nascondere, buttare. Betty che pensa anche per lui, che lo sostiene in questa impresa assurda e che pazientemente ascolta, registra ed elabora. Finché c'è Betty è al sicuro, il Presidente lo sa e si strugge quando cerca un modo buono e ultimo per salvarla da quella Disneyland dopo il tramonto che è la sua testa stanca.

Le nuvole si avvicinano, il comandante chiede di accomodarsi e allacciare le cinture proprio come su un qualsiasi aereo di linea, ma nel farlo non dimentica di salutare il Presidente e la First Lady e augurarsi che il volo sia stato di loro gradimento.

Jerry e Betty abbandonano il tavolo e tornano ai loro posti, le mani strette sul largo bracciolo.

Il sole sparisce, o forse è l'aereo che sparisce dentro alle nuvole e perde sensibilmente quota mentre si avvicina alla pista di atterraggio. Kreisky è un uomo giusto, un uomo buono, Jerry ha deciso che si avvicinerà a lui con il migliore dei suoi sorrisi, e non appena i fotografi avranno finito di fare il loro dovere lo prenderà sotto braccio come si fa con i vecchi amici e gli dimostrerà quanto lo stima, quanto lo sente vicino.

La solitudine dell'uomo di Stato è una cosa bruttissima: le battute scontate, la mancanza di calore, serpenti che si avviluppano a serpenti. Jerry è diverso e pensa che lo sia anche quell'uomo dalla faccia larga nascosta in parte dagli enormi occhiali da vista.

L'aereo tocca terra e frena, la mano di Betty ha un sussulto, significa che la sua paura perfettamente dissimulata ora può tornare nell'angolo buio dei pensieri, che il volo è finito.

Piove, le gocce pesanti colpiscono l'oblò che solo fino a pochi minuti prima portava Jerry sopra tutti gli incontri diplomatici del mondo, lassù dove nemmeno il migliore dei calci avrebbe potuto spedire il pallone.

Uno degli addetti alla sicurezza si occupa delle operazioni di aggancio della scaletta, la discesa del Presidente e della sua signora viene preparata in ogni dettaglio. L'assistente di cabina che parlava con Betty le porge un ombrello di plastica trasparente, forse una trovata per permettere ai fotografi di non perdere nemmeno un secondo dello storico evento – un presidente americano non atterra tutti i giorni in Austria, e ogni cosa deve funzionare alla perfezione.

Eccoli.

Da sotto la scala parte un diluvio di flash, Jerry e Betty si affacciano e salutano. Jerry guarda subito in basso per cogliere lo sguardo del suo nuovo amico e non può fare a meno di notare che non porta gli occhiali. Un uomo distinto e sorridente con un elegante loden verde e una sospetta tinta castano-rossa ai capelli, un tocco di eccentricità che Gerald non si concederebbe mai. Stringe la mano di Betty, che a sua volta regge l'ombrello. La First Lady è impeccabile nel suo completo spezzato, coordinato con il cappottino chiaro, il cappello e i guanti; Jerry invece non ha né giacca né cappotto, veste un completo scuro che sembra tagliato per evidenziare ancora di più la mole imponente ma ancora atletica nonostante i sessantun anni. Scendono, e Betty sussurra al Presidente di fare attenzione ai gradini, che sono piccoli (troppo piccoli per i suoi enormi piedi) e scivolosi. Passo dopo passo i Ford si avvicinano al tappeto rosso e Jerry ripete le prime tre parole che dirà subito dopo il benvenuto di rito del collega. L'unico dettaglio che non riesce proprio a ricordare è se sono atterrati a Salisburgo o a Vienna, ma basterà non fare menzione del luogo e tutto andrà per il meglio. All'ottavo scalino, finalmente, il Presidente e Kreisky stabiliscono un contatto visivo e Jerry fa un cenno con il capo, annuisce giusto per mettere in chiaro che è felice di essere lì. Poi arriva il tredicesimo scalino. Jerry porta troppo avanti il tacco e perde il control-

lo del piede, scivola, e mentre lo fa ha l'accortezza di mollare immediatamente la mano di Betty per non trascinarla giù con lui. Tutto, ma Betty non deve cadere. Il volo di Jerry è strano, rovinoso ma composto come solo quello di un atleta. Prima scivola in avanti e poi si accascia sbattendo le ginocchia a terra e finisce genuflesso sul tappeto rosso, quasi in posizione di preghiera, come uno che bacia il suolo dopo una traversata pericolosissima. È questione di un attimo, nessuno degli addetti alla sicurezza, nessuno dei diplomatici austriaci riesce ad afferrarlo. Tantomeno Betty, che mostra tutta la lentezza dei suoi riflessi provati, se possibile più lenti di appena un'ora prima, quando tra le turbolenze volavano stoviglie. Jerry è a terra e mentre si rialza, quasi come fosse un gesto automatico, porge la mano a Kreisky, che è così bravo da non ridere e da trovare subito il colpevole in quel maledetto scalino bagnato, che indica ripetutamente mentre non stringe la mano di Jerry.

Ed è allora che Gerald Rudolph Ford Jr si accorge della sua mano protesa verso uno spazio vuoto, dove solo in apparenza non c'è nessuno che possa stringerla, e per qualche momento dentro di lui si scatena la più bella e sana risata della sua vita, perché è allora che il Presidente capisce che, anche se non l'ha visto arrivare, anche se dev'essere stato velocissimo a eludere i controlli di sicurezza e a non dare nell'occhio pur se conciato in quel modo e ricoperto di fango, chi l'ha fatto cadere in realtà è quel vecchio figlio di puttana di Jay Berwanger, da quarant'anni in attesa di una vendetta, la vendetta più bella. Placcaggio per placcaggio, umiliazione per umiliazione, nessuna diplomazia. Così, mentre tutti sono ancora imbarazzati e agitati per il terribile volo di Gerald Rudolph Ford Jr e sperano che il cancelliere austriaco si accorga al più presto di quella mano tesa già da troppo, Jerry è l'unico a sapere che il destinatario di quel gesto non è Kreisky, perché non è a lui che la sta offrendo. Di fronte a lui, invisibile agli altri e ragazzo proprio come allora, c'è Jay Berwanger. I due si guardano e dopo pochi istanti l'espressione tesa e concentrata di Jay si rilassa e il ragazzo allunga la mano e stringe quella di Jerry, finalmente pronto a raccogliere i suoi complimenti. Per Kreisky e i nuovi amici c'è tempo, il tempo di una risata soffocata e lunghissima.

11

«Traduciamo il testo e la chiamiamo *Riaccendimi il fuoco*, ho deciso.»

Da qualche giorno JR cerca di riaffermare in ogni modo e in ogni istante la sua funzione di guida della band, più o meno dalla sera in cui ho intuito la sua probabile relazione con le groupie Moni e Doni e ho trovato un nome adatto al gruppo. Ci chiamiamo Epica, e pazienza se sembra più il nome di una grappa artigianale o ricorda una linea di abbigliamento per maestri di sci, in mancanza di alternative valide io e i ragazzi abbiamo stabilito che funziona alla perfezione. Se dobbiamo schiantarci, che sia uno schianto in grande stile.

Ma la soluzione al problema del nome non ha affatto stemperato le tensioni e ridotto le urgenze, anzi. A ventuno giorni dal debutto ufficiale non abbiamo ancora un repertorio né un'idea di come costruirlo, quindi ecco la trovata di JR che vuole tradurre letteralmente un singolo dei Take That e riproporlo senza alcun cambiamento.

«Non ha senso» rispondo.

Siamo negli spogliatoi della palestra-sala prove, costretti come sempre a sopportare la presenza di Loredana che, con la scusa di fare da assistente e futura costumista, approfitta della sua posizione dominante per spiare nudità.

«Sentiamo, perché non avrebbe senso?» chiede JR seccato.

«Perché è la cover di una cover» interviene Federico detto Faith, giovane ma non per questo sprovveduto. «I Take That l'hanno scippata a un americano, Dan Hartman. È roba di fine anni Settanta e suona come roba di fine anni Settanta, insopportabile. Poi non va bene perché il testo avrebbe bisogno di un adattamento e, anche se tu non ci hai pensato, la metrica è importante. Mica puoi costringere Antonio a cantare:

Rì-accendimi il fuò-co
il tuo à-more è quello che vò-glio.

Cerchiamo di essere seri, quest'uomo già fa fatica a stare in piedi e tu vuoi farlo inciampare pure nel testo...»

Anche se non è proprio un complimento, sento di dover ringraziare il ragazzo per la difesa d'ufficio.

«Grazie Faith.»

«Allora potremmo farla direttamente in inglese...» rilancia JR.

«No» rispondo, «ha ragione il giovane. Non ha senso. Giacomo... Jack, mi pare che tu stia perdendo di vista il vero punto. Questa band esiste da nemmeno due settimane e credo che, nonostante alcuni inevitabili intoppi, le cose stiano andando per il verso giusto. Se avessimo un po' di tempo potremmo lavorare sul repertorio, potrei scrivere qualcosa nelle corde di tutti e tre e i ragazzi riuscirebbero di sicuro a costruire dei passi e delle coreografie. Ma tu non ci dai tempo, hai deciso che dobbiamo per forza partecipare a quella specie di gara. Nessuno ha protestato e nessuno lo farà, ci stiamo provando e ti assicuro che lo facciamo sul serio. Io ho una quantità di lividi che potrei espormi in un museo per masochisti e guadagnarci pure qualcosa, ma ti prego... cerchiamo di decidere tutti insieme e di trovare un pezzo semplice, adatto alle nostre caratteristiche. Non scimmiottiamo nessuno. Te lo chiedo per favore.»

«Ha ragione, lui ballare non balla un cazzo ma parla bene» dice Bello, che ha seguito la conversazione a torso nudo e con i pantaloni della tuta calati a mostrare le mutande di marca, appoggiato a uno degli armadietti in metallo in una posizione da calendario per signore maliziose che a lui viene del tutto naturale, «e poi io non voglio canzoni inglesi. A me gli inglesi non piacciono, non mi fido, non ho voglia!» finisce, e sfida JR con uno sguardo torvo che per la verità gli tiene addosso da quando abbiamo iniziato le prove.

«Cosa c'entrano gli inglesi?» replica il manager.

«Lo so io cosa c'entrano. Sei mai stato in un cesso in Inghilterra, nel cesso di un pub?» chiede Bello, che poi si gira verso Loredana e le intima di uscire dallo spogliatoio. «Devo parlare di cose volgari e non voglio che tu stia qui dentro, amore.»

La donna più platinata di Milano Est prende l'invito di Bello per un gesto di cavalleria. Mentre esce leziosa in punta di stivali lancia un'ultima occhiata agli addominali del suo eroe, indugia sul basso ventre e solo dopo un controllo completo si congeda soddisfatta.

«Sta puttana...» fa lui scuotendo la testa. Poi riprende. «Allora, ci sei mai stato nel cesso di un pub?»

JR non è sorpreso dall'aggressività del ragazzo, perché a quanto pare ne conosce bene il motivo.

«Certo che ci sono stato, ma cosa c'entra?»

«Bravo, che uomo che sei... ci sei stato e non ti sei accorto di un cazzo, non ti ha dato fastidio nulla... ecco perché sei l'uomo che sei» insiste Bello, che intanto si è staccato dall'armadietto e ha fatto un passo verso il centro dello spogliatoio, in direzione di JR.

Ci siamo.

La storia delle due ragazzine.

Non credo che si tratti di un problema di copyright o di esclusiva, o che Bello voglia affermare il suo controllo del territorio perché con le due groupie quasi bambine ha un rapporto fatto di complicità e protezione, fraterno. In fondo, come mi ha detto quando ci siamo conosciuti, uno non può mica scopare tutte quelle che conosce, dovrà pure avere delle amiche nella vita. Ora che ci penso, non ho mai chiesto a JR come e dove ha conosciuto Bello, e forse la ragione di tutta questa improvvisa tensione affonda le radici proprio nella natura del loro rapporto. JR bazzica posti assurdi, strani e mal frequentati quanto il bar di *Guerre stellari*, locali in cui puoi trovare qualsiasi cosa a qualsiasi prezzo. Fin dall'adolescenza la sua famiglia ha rinunciato a esercitare ogni forma di controllo, limitandosi a contenere la robusta passione del piccolo Giacomo per le nuotate sul fondo delle cose. Puttane, gioco, scommesse e amicizie sbagliate sono sempre stati al centro di ogni sua giornata. Il problema vero è la de-realizzazione, un problema che nemmeno passati i quaranta Jack riesce ad affrontare serenamente. Nella sua confusa visione della vita, tra lui e alcuni dei mostri cui si accompagna non c'è differenza, come se potesse permettersi di adottare lo stesso codice di comportamento. Solo che non è così e, per quanto forte possa essere l'attrazione per l'abisso, se sei nato dalla parte giusta della città ci sarà sempre qualcuno pronto a salvarti. Quando succede, quando di colpo smetti di giocare alla pari e fai valere il censo, ecco che si creano le fratture. È sempre stato così e sarà così per sempre, chi finisce al gabbio e paga le multe non sono quelli come Jack, mai.

Lo stesso vale per i codici, ci sono cose da fare e cose da non fare. Metti che hai conosciuto Bello in un locale in cui si balla latinoamericano. Metti che lui stava lì con delle ragazze, e tu hai offerto tavolo e bottiglie e ti sei comprato la loro compagnia. Metti che hai anche scoperto che Bello se la cava benissimo sulla pista e lo hai scritturato seduta stante, e che da lì sono iniziate decine e decine di serate tutte identiche fatte di bellissime ragazze latine e molta cocaina tagliata alla meno peggio, nel perfetto stile dell'operosa prima periferia milanese. Tutto bene finché non ci sono regole, oppure ci sono e si rispettano.

Moni e Doni erano l'unica regola, e Jack non l'ha rispettata o si è messo in condizione di non farlo. Per quanto arbitraria, la mia ricostruzione è credibile.

Mentre aspetto la risposta di JR e cerco l'attenzione di Fede per farmi aiutare in caso di necessità, mi ritrovo nel mezzo come l'arbitro di uno sport da combattimento, pronto a evitare in ogni modo che il combattimento ci sia.

Se volessi capire qual è l'uomo col fucile e qual è quello con la pistola, mi troverei in difficoltà. JR è all'apparenza un gigante buono, ma come tutti i suoi pari nasconde delle sorprese. È un uomo abituato da sempre a risolvere le vicende più delicate ricorrendo alle mani enormi, uno avvezzo alle cattive frequentazioni. Bello è appunto una cattiva frequentazione, ma regala al manager almeno venticinque centimetri e moltissimo peso: l'incontro rischia di essere poco equilibrato. Anche se Jack è un padre di famiglia, o meglio il padre di tre famiglie note e di chissà quante altre, quando si avvicina il momento della collisione sa muoversi come uno che non ha nulla da perdere. Non è elegante né aggraziato nell'approccio alla rissa, è come un masso che rotola giù per una pietraia, una roccia che prende velocità e cambia direzione a ogni dosso. È così che riduce la distanza tra lui e Bello, non appena decide che l'unica possibilità è lo scontro.

Non conosco così bene Bello, ma anche lui sembra pronto, attrezzato e pericoloso. Solo che, a differenza dell'avversario, lui resta immobile dove l'ha portato il primo passo, quello della sfida. Attende.

Non sono mai stato un buon paciere. Non ho il fisico adatto, ma soprattutto accade troppo spesso che le mie intenzioni vengano fraintese, perché inciampare e cadere addosso a qualcuno nel bel mezzo di una colluttazione possono essere facilmente interpretati come gesti aggressivi. Purtroppo però Federico detto Faith non mostra di voler evitare il peggio, sa dio se per vigliaccheria o semplice superiorità alle cose terrene come il suo soprannome vorrebbe far credere, e continua a guardare nel vuoto con un sorriso adatto più alla pubblicità di un antibrufoli che non a questo pasticcio. Così, lascio che la mia poca prestanza rimanga tra i contendenti, tra la mole del manager e la figura asciutta e nervosa del ballerino.

«Voi non volete farlo!» grido. «Non volete e non potete farlo qui e adesso. Non è il momento, e se abbiamo una pur piccolissima possibilità di farcela, state per bruciarla. Finirebbe tutto al primo pugno, lo sapete bene.»

Jack e Bello si comportano come se non mi avessero sentito, si spostano come le pareti mobili degli incubi e di alcuni brutti film angosciosi. Cercano il contatto e non mi lasciano vie di fuga.

Arrivati a meno di un metro l'uno dall'altro, i due si arrestano e mi concedono giusto lo spazio per muovermi, respirare e cercare un'ultima mediazione.

«Ascoltatemi» dico affannato mentre si fronteggiano immobili, e posso sentire il cuore di entrambi che batte a velocità di crociera, così diversa dalla frenesia impazzita del mio.

«Ho un'idea, ascoltate» proseguo, sperando che nessuno faccia il primo gesto bellicoso, «non so cosa sia successo tra voi e non posso fare nulla perché ciò che è accaduto si cancelli. Ma posso chiedervi di rimandare questo momento. Non di cancellarlo, semplicemente di rimandarlo. Tra un mese avrete tempo e modo di risolvere la questione, ora rovinereste tutto.»

Jack e Bello non reagiscono, si guardano con odio. Scopro dopo anni quale ottusa violenza si annidi in quello che consideravo un uomo incapace di offendere e ferire a freddo, quale feroce idiozia sia scolpita ora sul volto di JR.

«Poi un'altra cosa, una sola. So come possiamo fare, non abbiamo bisogno di cantare in inglese, scegliamo una cover semplice in italiano. La conoscete *Se perdo anche te* di Morandi?»

Ora sto improvvisando, caccio fuori dalla memoria più nascosta il titolo di questo pezzo che mio padre cantava nel suo goffo italo-tedesco, una cacofonia di gutturali, sputazzi e stonature gratuite che comunque non rovinava mai del tutto la bellezza del refrain.

Atzèndilo tu qvesto zole che è zpento
il ammove lo zai zioghlie i cuovi ti chiaccio
che zàva ti me ze pevdo anche te ze pevdo anche te

Quel pozzo di sapienza musicale e poco altro che è Faith all'improvviso si rianima e batte le mani in sincope, un colpo doppio e uno singolo. Poi inizia a canticchiare proprio quel ritornello nella sua indimenticabile e dolce versione originale. Sono ancora in mezzo ai due, ma seguo il ritmo e mi unisco al coro, azzardo anche qualche passo di danza da fermo, ché tanto non posso cadere. Ammicco e mi agito come Marty Feldman, anche se vorrei fare tutt'altro e sedurli con la forza del mio ritrovato entusiasmo.

Il primo a scuotersi è JR, che si desta dal torpore violento e sordo in cui era caduto e dice: «Mi pare una stronzata ma potrebbe funzionare».

Poi tocca a Bello. Una pausa lunghissima guardando in faccia JR e quindi la sentenza.

«Dobbiamo lavorarci su.»

È fatta, si allontanano entrambi. Quando JR esce dalla porta dello spogliatoio, non prima di averla colpita con un sonoro e coreografico pugno, mi rivolgo a Federico.

Mentre lui fischietta beato resisto alla tentazione di allungargli un ceffone e gli chiedo invece come possa conoscere quella canzone, lui che è così giovane.

«Mio nonno» risponde, «hai presente mio nonno?»

E proprio quando sto per dire che ho ben presente suo nonno e c'è qualcosa che vorrei chiedergli al proposito, un urlo belluino si alza dalla sala prove.

Abbandono Federico alla coreografia improvvisata sul ritornello di Morandi e mi precipito nello stanzone.

Bello sta lì, torso nudo e braccia aperte, la testa leggermente inclinata. Si guarda riflesso nel grande specchio sulla parete e si interroga.

«Voleva litigare con me, quello schifoso maiale?» e si percuote il petto. Non interrompo l'intenso momento e aspetto che finisca la pantomima. Ci vogliono altre domande, altri cambi di tono calibrati alla perfezione e altri pettorali maltrattati, ma alla fine Bello trova pace – solo dopo aver sputato per terra a pochissimi centimetri dai miei piedi.

«Bello...»

«Dimmi.»

«Posso chiederti una cosa, una sola?»

«Spara.»

«Non voglio sapere niente delle ragazze, non ti chiederò mai nulla a meno che non sia tu a volerne parlare.»

«Quindi?»

«Posso chiederti che problema hai con gli inglesi?»

«Li hai mai visti quando pisciano?»

«Come?»

«In che senso pisci tu, in quanti sensi pisci? Quando pisciano, intendo.»

«Sì, e allora?»

«Quelli sono selvaggi, degli animali. Quando finiscono si sputano sul cazzo. Capisci? Il cazzo. Non ci si sputa sul cazzo.»

12

Quando apro gli occhi è sabato 1° febbraio e mancano solo sedici giorni alla prima e forse ultima esibizione dal vivo della boy band chiamata Epica. Suonerebbe benissimo in inglese, "The Boy Band Temporarily Called Epica", ma per essere profeti in patria ci siamo limitati a "Epica" prima che nascano altre questioni sullo sputarsi o meno e dove. Mi vesto in fretta e alla meno peggio, perché alla meglio non sono capace. C'è qualcosa di molto germanico nella mia ineleganza, una capacità innata di sbagliare gli accostamenti dei colori e di optare comunque per qualcosa che non dia nell'occhio sotto il cielo grigio di Milano. Devo fare in fretta perché due settimane fa il dottor Zucker del Centro dell'Equilibrio ha svestito la tunica del luminare e ha indossato quella pietosa dell'amico per parlare una volta per tutte del mio piccolo problema con le cadute. Zucker è un uomo alto e azzimato, di quella bellezza composta e naturale che non appassisce mai e che mette quasi in imbarazzo i suoi interlocutori. Ha passato da poco la settantina e i suoi capelli sono ancora castani e folti. Gli occhi chiari e sottili, il naso aquilino e le dita affusolate completano l'immagine di un professionista a cui non esitereste ad affidare la cosa più preziosa che avete: il vostro equilibrio. Quel giorno Zucker ha fatto il giro della scrivania ed è venuto dal mio lato, ha trascinato con gesto misurato una delle sedie Kartell trasparenti dello studio e l'ha messa vicino alla mia, poi ha afferrato i suoi pantaloni di velluto a coste larghe all'altezza delle ginocchia, li ha sollevati con un colpo secco e mi si è seduto accanto. Per la prima volta in dieci anni ha cambiato espressione e mi è sembrato preoccupato.

«Antonio, amico mio...» ha esordito.

Abbiamo ripercorso il decennio di sedute, di esami e di terapie. Zucker mi ha dimostrato tecnicamente perché un professionista come lui vale ogni lira spesa. Ha snocciolato la mia cartella clinica a memoria e ha illustrato a menadito l'anamnesi monumentale del paziente Antonio Flünke.

La mia.

«Antonio, comprenderai come a questo punto io possa dirmi ragionevolmente sconfitto, oppure pensare di essere un vero trionfatore, perché il tuo caso è solo una questione di sfumature. Non guarisci e non peggiori, non c'è progresso ma non c'è mai stato alcun regresso. In realtà non si può nemmeno dire che tu sia affetto da un qualsiasi male, noto o ignoto. Ma io non voglio andare avanti così. Il fatto che tu cada di continuo non può essere in nessun modo ricondotto a una patologia da me curabile. Abbiamo studiato il problema a fondo, ma la tua sintomatologia è talmente atipica da spiazzare me e alcuni dei miei più esimi colleghi. Infatti, Antonio, tu non hai sensazioni anormali. Tu cadi e ridi, e credo si possa lavorare solo sulla limitazione dei danni di queste rovinose cadute.»

A quel punto Zucker ha scosso la testa e ho visto i segni del dubbio che talvolta affligge tutti i migliori, per quanto saggi e capaci siano. I segni del tempo e della stanchezza, della disgrazia e del fallimento, e tutti gli altri che nascono al contatto con il paziente zero di ogni catastrofe.

Antonio Flünke, lo strumento del Male, il cavallo di Troia dell'Errore.

«Quindi, ragazzo mio, le cose stanno così: io potrei anche continuare ad arricchire me e i miei pronipoti, basterebbe cronicizzare ulteriormente il tuo caso e costringerti ad altri secoli di sedute e di lieve fisioterapia non invasiva, ma sarebbe del tutto inutile. Antonio, tu non hai nulla. Credimi, io sono certo che potresti rimanere in piedi senza sforzo. Il tuo è solo un deficit di attenzione, sei distratto. Disperatamente distratto.»

Poi Zucker ha continuato a parlare e mi ha dato ancora qualche buon consiglio, e un numero di telefono.

«La dottoressa Chiara Limone è una cara amica e una straordinaria professionista. Spero che saprà accompagnarti nel cammino verso la stabilità.»

Così mi ha congedato, un saluto affettuoso e formale al tempo stesso.

Dieci anni, almeno venti visite all'anno per centomila lire a consulto, venti milioni che Zucker avrà investito in giacche di tweed e pochette di un bianco abbacinante per ribadire la distanza enorme tra lui e i suoi pazienti.

Dieci anni, e ora mi abbandona nelle mani di una che alle medie deve essersela passata malissimo, con un cognome così.

Ecco perché mi vesto in fretta e furia e corro giù dalle scale (sì, inciampo alla fine della prima rampa ma trasformo la caduta in una trionfale e spettacolare esibizione di destrezza e ginnastica da corrimano). Oggi devo vedere la dottoressa Limone per la terza volta e sono entusiasta. Non di lei in quanto analista, perché è troppo presto per stabilire se ne sto traendo beneficio dato che le cadute continuano al solito ritmo e non mi sento particolarmente liberato o risolto. Non sono entusiasta di lei nemmeno in quanto femmina poco più anziana di me, perché la dottoressa ostenta una fede nuziale di quelle che non lasciano spazio all'immaginazione, che sia immaginazione freudiana o junghiana. La mia è una reazione molto più naturale e semplice all'idea di dover incontrare una donna e rendersi presentabile per lei, anche se è solo o addirittura la propria psicologa.

Appena fuori dal portone sbatto su Yao Wang, il tuttofare cinese di questo piccolo palazzo senza pretese. Sta pulendo il marciapiedi. Le uniche cose che so di lui è che viene dalla provincia di Zhejiang e che dovrebbe avere meno di cinquant'anni, il resto è un mistero la cui soluzione forse non interessa nemmeno a Yao, catapultato a qualche migliaio di chilometri da casa.

Yao pulisce e sputa, sputa e pulisce, e spesso fa le due cose contemporaneamente. Non è allegro e non è triste, l'unica volta che ho provato a scambiarci qualche parola mi ha fatto capire che non ne avrebbe avute molte altre, giusto il tempo di spiegare che viene da una famiglia di grandi lavoratori e che lui invece non sa fare nulla e soprattutto non ha voglia di fare niente, quindi gli va benissimo lavorare per l'amministrazione del mio palazzo. Da quando *lei* se n'è andata ho perso ulteriori punti nella sua scala di gradimento, prima mi salutava con rigore militare, un tocco veloce alla visiera del suo cappello da baseball sdrucito, mentre ora invece fa solo un cenno con la testa, solleva il mento e via.

Non oggi, perché la mia uscita coreografica dalla porta in piena velocità somiglia a quella di un tappo esploso dalla bottiglia di champagne, e quando lo travolgo restiamo annodati per pochi istanti in quello che da lontano pare un ballo romantico di fine anno tra i due più brutti della classe, e da vicino ha l'aria di una colluttazione tra i due più deboli.

Quando ci separiamo Yao scuote la blusa da lavoro, aggiusta il cappellino e ho come l'impressione che mi rivolga sottovoce un velenoso "vaffanculo". Poi cambia faccia, ma immagino che, nonostante il sorriso a dodici denti (quelli che gli sono rimasti), mi stia maledicendo nel suo dialetto.

Non ci faccio caso, ci sono cose da fare e persone da incontrare. Lo studio della dottoressa Limone si trova in una delle traverse claustrofobiche di via Torino; prendo la metropolitana e scendo in Duomo per mischiarmi alla folla festante del post-Natale, pre-Carnevale, post-Befana, pre-Pasqua, dopo qualcosa e prima di qualcos'altro, come se in Duomo fosse impossibile andarci solo per andarci.

I simboli della festa che sta per arrivare si sovrappongono a quelli della festa precedente, e tutto si accartoccia e si confonde come i manifesti di un'eterna competizione elettorale, come se in quella piazza non fosse possibile stabilire un ordine delle cose e farne di nuovo luogo fisico e non semplice scenografia.

Pochi turisti, tante famiglie, valanghe di stranieri che si ancorano agli scalini del sagrato per sopravvivere alla città che non li accetta e che vorrebbe ricacciarli in mare.

Questo febbraio del 1997 è partito lento e placido, come se avesse intenzione di non disturbare né di lasciare traccia di sé nelle cronologie. C'è confusione in piazza Duomo ma è una transumanza lenta e di nessun rilievo, non siamo pochi e non siamo troppi. C'è rumore ma è un rumore bianco, non strillano nemmeno le ragazzine arrampicate su zeppe vertiginose e truccate come gorgoni, sempre in fuga dalla scuola riformata e in attesa di nuove riforme.

Il cielo non vuole disturbare e la temperatura è insolitamente neutra, uno la direbbe quasi mite, se non fosse che a febbraio proprio non si può.

Le insegne luminose che ricoprono la facciata di palazzo Carminati come tanti post-it appiccicati a caso non lampeggiano ancora, se ne stanno pigramente in attesa di deturpare il paesaggio notturno fino a quando qualcuno, dopo mille promesse, non le rimuoverà. Non ora però, non in questo febbraio sonnolento che mi accompagna verso lo studio dell'unica donna che, pur se a pagamento, accetta un appuntamento con me.

Mi fermo a comprare il giornale in una di quelle edicole in cui puoi trovare maglie da calcio, souvenir in finto granito e finto marmo del Duomo, foulard con la Madonnina stampata su fantasie multicolori, pistole ad aria compressa, ombrelli, cappelli da bersagliere, palle di vetro con la nebbia al posto della neve (credo sia acqua sporca, ma l'effetto è quello), confezioni da dieci di frutti di marzapane, fasce da fronte con la scritta "Vasco ti amo", guide turistiche stampate nel 1974, guinzagli per cane in strass finto Swarovski, sacchetti di biglie con all'interno i santini sbiaditi di Moser e Saronni, piccoli busti in piombo del Duce nascosti dietro a scimmiette di peluche con la lingua di fuori e magliette con scritto "Stringimi forte tra Jessica e Veronica", e tutto ciò che un'umanità stanca potrebbe cercare in un'edicola pur di non comprare il giornale.

Io invece voglio solo quello, e dopo una rapida trattativa in cui rifiuto tre scatole di fiammiferi e un pupazzetto che a ogni pressione della pancia mette in mostra un cazzo enorme, riesco finalmente a sfogliarlo.

C'è la storia di quella signora che pare sia il mandante dell'omicidio del marito, il miliardario Gucci.

C'è la foto di copertina di un mensile d'area conservatrice, un'immagine in cui appaiono Di Pietro, Cossiga, Fini e Segni. Il pezzo che la accompagna contiene anche il commento di un certo Alemanno, giovane ex picchiatore del Fronte della Gioventù fiero e incorruttibile, uno che magari non arriverà mai a una poltrona, ma almeno non le manda a dire.

C'è la lettera aperta di Carlo Ginzburg al ministro Flick sulla sentenza della Corte di Cassazione che condanna in via definitiva Sofri, Pietrostefani e Bompressi.

C'è in ogni pagina la sensazione di un ponte mobile tra presente e passato, senza cura del futuro.

Leggo e cammino mentre le vetrine vengono prese d'assalto e crivellate di ditate da chi non compra ma vuole almeno partecipare al gioco, leggo con la sensazione netta e sgradevole di aver già visto le stesse cose su altre pagine di altri giornali, in altre giornate non memorabili come questa.

Supero il terzo negozio di calzature e attrezzature per lo sport e la pesca, identico ai due precedenti tranne che per la disposizione degli articoli in vetrina, e incrocio una cabina telefonica da cui chiamo il mio manager.

«JR, come stai?»

«Ti cerco da stamattina, dov'eri? Quando ti comprerai un cazzo di telefonino?»

«Mai. Comunque è ancora stamattina, per tua informazione.»

«Va bene, va bene. Non fare il saccente perché proprio non è il momento.»

«Cosa succede, dimmi...?»

«Ho una notizia brutta e una buona, o comunque meno brutta.»

«Sentiamo...»

«La buona notizia è che il nostro set è confermato, ci esibiamo il 18 sera al Pala Husqvarna, proprio di fronte all'Ariston. Saremo sul palco alle ventitré.»

«La chiami una buona notizia?»

«Certo cazzo, è il nostro debutto! Un po' di entusiasmo, no?»

«Ripeti l'orario.»

«Le ventitré, le undici, perché?»

«Noi saliamo sul palco di una specie di tendone di fronte all'Ariston, mentre dentro all'Ariston i gruppi veri sono in piena gara, con qualche milione di spettatori in mondovisione e il teatro pieno. Questa sarebbe una buona notizia?»

«Be', ma devi interpretare la situazione, capire il momento.»

«Lascia stare, è già abbastanza triste così. Dammi la brutta notizia.»

«Già. Senti, tu sai che io faccio sempre del mio meglio...»

«Taglia corto, dimmi qual è la brutta notizia!»

Nella lunga pausa che segue butto l'occhio fuori dalla cabina e vedo un signore anziano che attende il suo turno battendo nervosamente il piede, magari non deve telefonare ma almeno ha trovato il modo di passare un po' di tempo e indignarsi. Vedo una coppia di ragazzini brutti, lui e lei felici di meritarsi e incuranti delle mie nevrosi estetiche. Vedo un cane che si accuccia per farla esattamente nel mezzo del marciapiedi e che, nonostante questo, si mostra pudico e dignitoso, evita gli sguardi dei passanti afflitto da quella soluzione forzata. Una specie di monito, un giorno potrebbe toccare anche a voi.

Vedo tutto ciò e JR non ha ancora parlato, solo il fruscio di fondo e il rumore del respiro affannato, deviato dal setto nasale troppo storto. Avesse un suono, potrei sentire anche l'osceno ronzio della sua esitazione.

«Ecco, giuro che non me l'aspettavo ma dobbiamo pagare l'iscrizione all'evento. Settecentomila lire, non è che potresti pensarci tu...?»

Non voglio ascoltare altro, attacco la cornetta ed esco dalla cabina, esistono limiti oltre i quali l'autostima non può essere straziata. E pagare per farsi mettere in ridicolo in un capannone vuoto va ben oltre quei limiti.

Cammino verso Porta Ticinese e cerco una scusa qualsiasi per non rispettare l'appuntamento con la dottoressa Limone, non voglio che mi veda così. Dopo pochi metri desisto dal proposito, perché le sedute di analisi al momento rivestono un'importanza fondamentale.

Piuttosto potrebbe essere il caso di chiamare Bello e metterlo al corrente delle novità. Sto per farlo, pronto a tornare indietro e ripagare l'anziano molestatore di telefonate con la stessa moneta, quando all'improvviso ecco la visione inattesa.

L'errore nell'immagine.

Il baco del sistema.

Sul marciapiedi a pochi metri da me ci sono due ragazzi con dei volantini in mano. Giovanissimi entrambi, sostano vicino a una porta spalancata su una scalinata in marmo, una lunga discesa con i corrimano in ottone fissati a pareti cremisi. Conosco quel posto come chiunque abbia passeggiato almeno una volta in via Torino, so cos'è e chi sono i giovani gentili che volantinano e fermano tutti i passanti per invitarli al piano di sotto.

Sono gli adepti di Scientology, i dianetici. In genere, i "buttadentro" sono quelli che stanno ancora al primo livello del grande videogame mistico e perciò sono costretti a far punti anche evangelizzando i passanti, trovando nuovi fedeli a cui vendere il primo pacchetto di auditing alla non modica cifra di qualche centinaia di migliaia di lire. Più o meno.

Auditing, auditor, preclear, thetan, body-thetan... quello che so di Scientology l'ho imparato in due modi: gli articoli su Tom Cruise dei settimanali di mamma, e l'esperienza diretta. Ho percorso quella scala, da vero scettico ho voluto verificare come funziona il grande meccanismo di persuasione, la religione multilevel. Se accetti di fare due chiacchiere con loro, ti accompagnano giù per parlare con un tipo più alto di grado, che racconta cose abbastanza divertenti e completamente insensate, e cerca di venderti i libri di quel vero genio del marketing del capostipite.

Per dimostrare la veridicità e l'assoluta scientificità della cosa, il visitatore viene sottoposto a un test sulla personalità, tipo "barra le crocette e ti dirò chi sei". Dopo pochi minuti il futuro uomo dello spazio si presenta con un foglio stampato su carta intestata OCA (Oxford Capacity Analysis), i cui diagrammi dicono che lo sfortunato ospite è: instabile, depresso, pessimista, nervoso, insicuro, inattivo, inibito, irresponsabile, ipercritico, introverso e incapace di comunicare.

Però, dice il tizio tutto sussiegoso, forse basterebbe lavorare sulla sicurezza in se stessi, e quindi offre al malcapitato il primo libro del fondatore, in vendita a sole diciottomila lire.

Tutto qui, perché il resto è davvero complicato e ci vuole una concentrazione che fatico a mettere nelle cose serie, figuriamoci quando si tratta di spazioplani Xenu e viaggi ultracorporei. Il problema non è Scientology, né l'idea di essere fermato con garbo e cortesia.

Il problema vero è che uno dei due ragazzi là fuori è Federico detto Faith, giovane speranza dell'intrattenimento pop all'italiana e mio collega di ammiccamenti nella fresca – ma a questo punto già travagliata – boy band di nome Epica.

Mi sincero che non mi abbia visto e poi, con l'agilità delle mie gambe stanche, accelero il passo e attraverso la strada, cambio marciapiedi e mi tuffo nella porta girevole di un negozio di abbigliamento da discoteca, un posto che vende magliette house, cappellini progressive e zeppe techno. Più che altro ci casco dentro, ma questa è tutta un'altra storia o forse proprio la stessa.

13

La sala d'aspetto è così piccola che per sedermi devo passare sopra il tavolino su cui sono appoggiate le riviste. Quando, dieci giorni fa, sono entrato per la prima volta nello studio della dottoressa Limone, ho combattuto un attacco claustrofobico, una delle poche paure irrazionali da cui pensavo di essere immune. Che sia un'involontaria citazione delle case di bambola dell'infanzia o colpa del caro affitti ha poca importanza, tutto il mobilio di un normale studio medico è compresso in un bilocale buio con due piccole finestre a oblò affacciate sul cavedio del vecchio palazzo. La segretaria non può essere stata scelta senza un attento esame delle sue doti di contorsionista, perché per muoversi in una selva di ostacoli e pericoli come questa ci vogliono coraggio ed elasticità da ginnasta. Mi incastro in una delle poltrone arancioni, e per ingannare l'attesa prendo un giornale a caso dal tavolo i cui spigoli mi torturano le tibie. Mi capita tra le mani un vecchio numero della "Rivista di psicoanalisi" con due articoli della mia analista.

Il primo è stato pubblicato per la prima volta nella rubrica di posta che la dottoressa Limone tiene su un settimanale. Riguarda una ragazzina di quattordici anni affetta da una grave forma di nevrosi ossessivo-compulsiva con rupofobia, mentre il secondo tratta la storia clinica di un quarantacinquenne afflitto da una forma depressivo-ansiosa e da alcolismo. La rupofobia è una fregatura, la paura dello sporco e la catena di montaggio del lavaggio perpetuo sono incubi rispetto ai quali le mie cadute fanno la figura di innocenti passatempi. In entrambe le situazioni, la dottoressa esegue una valutazione progressiva dell'andamento degli incontri con i pazienti e segnala con grande enfasi il momento dell'apparizione dei sogni nei loro racconti. Il caso della quattordicenne è molto interessante, e la comprensione del testo è facilitata dallo stile, perché l'articolo è destinato alla divulgazione e privo di quel tono asettico da professionista alle prese con la sua borsa degli attrezzi. Dalle righe emerge invece la difficoltà nel confrontarsi con una manifestazione così grave e drammatica del problema.

"La rupofobia" scrive la Limone "fa parte delle nevrosi, disturbi psicologici senza causa fisica, organica, che sono piuttosto alterazioni del pensiero funzionale.

Negata la possibilità di fobie congenite, possiamo parlare più appropriatamente di un tentativo di difesa sbagliato, costruito in progress per combattere gli stati d'ansia.

In alcuni casi (come questo) è possibile attribuire l'origine degli stati d'ansia a un conflitto rimosso, solo pretestuosamente e apparentemente eliminato dalla coscienza e trasferito su qualcos'altro assai meno penoso da affrontare, come per esempio una fobia.

Freud, nel descrivere questo meccanismo psicologico, usò i termini 'rimozione' e 'spostamento'."

Nonostante riponga grande fiducia nelle doti della dottoressa Limone, mia ultima spiaggia, spero con tutte le forze che le sedute non si trasformino in una caccia al rimosso, perché sarebbe una spaventosa perdita di tempo. Sul tema sarò irremovibile, al di là del bruttissimo gioco di parole che mi strappa un laconico sospiro.

La storia dell'alcolista depresso è molto meno interessante, ci vuole un po' di classe anche nelle psicopatologie e non riesco a provare simpatia per uno sconfitto così tanto sconfitto da non accettare la sconfitta. Troppo semplice annegarla nell'alcol.

Quando viene il mio turno, entro nella stanza della dottoressa e mi accomodo sul divano, tolgo la giacca e accavallo le gambe per dimostrare che sono a mio agio. Chiara Limone è una donna concepita per vivere accanto a uomini privi di insicurezze, gente dalla mascella volitiva, attrezzata per mostrarsi sempre all'altezza e non tradire le aspettative. Gli scaffali della piccola libreria alle sue spalle sono pieni di testi medici e fotografie di lei, il marito e i bambini. In molte delle immagini la dottoressa è in costume da bagno e ostenta un fisico perfetto, in alcune pose è alle prese con lo sci d'acqua, in altre con le immersioni. Avrà valutato con attenzione l'effetto che fanno sui suoi pazienti, per poi concludere che lo sport cancella ogni forma di malizia. Spero che non abbia in cura malati di sesso in fase maniacale acuta, perché sarebbe molto complesso sedarli e spiegargli che in fondo si tratta solo di esercizio fisico.

Attende seduta dietro alla sua scrivania, mi accoglie con un sorriso ma non si alza. Fin dal primo appuntamento ho apprezzato la sua sobrietà. Niente convenevoli, pochi secondi rubati agli scatti del tassametro delle visite. Anche oggi indossa un tailleur in lana beige e una camicetta bianca con le maniche a sbuffo. Non porta collant né calze di alcun genere, e sono quasi sicuro che la sua sia una forma di snobismo, ma non voglio approfondire la questione o risolvere la mia curiosità perché per farlo dovrei accorciare lo spazio tra noi, e mai come ora ho avuto bisogno di un'analista seria e affidabile. Non sminuirò l'importanza di una figura chiave. La piccola stanza odora di buono, fa più il balsamo per capelli color del miele che il profumo, la fragranza è molto intensa ma non disturba.

«Mi dica del suo gruppo musicale, avete fatto progressi in questi giorni?» mi chiede.

«Qualcosa di positivo si muove, ma cerco di non illudermi troppo. A ben vedere, è un'idea così malsana che sposarla potrebbe essere un problema.»

«Perché lo definirebbe un problema, ha paura di legarsi al progetto per non restare deluso in caso di insuccesso?»

«No, sapevo che mi avrebbe parlato di aspettative. Non c'entrano niente. Non soffro di delusione cronica, neanche di disillusione. Il mio è un puro giudizio di qualità su ciò che stiamo facendo, a volte non riesco a evitare una prospettiva neutrale e quando lo faccio mi rendo conto del ridicolo, della futilità di tutta questa impresa che non serve a nulla, che non risponde ad alcuna esigenza concreta ma che rischia di farmi fare la peggior figura da imbecille della mia vita.»

«Ha paura di rendersi ridicolo?»

«Nemmeno, in fondo non ho una particolare reputazione da rovinare e non sono affezionato all'idea di piacere a tutti. Non è questo» rispondo, e sposto lo sguardo sulla foto del giorno del matrimonio. Lei è in primo piano e guarda in camera, il marito è girato e dà le spalle all'obiettivo, di lui si vedono solo la massa di ricci e il taglio perfetto delle spalle del tight.

«Il vero problema è che dovrei essere a Milano di passaggio e invece vivo qui da molto tempo, troppo, più di quanto ne sarebbe servito per specializzarmi e ripartire. Sono un musicista classico, un pianista. Per pura pigrizia e mancanza di autostima mi ritrovo a ballare con un parrucchiere sudamericano e un enologo in fuga dalle sue terre, tutti e tre amministrati da un manager che non sa fare il manager. Non lo trova grottesco? Ecco qual è l'aggettivo adatto, grottesco!»

La dottoressa sorride e posa la penna sul foglio bianco.

«Se vuole un parere personale, un giudizio che esula dal mio ruolo e dal nostro rapporto, le dico che non ci vedo nulla di grottesco, è solo molto divertente» risponde.

Non avevo mai considerato la vicenda sotto questo punto di vista, l'ottica del puro divertimento. In effetti, se non fossi così boriosamente convinto della mia superiorità, potrei anche lasciar correre tutto per il suo verso naturale e provare a divertirmi.

«No, io non lo trovo divertente.»

«Non si diverte quando provate?»

«Ci sono momenti di grande serenità, succede sempre quando canto. Ma il divertimento è un'altra cosa. Se pensa che rido più quando cado che non mentre provo con quei ragazzi, forse troverà una buona risposta alla sua domanda.»

«È caduto spesso negli ultimi giorni?»

«Con la stessa frequenza di sempre, poche cadute ma tutte decisamente spettacolari. Chi passava di lì non si è annoiato.»

«Parliamo ancora della sua prima caduta» mi sollecita.

Il fatto è che le ho già raccontato tutto almeno tre volte, la storia completa da cima a fondo compresi i dettagli delle facce stravolte dall'alcol dei passanti e la postura di mio padre dopo essere finito in terra. Non c'è particolare che io abbia omesso, e nonostante ciò lei attende in silenzio che io ripercorra di nuovo Kaufingerstraße mano nella mano con Friedrich e finisca per schiantarmi contro le sue gambe. Forse pensa che il rimosso stia da quelle parti, oppure mi sottovaluta ed è convinta che io non abbia compreso che le mie cadute non sono state generate da quel terribile frontale, ma che il loro Big Bang sia da datare appena pochi secondi dopo, nell'attimo della reazione di mio padre alla nostra caduta, quella risata colossale e liberatoria una volta realizzato che stavo bene.

Mentre parlo la dottoressa mi ascolta attenta e non prende appunti, quando finisco lascia che il silenzio occupi tutto lo spazio della stanza e poi riprende.

«Perché ha scelto di studiare musica? È stata una sua decisione o l'hanno indirizzata i suoi genitori?»

«Credo di aver fatto tutto da solo. Nella mia famiglia non ci sono altri musicisti, né qualcuno ha mai mostrato interesse per la composizione. Certo, c'è l'eccezione di mio padre, ma la sua è sempre stata una fruizione spontanea, senza nessuna elaborazione teorica. Papà comprava i dischi perché gli piacevano le copertine, alcuni li ha lasciati ancora chiusi nel cellophane senza mai ascoltarli. Più esteta che non appassionato vero.»

La dottoressa ride e ripete a bassa voce le parole "fruizione" ed "esteta" come se fossero vocaboli piovuti da un'astronave aliena.

«Lei ha una proprietà di linguaggio non comune, in considerazione del suo bilinguismo. Sembra quasi che si sforzi di impressionare l'interlocutore, cosa di cui non abbiamo bisogno in questa sede» dice in tono quasi accusatorio. «La prego di rispondere la prima cosa che le passa per la mente e di non usare lo schermo delle parole. Il nostro obiettivo è quello di accorciare le distanze e non di aumentarle artificiosamente, signor Flünke.»

Per un attimo ho la tentazione di risponderle male e insultarla per quell'"artificiosamente" buttato lì senza riguardo, come se lei potesse parlare un italiano evoluto e io dovessi esprimermi a rutti e scoregge per farla felice. Ma insultarla avrebbe il solo risultato di mettere fine alle sedute, meglio mantenere la calma e fingere di aver preso il rimprovero per un complimento.

«Parlare due lingue fin dai primi anni è un arricchimento, la mia è solo curiosità, cerco sempre le parole giuste perché trovo sia cortese nei confronti della persona a cui mi rivolgo. Non si tratta certo di uno sfoggio, che motivo ci sarebbe?» rispondo.

Nessuna reazione, si comporta come se l'argomento fosse già stato archiviato.

«Cosa ama del suo strumento?» prosegue poi nell'intervista, lei che nei primi appuntamenti si era limitata a una modesta attività d'indirizzo. Credo che questa sia la seduta in cui l'analista diventa antipatico e trasferisce su di sé il ruolo di nemico, di problema. Vivo momenti di grande incertezza in cui non so se per "mio strumento" intenda il pianoforte o la voce, titubanza sulla quale dovrò meditare più tardi, ma poi mi oriento sul pianoforte e aggiungo qualche elemento sulla mia passione e sulle sue lontane radici. Mi piacerebbe raccontarle che il primo pezzo che ho eseguito a orecchio era una canzoncina olandese dei primi anni Settanta, che in seguito fu tradotta e portata alla ventesima edizione dello "Zecchino d'Oro" con il titolo *Biribiribindi Biribiribanda* da un bimbo di nome Davide Settembrino. Mio padre mi aveva regalato il 45 giri dell'originale, che consumai e ridussi a un terribile unico fruscio a forza di infilarlo ed estrarlo dal mio mangiadischi Penny arancione. Imparai a suonarla nota dopo nota, i tasti scelti con difficoltà e lunghe esitazioni, percossi con delicatezza dal mio piccolo indice di quattrenne. Tuttora, quando penso a quella sequenza di suoni alti e sbilenchi, mi commuovo; il testo della canzone diceva che "chi va troppo in alto prima o dopo sbanda", un inno alla morigeratezza e alla mediocrità in puro stile zecchiniano, esaltato dalla melodia melensa e straziante. Mi piacerebbe dirle che, ogni volta che riavvolgo la videocassetta del concerto per piano di Benedetti Michelangeli e arrivo alla sonata D. 537 di Schubert, il mio unico desiderio è sdraiarmi a terra e lasciare che le note piovano soavi, accompagnate dallo sguardo severo e bellissimo del Maestro. Vorrei portarle la mia collezione di vinili e spiegarle perché alcune copertine sono opere d'arte complementari al disco, parlare con lei per ore del suono impastato e antico del grammofono di nonno Poldi che ho preteso come unica eredità, un Dulcetto del 1906 con la tromba allungata e le ali di pipistrello su cui ascolto ancora l'infinità di concerti per pianoforte trovati in soffitta. Mi piacerebbe aggiungere che amo l'idea del possesso della tastiera, un giardino privato in cui muovere veloce le dita, l'incanto degli accenti e il nesso di causalità tra il tocco del polpastrello e il colpo del martelletto sulla corda.

Non lo faccio, e invece sospiro e rispondo come uno studente che non ha mandato a memoria la lezione, o più semplicemente come un bambino che vuole fare la pace ma non ci crede fino in fondo.

«Tutto.»

L'analista fa una smorfia che tradisce il suo disappunto, poi, irritata dalla mia scarsa collaborazione, decide comunque di onorare fino alla fine l'impegno e continua a interrogarmi.

«Cosa non ama del suo strumento?»

Non amo la diffidenza con cui lo trattano i puristi del metal, la sua assenza dalle sonorità del punk e il fatto che sia considerato un anziano elefante barocco; a volte non amo la sua istigazione al virtuosismo e spesso vorrei strappargli tutti i tasti e distruggerlo, un desiderio che provo con la stessa intensità dell'attrazione del suicida per il vuoto. Non amo la sciatteria con cui il pianoforte viene inserito nella peggior musica house, e detesto i concertisti di sei anni arrampicati sul seggiolino, ammaestrati come animali da cortile.

«Niente» rispondo.

Quando è chiaro che della mia musicofilia potrà sapere poco, la dottoressa ripiega sul più grande dei classici, il complesso di Edipo e tutte le sue infinite possibilità.

«Ha mai rinfacciato a suo padre di essere la causa delle cadute?» chiede.

«Mai. Nemmeno per sogno. Che senso potrebbe avere, in fondo? Quel pomeriggio papà fece del suo meglio per regalarmi un compleanno diverso, lontano dalle tensioni di casa nostra. Non che io le percepissi, ma a distanza di anni capisco quei momenti. Stavamo giocando, mio padre correva, io correvo, ci siamo scontrati e non riesco a trovare alcun rapporto tra quello che mi succede ora e lo schianto nel mezzo delle due statue. Certo, è la prima caduta di cui conservo memoria, ma la dinamica fu talmente originale e diversa che sarebbe stupido attribuirgli delle colpe. Dopo quella crisi di risate, lui si scusò centinaia di volte, mi disse che era stata una reazione istintiva allo scampato pericolo e io gli ho sempre creduto. Ero il miglior amico di quell'uomo, perché dovrei incolparlo della mia instabilità?»

«Ha mai rimproverato a suo padre di averla trattata più come un confidente e buon amico che non con la cura e l'attenzione che si riservano a un figlio?» insiste la dottoressa Limone.

«Forse non mi sono spiegato bene. Nel corso dell'infanzia non ho riportato traumi irreversibili. Mio padre ha fatto una scelta e tutto è andato di conseguenza, forse non sarebbe stato in grado di recitare la parte del padre autorevole e non era certo attrezzato per fare quella del genitore autoritario. Si è arrangiato con le doti che aveva, la grande umanità e il carattere mite. Ha scelto di essere un compagno di giochi e un amico, e io ne sono stato felice. Ne sono felice.»

«Quali sono i vostri rapporti, oggi?» mi incalza.

«Questo è un fatto molto personale e delicato. Non credo di volergliene parlare, anche se so che la mia reticenza non la aiuterà ad aiutarmi.»

«Va bene, le chiederò di essere meno ostile e più collaborativo dalla prossima volta, crede di poter fare questo per me?» dice.

«Credo di sì» rispondo senza esitazioni.

La dottoressa annuisce e prende a scrivere furiosamente sul suo blocco degli appunti.

Il tempo a nostra disposizione sta per finire, e a causa del mio nervosismo abbiamo trascorso gli ultimi minuti in silenzio, dopo la corsa in bilico tra la mia riluttanza a rispondere e la sua insistenza a domandare e guidare con vigore la seduta. Il rapporto tra analista e paziente è giocato su sottili equilibri di cui chi si sdraia sul lettino dovrebbe accorgersi solo in una fase molto avanzata, ma non è questo il caso e so anche di aver seminato troppi ostacoli sul percorso, costringendo la dottoressa Limone a forzare la mano per ottenere informazioni utili.

«Le è mai capitato di cadere mentre suonava?» chiede, quando ormai pensavo che la seduta fosse terminata.

La domanda è di una tale ingenuità che quasi commuove, così stupida e inutile che mi verrebbe da riformulare il giudizio sulla Limone, non fosse che mi fido ciecamente dell'opinione del dottor Zucker.

«Mai. Le pare possibile che uno cada dallo sgabello mentre suona? Pensa che sia possibile cadere da seduti?» le domando, e mentre finisco la frase e mi sposto sul bordo del divano, scivolo in avanti e cado per terra proprio davanti a lei e al suo sorriso trionfante, da seduto a caduto in meno di un secondo.

14

Il 3 febbraio del 1996 io e quella che se n'è andata ci amavamo o almeno eravamo convinti di farlo, era ancora inverno e faceva freddo. Solo un anno fa, all'ora in cui oggi compongo il numero del cellulare di Bello e ascolto per la quinta volta il segnale di occupato, *lei* se ne stava seduta a fumare sul davanzale della finestra, a guardare nel vuoto o forse solamente a farsi spiare dal gruppo di studenti universitari in transito sul nostro ballatoio. Non lo saprò mai perché se n'è andata, e quando stava seduta lì e forse maturava la decisione di abbandonarmi io non le chiedevo nulla. Mi limitavo a contemplare le volute ampie del fumo della sua sigaretta e il modo buffo con cui ogni tanto soffiava via i capelli che le cadevano sul volto.

Al sesto tentativo Bello risponde e io gli chiedo se ha voglia di bere un caffè.

Bello non beve caffè, ma capisce al volo che è il caso di incontrarci e parlare più del meno che non dei pochissimi più.

Ci vediamo in centro perché oggi il mio collega è lo special guest coiffeur di una bottega del quadrilatero della moda.

«Insomma, invece di pettinare solo *viejas* stronze ogni tanto ne pettino anche qualcuna sotto i trenta» mi dice complice mentre occupiamo il tavolino di un bar in cui anche i camerieri hanno tutta l'aria di avere dei camerieri.

Uso meno parole possibili per spiegargli la storia di Federico il volonteroso volantinatore di Scientology, e ne uso un po' di più per esporre al meglio lo sconfortante quadro della nostra situazione professionale.

Quando gli dico che JR mi ha chiesto dei soldi per la prima apparizione pubblica della band, Bello rischia di strangolarsi con il cornetto alla marmellata e, dopo pochi istanti che durano davvero pochi istanti e non una coreografica eternità, espelle il tutto con una rumorosa pernacchia.

«*Madre de Dios*, io l'ho sempre detto che quello è un figlio di puttana, che non è capace e che non dovevo fidarmi. Si vede da come si veste, si vede da come cammina. È un fallito, uno che va in giro così non può essere un vincente, *nunca*. Mai.»

Noto il gesto teatrale che accompagna l'ultima parola di Bello, che frusta il polso e fa schioccare le dita della mano destra come ha visto fare in qualche buon video di una pessima canzone o tutto il contrario. Bello ha iniziato anche a buttare qua e là qualche parola in spagnolo, che non guasterebbero se non fossero tessere esotiche perse in un enorme mosaico di puro accento milanese dei quartieri, o delle "zone" come preferisce dire lui.

Quando glielo faccio notare, quando timidamente riesco a chiedergli il motivo di questa novità, lui mi dice che è fondamentale che ognuno di noi tre calchi la mano sugli elementi che più lo distinguono e lo caratterizzano.

«Anzi *hermano*, io direi che dobbiamo farlo più che altro io e Faith perché con te la vedo dura, accontentiamoci che canti bene.»

Io canto bene, lui parla come il marito di *Esmeralda prisoniera de amor* e l'altro spaccia volantini di un club privé per marziani. Niente male per essere una boy band che dovrebbe provocare isteria ed epidemie di febbre strappamutande tra le sue fan.

«Bello, non prendertela ma mi pare una cosa abbastanza inutile, quello che le persone di buon senso chiamano l'ultimo dei nostri problemi.»

«Sì? E *dime* di Churchill allora!»

«Churchill? In che senso?» domando, spiazzato non poco dal

fatto che Bello conosca Churchill e lo citi in una conversazione sui suoi inutili ispanismi.

«*Como* in che senso? Conosci Churchill, il presidente dell'Inghilterra?»

«Sì, lo conosco. Non è il presidente dell'Inghilterra ed è morto parecchio tempo fa. L'ho sempre amato molto, sai? Io lo conosco.»

«No, non lo so ma non importa. Insomma, se lo conosci o lo conoscevi ti ricorderai che l'*hombre* fumava sempre un sigaro e gli *gustava* farsi fotografare con *ese* cazzo *de cigarro* in mano o in bocca» mi dice sempre più cantilenante, mentre schiocca le dita per sottolineare ogni passaggio. Sembra la caricatura di una caricatura di un criminale cubano e trattengo a stento le risate, voglio capire cosa c'entri con noi la parabola di sir Winston e il suo sigaro.

«Bene, e se ti dicessi che l'*hombre* quel sigaro non lo fumava mai e lo usava solo per fare scena, per fare il personaggio? Ti ricordi cosa ti ho detto la prima volta che ci siamo visti sull'importanza di essere un personaggio?»

«Me lo ricordo, ma questa cosa di Churchill mi sembra un po' strana. Molto strana» rispondo.

«Ti sembra strana e sbagli. *El presidente* Churchill in realtà fumava molto prima di invecchiare, da giovane, ma alla fine il sigaro non lo accendeva quasi più. Lo ha detto Mességué, quello da cui era andato a curarsi. Conosci Maurice Mességué? Lui è il motivo per cui ho letto l'articolo, che questo Churchill io non lo conoscevo nemmeno. Mességué è un vero genio, uno che cura con le piante. Ma cosa ne sai tu che sei l'immagine stessa della malattia, altro che cura *y* salute.»

«Quindi sostieni, o meglio sosteneva Mességué, che il sigaro fosse solo un vezzo.»

«Cosa?»

«Un vezzo, una cosa che si fa più per forma che non per la sua concreta utilità, insomma una cosa inutile» provo a semplificare il più possibile.

«*Me gusta* questa parola. Vezzo. Se solo l'avessi scoperta prima l'avrei usata come nome d'arte, o come cognome d'arte. Bello Vezzo. Vezzo Bello... sì, comunque usava il sigaro in quel modo lì e c'è scritto sul giornale. Dici sempre che dovrei leggere i giornali perché la carta stampata non mente, e allora non può aver mentito proprio questa volta.»

«Hai comprato un quotidiano. Bene, sono molto fiero di te.»

«Chi ha detto che l'ho comprato? L'ho rubato all'edicola mentre chiedevo informazioni su questo bar.»

Ecco, questo mi sembra già più normale, ma non voglio scoraggiarlo e castrare la sua nuova sete di notizie e quindi mi limito a fare un cenno di assenso, come a dire che ne valeva la pena.

Poi però Bello si fa scuro in volto e, come a rimproverarmi per le mie futili divagazioni, porta la mano destra a pochi centimetri dal mio naso e con gesto deciso e misurato schiocca le dita due volte.

«Comunque, *por hablar* di cose serie, non lo dobbiamo pagare a quel *maricón*, su questo davvero non ci piove. I soldi li mette lui, o così o non se ne fa niente. Lo chiamo io e glielo dico a nome di tutti e tre, anche di quello lì che non ho *comprendido* che cosa stia facendo di grave, di così brutto da farti tanto preoccupare. Gli telefono io e i soldi li mette lui, non si discute, e sai perché non si discute? *Porque* se quel puttaniere non mette i soldi noi non balliamo, non cantiamo e non andiamo al Festival. Semplice, *simple*. Ora tu potresti anche dire che lui se ne frega» prosegue Bello in un'esplosione di schiocchi così forte che ormai sembrano nacchere, «e probabilmente sei anche così perdente nell'anima da pensare che sia lui a fare le regole e noi a *comer* la minestra. Ma non è così.»

Prendersi del perdente da uno come Bello non era il mio sogno di bambino, ma ammetto che ha centrato il punto. Non sono mai capace di impugnare il coltello dalla parte del manico e finisce quasi sempre che afferro la lama anche quando tutto sarebbe semplicissimo. Per quieto vivere mi faccio fregare, lascio sempre vincere l'altro a braccio di ferro pur di non vederlo scontento o nervoso. Il solo sapere di aver reso felice qualcuno, chiunque pensi di avermi messo nel sacco, mi procura un rilascio di endorfine che nemmeno un chitarrista davanti al più folto pubblico di giapponesi (gli unici rimasti sull'atollo dei *guitar heroes*) ha mai provato. Neanche dopo il più lungo assolo della carriera.

Ne avevo parlato con Zucker e ne parlerò con la dottoressa Limone, sempre che lei trovi ancora il tempo e la voglia di vedermi e non succedano altre cose complicate, ma rifiuto l'idea che questo sia masochismo. Non mi piace farmi ferire o farmi fare del male, non soffro della sindrome di Stoccolma e detesto le punizioni. Al contrario, penso che la mia sia la forma più alta di sadismo, la compiuta consapevolezza della mia superiorità. Io vi lascio vincere perché non mi applico, ma sono convinto che se lo facessi non avrei alcun problema a trionfare, a prendermi anche l'ultima fetta del dolce. Seguendo questa teoria, non ho mai imparato a giocare a scacchi, non ho mai approfondito lo studio della lingua francese e non ho praticato alcuno sport agonistico che non fossero le gare di sci per bambini pisciatuta che vanno per la maggiore tra i quattro e i dieci anni, quelle per cui si producono più coppe di quanti non siano i partecipanti alla competizione. Per questo non corteggio le donne della mia età, e nemmeno quelle più giovani. Non corteggio neanche quelle più vecchie perché sarebbe troppo facile. Io non partecipo per non vincere e per non perdere, ma far vincere gli altri di proposito mi fa sentire bene, tutto qua. Solo che con JR non funziona così, lui è l'eccezione a una regola che già funziona male. Per JR provo una specie di compassione terapeutica, lo curo con le mie piccole rese quotidiane e fingo di non accorgermi della mestizia di tutto ciò. Perché in fondo – e nemmeno troppo in fondo – so bene che recito per renderlo felice, che la storia della boy band e della più piccola e inutile esibizione live di tutti i tempi serve solo a lui, a fargli credere che quella dell'impresario dello spettacolo sia una strada ancora percorribile, a fargli pensare che, anche a quell'età, per uno come lui sia tutto possibile, pure cancellare dalla collina di Hollywood della sua immaginazione la parola FALLIMENTO e sostituirla per qualche mese con POSSIBILITÀ. Quindi la somma di due addendi come la mia vigliacca teoria dei non (per *non* vincere, *non* perdere, e comunque *non*) e la sua lenta ma costante discesa agli inferi potrebbe avere un effetto deleterio, se non proprio sulla mia vita almeno sulle mie non più illimitate risorse economiche. Ma per fortuna c'è Bello a evitare il peggio e a interrompere la noiosa lamentazione autoindulgente.

«Noi non suoniamo e lui ci rimette quel poco di rispetto che ancora deve avere in giro, *siempre* che ne abbia. Ma l'hai mai visto il suo ufficio? Uh, *madre,* incredibile. È più grande lo sgabuzzino in cui tengo le scope. *Amigo,* credimi, quello sta alla frutta e gli conviene vendersi un orologio, pagare la nostra iscrizione e sperare che in quel tendone ci sia qualcuno che mi veda ballare e cantare e gli chieda chi sono.»

«Che ci veda, vorrai dire.»

«No Toni, speriamo che veda solo me che è davvero meglio *por todos.*»

«Mi sa che l'hai letto bene l'articolo su Churchill, meglio di quanto tu creda» borbotto, mentre mi alzo e vado a pagare il conto.

«Cosa *amigo*? Non ho sentito.»

«Nulla, pensavo ad alta voce, sai come si dice...»

«No, come si dice?»

«Niente, fai conto che io non abbia aperto bocca. Quindi con JR ci parli tu?»

«Sì, lo chiamo dopo così sistemiamo i nostri piccoli problemi. Ora devo andare ad acconciare delle pecore noiose, però tu *piensa* intensamente alla storia del sigaro. È importante, è immagine, è quello di cui dobbiamo vivere *nosotros* artisti. A domani, e non passare troppo tempo da solo che hai due occhiaie *teribles.*»

Più tardi, mentre passeggio per il centro animato della città fresca di settimana e come al solito mi sento un perfetto emarginato, compro lo stesso giornale che Bello ha rubato e trovo il pezzo di costume su Churchill, il sigaro e Mességué. Ma si parla anche delle grandi manovre per la Bicamerale, dell'incrollabile e contagiosa fiducia di D'Alema e della notizia di due ragazze sparite a Siena. Hanno organizzato la fuga su internet e gli investigatori cercano tracce e indizi nella casella di posta elettronica di una delle due. Posta elettronica, internet... tutte cose di cui si sta sopravvalutando l'importanza, come se per scappare e andare a divertirsi servisse la tecnologia. Prima ancora di combattere la prossima guerra mondiale con i sassi, sono convinto che queste puttanate socializzanti spariranno dalla faccia della terra, a nessuno può piacere essere sempre connesso e reperibile. Non scherziamo. Una leggera folata di vento investe in pieno il giornale e lo ribalta contro la mia faccia incredula, colpita da un delicato segno dell'esistenza della natura qui, nel mezzo di Milano. Tempo di formulare il mio pensiero ecologista e cado, rido e mi faccio malissimo a un polso.

15

Sdraiato per terra di fronte al tavolino del telefono giaccio come la vittima di un grave incidente domestico, ma in realtà sono vigile e nella penombra della stanza faccio movimenti impercettibili, esercizi con cui testo quel che rimane dei miei addominali. La spia della segreteria è accesa, ma non ho voglia di scoprire chi mi ha cercato e tantomeno perché. Ci sono giornate in cui mi innamoro di me stesso e altre in cui me ne disamoro completamente. In entrambi i casi passo molto tempo da solo e, anche se la compagnia è pesante, provo comunque a non scappare e a restare sdraiato a terra a meditare per frazioni di tempo interminabili, a interrogarmi sul perché di tanto amore incondizionato o sulla fine dello stesso. Il succo della vicenda è che me ne sto a pancia all'aria a guardare il soffitto e metto le radici per piccole, brevissime depressioni della durata di un pomeriggio. Gli addominali non ci sono più, sempre che ce ne siano stati al di là di quella misera e inevitabile dotazione che tutti i bambini ricevono. Mi appoggio sui gomiti e sollevo le gambe, poi inizio a muoverle a forbice per puro scrupolo, per vedere se riesco a reggere a una sollecitazione improvvisa oppure se i miei muscoli finiscono per stirarsi, slacciarsi e strapparsi, facendo finalmente giustizia di me pigro. Reggono, buon segno.

Mentre le gambe oscillano avanti e indietro e mi avvicino al ventesimo movimento, quello finale, ecco il mostro annidato nel cuore delle mie certezze, l'orrore e il vuoto dove non te l'aspetti.

Il calzino blu di filo di scozia che avvolge il piede destro ha un enorme buco sul tallone. L'indicatore, se mai ce ne è stato uno. Un calzino bucato è già sconveniente di suo, ma se qualcuno provvede a buttarlo o a rammendarlo al più presto il danno è contenuto e accettabile. Il problema si fa serio quando, come nel mio caso, il calzino resta bucato per mesi e viene utilizzato senza pudore e senza timore delle conseguenze sociali. Quello scorcio sulla nuda pelle del tallone di un uomo della mia età è il segnale inequivocabile di una solitudine preoccupante, dell'incuria in cui è caduta la sua quotidianità. Quel calzino bucato che nessuno rammenda né rammenderà mai è l'urlo di un'umanità ferita e dolorante. Oppure solo il solito errore in malafede della donna di servizio, che considera ogni rifiuto uno spreco e quindi conserva tutto, dai bicchieri di vetro della Nutella alla carta dei regali, fino ai calzini bucati.

Dovrò parlarle una volta di più, e metto già in conto il suo sguardo annoiato e insolente, ché da quando non c'è più *lei* è come se la casa non appartenesse ad altri che non alla sua memoria e io fossi solo il responsabile di quella fuga o un ingombro. Faccio un ultimo sforzo e con la spinta del ventunesimo movimento arrivo al pulsante della segreteria telefonica.

Il primo messaggio è di mia madre. Me l'aspettavo, prima o poi avrebbe pur dovuto chiamarmi. La mamma è tornata a vivere a Milano Marittima e a tempo perso fa l'istruttrice di nuoto per anziani in una piscina per bambini. Per tutto il resto delle sue giornate si occupa dell'allevamento di bassotti tedeschi a pelo duro ereditato dal suo secondo marito, sposato ottantenne e defunto di lì a poco. Mia madre ama quei cani e non perde occasione per rimarcare che, in fondo, in Germania qualcosa di buono l'hanno anche fatto, come a dire che il carattere infernale di quelle piccole bestie aggressive e intrattabili è pur sempre meglio della docile indolenza del mio bellissimo padre. Questione di opinioni, e quelle di mia madre sono spesso originali.

"Tesoro mio, sono preoccupata. Non riesco mai a parlarti, è vero che forse non ti chiamo molto spesso, ma quando ti telefono non ci sei mai. Qui va tutto bene, in piscina niente di nuovo ma sono sicura che prima o poi capiranno che gli anziani sono i nuovi bambini e sarà allora che mi permetteranno di fare i miei corsi in acqua bassa, ora sono ancora troppo bigotti e pensano che sia una cosa brutta. Una diminuzione, come diceva il povero Eros. I suoi figli sono tanto cari, sai? C'è voluto molto tempo, ma alla fine hanno capito che non ero interessata ad altro che non fosse lui, delle sue cose non mi è mai fregato niente, anche perché, con tutto quello che mi ha dato la famiglia di tuo padre pur di levarmi di torno, figurati se potevo aver bisogno di un allevamento di bassotti e di una bifamiliare vista mare per tirare avanti! Certo, ci sono anche la macchina e l'intestazione del conto in banca, ma sai quanto m'interessano i soldi, lo sai vero? Ieri sono venuti tutti e due ad aiutarmi a ripulire le gabbie, sia Amos che Juri. Sono tanto cari, sai? Loro ci sono sempre per me, e tu invece te ne stai lassù e non mi rispondi mai al telefono. Be' niente, i bassotti sono quaranta, togli le fattrici e i loro sposi ne restano un bel po' da vendere e sono contenta di come vanno le cose, dovresti vederli: sempre allegri, abbaiano e ringhiano, corrono e mi riempiono le giornate perché se dovessi aspettare dei nipotini diventerei troppo vecchia. Non te la prendere, ma tu non hai idea di quanto siano felici le mie amiche con i loro nipotini. Dài, cambiamo discorso che poi te la prendi e non ti fai sentire per dei mesi. Be' niente, ieri ero con Juri – ti ho detto quanto sono cari lui e Amos, vero? – ed è saltata fuori questa storia dei sassi dai cavalcavia. I ragazzi mi dicevano che lì al Nord è scoppiata la mania di mettersi sui ponti e colpire le macchine di passaggio, e che c'è un posto che si chiama Tortona in cui lo fanno di continuo, allora io sono rientrata in casa e ho guardato l'atlante. Sono molto preoccupata per te, Antonio, ho scoperto che Tortona è vicina a Milano ed è una cosa davvero pericolosissima e brutta, c'è gente cattiva in giro. Sta' attento ai cavalcavia figlio mio, ti prego di fare attenzione ogni volta che ne incroci uno, che ci passi sotto. Guarda in alto, e se vedi qualcuno o qualcosa di sospetto tu ferma la macchina e aspetta. Non erano solo i personaggi dei tuoi fumetti, anche nonno Iorio aveva paura solo di una cosa: che il cielo gli cascasse in testa. Sta succedendo proprio questo, anche se non è il cielo a caderti in testa è pur sempre qualcosa che cade dal cielo, e sai che quell'uomo sbagliava poche volte, tanto che avrei dovuto ascoltarlo quando mi diceva di non dare troppo retta a quel tedesco lì, con tutte le sue moine e le sue mossette. Be' niente, sai che conosco poco Milano, ma mi sembra una città piena di strade e dove ci sono tante strade c'è bisogno di cavalcavia per sveltire il traffico, no? Quindi sta' attento perché la tua mamma non ci dorme, su queste cose. Guardo sempre il telegiornale come mi hai detto, perché mica è bello che una mamma si senta dire dal proprio unico figlio che è ignorante e vive fuori dal mondo. Ho provato a seguire un po' la storia di questa Bicamerale di cui parli sempre, ma sai che la mamma non capisce molto di politica, sai che penso che in fondo quelli lì siano tutti uguali, un giorno me la spiegherai bene e ti giuro che proverò ad ascoltare veramente. Davvero, non voglio che ti arrabbi. Volevo dirti un'altra cosa, la settimana scorsa sono andata a bere un tè vicino al Conservatorio Maderna di Cesena. Bellissimo posto, tutti quei ragazzi seri e vestiti a modo, con la faccia da adulti già a dieci anni. Un po' musoni proprio come te, senza offesa Antonio mio bello. Be' niente, sai chi ti incontro? Ti ricordi quella bimba tanto carina con cui andavi all'asilo che si capiva benissimo che le piacevi e che non mi hai mai voluto presentare? Ecco, devi vedere che pezzo di donna è diventata... sono andata lì a dirle chi ero e lei ha fatto una faccia strana, allora le ho chiesto perché e lei mi ha detto che le hai sempre raccontato di essere orfano. Cosa devo fare con te, Antonio?"

La seconda telefonata è di JR, che piagnucoloso e mellifluo mi chiede di fare da mediatore con Bello e riportare i ragazzi in sala prove, ché il tempo è poco e l'impresa ardua. L'ho cercato tutta la mattina, ma lui usa il tono di uno che ha atteso invano una tua chiamata, per ore.

"Poi volevo anche dirti che avevi ragione e che a comportarsi come un puttaniere si rischia di rovinare tutto. Olga ha scoperto che vedevo Irina e ha fatto le valigie. Ha portato via i bambini e dice che non vuole più sentirmi. La cosa buona è che Irina mi piace davvero e penso sia la persona giusta per me, vorrei proprio che tu la conoscessi. Brava ragazza, ha avuto un sacco di problemi da giovane ma adesso ha messo la testa a posto e grazie alla sua nuova fede è molto tranquilla. Sai che è buddista? Stavo pensando a come fare, mi sa che in futuro per sposarci dovremo chiedere informazioni sul matrimonio interreligioso..."

Premo il pulsante e blocco la riproduzione, non voglio ascoltare oltre. Chissà se, da qualche parte nelle Repubbliche Baltiche, esiste una grande fattoria, una comune in cui tutte le ex famiglie di quest'uomo inquieto vivono felici e contente, i figli biondi e atletici si cimentano in giochi antichi e praticano la caccia e la coltivazione di verdi terre, dimentichi di quella bestia che è il loro lontano e priapico padre italiano. Rifletterò più avanti sull'ultima parte del messaggio, magari in presenza di Jack, ma per quel che riguarda l'appello disperato alla band in effetti, a due settimane dall'inizio del Festival, è giunto il momento di decidere se provarci o no. Compongo il numero di telefono di Bello e finalmente assumo una posizione eretta.

16

«Ci sono cose che devo raccontarle, cose molto serie e gravi che lei deve sapere, signor Flünke. Non voglio allarmarla e non ho la pretesa di rubarle troppo tempo, ma la prego di volermi dedicare qualche minuto alla fine delle vostre prove. È davvero importante.»

Il nonno di Federico in arte Faith mi ha avvicinato mentre scendevo gli scalini d'ingresso della palestra di Loredana, nel frattempo ribattezzata "House of Loredanza" con tanto di magliette con logo in vendita alla reception. Nonostante lo abbia già visto almeno una decina di volte e mi abbia lasciato quello strano messaggio in segreteria, l'anziano Riccardo Sanpa ha voluto presentarsi di nuovo e poi ha annunciato il momento in cui farà le sue serie e gravi rivelazioni. C'è qualcosa di soave nell'idea di farsi molestare da persone come il nonno di Federico, le buone maniere apprese fin da piccolo ti impongono di ascoltare con attenzione gli uomini di quell'età, anche se non sembrano particolarmente lucidi. Come se fosse un'azione pia, un piolo in più della scala verso quel regno dei cieli in cui tutti noi giusti avremo tappi per le orecchie o musica a tutto volume in premio.

Sulla panchina a lato della zona coreografie sono tornate Moni e Doni, un po' meno vistose nei loro addobbi di ciucci e collane e un po' più morigerate nel tono di voce e nel trucco. Vicino a loro siede nonno Sanpa, che mi guarda come fossimo complici e depositari di un terribile segreto. A debita distanza dalle due ragazze c'è JR, che armeggia con l'enorme stereo che ha sostituito l'impianto della palestra, una mostruosità che sembra appena uscita dal set di *Fa' la cosa giusta*.

Oggi è il 5 febbraio e si celebra sant'Agata protettrice dei fonditori di campane, mancano dodici giorni all'inizio del Festival cui non parteciperemo e tutto va bene, tranne quello che dovrebbe andare. In un improvviso accesso di follia ho fatto visita a un grande negozio di articoli sportivi e ho rinnovato il mio abbigliamento. Indosso una tuta Nike Agassi 1995 color ghiaccio, la felpa ha il colletto nero e lo scollo a V chiuso da una cerniera, nera anch'essa. I pantaloni hanno dei bottoni laterali che, in caso di improvviso striptease, mi potrebbero avvantaggiare molto e tornare comodi. Sotto la felpa porto una maglietta in poliestere bianca, sempre da tennis perché purtroppo nei negozi milanesi non sono stati ancora inaugurati i reparti boy band e non me la sono sentita di esplorare quelli per la danza.

Faccio il mio ingresso con passo lento e deciso, ho rimesso in piedi la band e da oggi in poi voglio muovermi con il piglio del leader. Metti che questo giochino per adulti diventi un vero affare: quello con cui tutti vorranno parlare è il cantante, e allora tanto vale cominciare a esercitare l'ego.

«*Hombre*, ma come cazzo ti sei vestito? Sei tutto in bianco, devi fare la prima comunione?»

Ridono tutti tranne JR, che non vuole dare soddisfazione al nemico, e Faith, che forse non può farlo per via di uno dei mille divieti imposti dal suo credo-videogame. Non importa, so che quella di Bello è solo invidia e che probabilmente teme la mia nuova consapevolezza, in fondo ha sempre pensato di dover essere lui al centro dell'attenzione. Poi c'è anche una questione di stile, insomma, potrà mica dare del porco al cinghiale, il porco?

«Ragazzi» esordisce solenne JR, «come da voi richiesto e come giusto, ho pagato io l'iscrizione. Non vi nasconderò che si è trattato di un sacrificio, ma l'ho fatto.»

Segue una lunga pausa in cui lo scruto e registro i cambiamenti recenti, le occhiaie pesanti, la pelle bianca dell'anulare sinistro proprio là dove prima c'era una fede nuziale, e l'esteso ematoma all'altezza dello zigomo destro, non ancora del tutto assorbito. Quasi certamente un portacenere.

«Ora vi chiedo solo di fare quello che sapete fare meglio: ballare!» e batte le mani per applaudirsi da solo. Noi tre artisti ci scambiamo un cenno d'intesa e partiamo con il riscaldamento e la pesante sessione di stretching condotta da Bello. A intervalli regolari la porta della sala si apre e Loredana entra con delle sue coetanee, clienti o semplici amiche che siano, e indica Bello con fare malizioso. A ogni gesto seguono risatine isteriche e pacche sulle spalle tra comari. A intervalli regolari la porta della sala si apre e io mi distraggo, il che significa che circa ogni cinque minuti perdo l'equilibrio per via del cigolio dei cardini e cado, facilitato dai pantaloni larghi e dal loro progressivo sbottonamento.

«Antonio per favore concentrati, non abbiamo nemmeno iniziato» dice Federico arrossendo. Annuisco perché so quanto gli è costato il richiamo, e ignoro il mercato della carne latina messo in piedi da Loredana e Bello.

Finisce il riscaldamento, continuano i problemi.

«Allora signori» dice JR che occupa il centro della scena, «ho lavorato sul pezzo che abbiamo scelto e ho chiesto un parere a un'amica. Lei dice che dobbiamo tradurlo in inglese, e quindi vi ho portato il testo.»

Nello stupore generale ci distribuisce dei fogli su cui è stampata la traduzione dell'amica. Una cosa così:

Do not ever cry over the money I spend
I'll get it (auh) perhaps more
But the love of one woman cry
I did not, perhaps more

Turn it on you that this sun is off
love you know, ice melts hearts

What will become of me if I lose you too
if I lose you too (uh uh uh uh)

Life is not how to live a hundred years
if you have ever loved
Love is not being with a woman
we want more, much more (oh yeah)

Turn it on you that this sun is off
the life of a man is in the hands of a woman
that woman is you
What will become of me if I lose you too (un uh uh uh)

Turn it on you that this sun is off
love you know, ice melts hearts
What will become of me if I lose you too
if I lose you too (uuuh yeah) – ripetuto x 5 volte

«Jack.»

«Dimmi, caro.»

«Jack, di dov'è la tua amica?»

«Cosa c'entra, lei parla benissimo l'inglese.»

«Jack, ti assicuro che la cosa migliore di questa traduzione sono gli "uh" e gli "yeah", il resto è da buttare. Di dov'è la tua amica?» gli chiedo sconsolato.

«*De donde quieres* che sia, sarà una delle sue puttane russe!» interviene Bello.

«Bello per favore, non ricominciamo, taci. Jack, questa è una pessima traduzione ma soprattutto è una traduzione inutile. Abbiamo scelto quella canzone proprio perché è una buona, sana, semplicissima canzone italiana. L'abbiamo fatto per non complicarci la vita e per fare qualcosa di originale. Mi sai spiegare il perché di questa traduzione?»

«Già, perché? Perché questa brutta mania di essere esterofili?» urla dalla panchina all'improvviso il nonno di Faith.

«Nonno taci, fatti gli affari tuoi» sbotta Faith, paonazzo.

«Non ti permettere, portami rispetto!»

«*El viejo* ha ragione, giusto. Che cazzo è questa traduzione, chi l'ha chiesta? E poi ho già detto che non voglio canzoni inglesi!» dice Bello.

«Non si permetta neanche lei, io sono anziano. Un anziano italiano, non un *viejo*...»

«Oh, fanculo, io volevo solo...»

«Non mandare a fare in culo mio nonno» urla Faith mentre Doni e Moni cantano la canzone tradotta e ridono fino alle convulsioni.

Jack resta immobile e tutti strillano, bisogna mettere un punto a questa pericolosa deriva anarchico-rissosa.

Prendo fiato e grido "basta" più forte che posso.

Tutto si ferma e resta sospeso, gli altri mi guardano con un'espressione nuova fatta un po' di rispetto e un po' di qualcosa che non riesco a decifrare. Paura? Stupore? Ammirazione?

Potrebbe anche essere, però noto che, lentamente ma inesorabilmente, cominciano a ridere tutti. L'energico gesto delle braccia con cui ho accompagnato l'urlo ha fatto sì che una mano s'infilasse nello spazio tra bottone e bottone e aprisse completamente la gamba destra della tuta tracksuit Agassi 1995, con il risultato di un me smutandato e solenne in mezzo a una sala prove improvvisata in una piccola e ammuffita palestra di periferia. Smutandato a eccezione delle mutande, in effetti. Un paio di slip bianchi comprati in offerta 3x2 al mercato rionale di Milano Marittima da mia madre e spediti a Milano città per posta insieme ad altri beni di prima, seconda e anche ultima necessità. La scoperta del me stesso desnudo non può che concludersi con una caduta, simile all'implosione di un grande palazzo e altrettanto rumorosa.

Mi ricompongo grazie all'amorevole aiuto di Moni e Doni; anche gli altri mostrano un po' di buona creanza e lucidità e cercano un punto d'incontro per mettere fine a quella ignobile gazzarra.

«Avete ragione, ho sbagliato io. Non c'era bisogno di tradurre la canzone» dice JR.

«Scusi, non avevo alcun diritto di criticare le sue scelte. Lei ricopre un ruolo e io sono solo uno spettatore privilegiato grazie alla bontà sua e di mio nipote. Ho sbagliato io» si accoda il signor Sanpa.

«Mi spiace tantissimo nonno, non avrei mai dovuto permettermi di alzare la voce con te» aggiunge Faith a testa china.

«*Discúlpame* signor nonno, non volevo offenderla» chiude in gloria Bello.

Così, grazie al mio sacrificio e al patto della mutanda, la boy band chiamata Epica può riprendere la sua marcia verso la popolarità e il successo. Insomma, può riprendere la sua marcia.

Faith ha elaborato una coreografia abbastanza semplice, fatta di pochi scambi e movimenti lineari. Non ci sono sedie, solo un ombrello che è stato immediatamente messo ai voti in quanto possibile latore di malasorte e sventure, che però è sopravvissuto al consulto. Io mi concentro sulla linea vocale e cerco di non ansimare troppo mentre ballo, di tenere il fiato e non perdere il ritmo, ma scopro che Faith ha lavorato con scrupolo e ha tenuto ben presenti i miei problemi di forma ed equilibrio. È sufficiente che io stia fermo e mi comporti come un assennato uomo di mezza età e non dovrebbe succedere nulla, si occupano di tutto lui e Bello: nelle intenzioni del coreografo, si agiteranno talmente tanto da convincere gli spettatori che mi stia muovendo anche io. La nuova atmosfera, il clima di pace e cooperazione che si è creato intorno e dentro alla band trasformano quel che resta della sessione in una piacevole giornata di cazzeggio costruttivo, tutti partecipano, tutti consigliano ed eseguono e nessuno alimenta le tensioni tra i soliti noti.

Ce ne andiamo negli spogliatoi con la ragionevole certezza di farcela, per la prima volta. Sono così felice e fiducioso che nemmeno le rivelazioni di nonno Sanpa mi spaventano, almeno prima di averle sentite.

17

«Buonasera signor Antonio. Mi perdoni se chiamo sera questo uggioso primo pomeriggio, ma come potrà immaginare alla mia quasi veneranda età la vista cala moltissimo e le tenebre avvolgono noi poveri vecchi anzitempo. Sono Riccardo Sanpa, il nonno e custode di quel bravo ragazzo che voi chiamate Faith e che io invece mi ostino a voler conoscere come Federico, il bellissimo nome di battesimo che la sua mamma ha tanto voluto.»

Sanpa mi ha colto di sorpresa, credevo mi volesse parlare ieri alla fine delle prove, e invece è sparito per riapparire davanti a casa mia. Nel momento stesso in cui mi ha rivolto la parola, Yao si è avvicinato a noi fingendo di spazzare il marciapiedi e si è messo in ascolto.

«In genere non uso disturbare chi non conosco, trovo che sia una cosa piuttosto sconveniente.»

«Credo che lei si confonda, signor Sanpa. Noi ci conosciamo, ci siamo incrociati almeno una decina di volte alle nostre prove e qualche giorno fa mi ha anche telefonato e lasciato un lungo messaggio in segreteria» lo contraddico.

L'elegante anziano mi scruta perplesso.

«Lei mi deve aver scambiato per qualcun altro, questa è la prima volta che ho il piacere di parlarle e, se devo essere sincero, non ho mai trovato il tempo né la voglia di venire a vedere le vostre esibizioni, cosa di cui mi rammarico e che mi fa sentire tanto manchevole nei confronti del povero Federico.»

Vorrei interromperlo ma qualcosa mi dice che non è il caso, lo assecondo e taccio mentre Yao continua imperterrito a spazzare la polvere sulle mie scarpe. Sanpa è un uomo alto, poco incurvato dagli anni. Ha foltissimi capelli bianchi e porta sul naso sottile degli occhiali molto vecchi, con lenti spesse che gli conferiscono un'espressione stralunata e severa al tempo stesso. Veste un completo di grisaglia, una camicia bianca e non porta cravatta. Malgrado il freddo pungente, non indossa il suo impermeabile, piegato sul braccio destro. Se non ha mentito sull'età, Sanpa è molto giovanile e ha grandissima cura di sé, l'unica pecca sono quelle lenti davvero troppo grandi per occhi così piccoli e intensi.

«Mi consente di accompagnarla per un tratto di strada, vero? Grazie, Federico mi aveva detto che lei è una persona cortese e beneducata. Non che gli altri non lo siano, non voglio insinuare questo, ma ci sono cose che un galantuomo capisce e sa fare, e una è proprio riconoscere un suo simile. Un tempo l'educazione era quasi esclusivamente appannaggio delle famiglie della buona borghesia e dei nobili. A mio padre offrirono un titolo nobiliare, gli dissero di scegliere un nome per la casata e lui, per un certo periodo, fu anche tentato. Aveva una fattoria nella piana del Tidone, un posto fatato che si chiamava Trignano, si consultò con la mia povera mamma e per qualche giorno accarezzarono l'idea di diventare i baroni di Trignano. Augusto, così si chiamava mio padre, barone Augusto Sanpa di Trignano. Poi però quel santo uomo di lumi rinunciò, e così, invece del titolo, decise di lasciarmi in eredità la fattoria e le buone maniere, lascito del tutto adeguato, non crede?»

«Mi pare di sì» rispondo, e vorrei davvero chiedergli di arrivare al dunque, ma la mia curiosità passiva me lo impedisce e lascio campo al suo racconto.

«Vede che non sbagliavo? Lei mi capisce e io la capisco, è un buon inizio. Vorrei essere sintetico, non sbrigativo che sarebbe solo poco educato, e giungere al punto. Sono molto preoccupato per mio nipote, lo vedo assente e poco motivato, poco disposto a quella terribile ma sublime lotta che è la vita di ogni giorno. C'è qualcosa che non va in lui, qualcosa che io non capisco perché probabilmente troppo diversa dai miei codici e lontana dalle mie possibilità d'interpretazione. Potrebbe essere una qualsiasi delle tante droghe della sua generazione o una donna che lui ama d'amore non corrisposto, potrebbe essere altro ma io le garantisco che non so cosa sia, e per questo sono qui a chiederle aiuto.»

«Sono molto contento che lo abbia fatto perché...» ma il vecchio Sanpa mi interrompe subito.

«Seguo con attenzione le mosse di Federico e mi sforzo di rispondere alle sue esigenze nel modo migliore. Certo, sono cambiati i tempi ed è cambiata la vita, io alla sua età dovevo già cavarmela da solo. È stata dura per me. Ora fingono tutti di essere stati dalla parte giusta, ma io sono uno di quelli che ha il coraggio di ammettere di essere stato con i vinti. Per lealtà, per coerenza e perché, in questo Paese ormai svenduto al nemico rosso e bolscevico, nessuno ha più cuore di ammettere di essere stato fascista, fedele ai valori più antichi e puri della nostra tradizione e allo stesso tempo ostile all'occupazione tedesca e alle sue bestialità. Mi dica, conosce qualcuno in grado di dire di essere stato fascista e di aver combattuto i tedeschi a testa alta? Mi perdoni la leggerezza, so che lei è per metà tedesco, ma le colpe dei padri non devono ricadere sui figli e, se anche il suo genitore fosse il figlio di un combattente, di un fiero soldato del Reich e di un invasore, io non gliene farei una colpa, lo sappia da subito.»

Vorrei dirgli che mio padre faceva l'indossatore di pellicce da uomo e che mio nonno non aveva potuto combattere perché stava dall'altra parte dell'oceano, ma sono sopraffatto dalla confusione del suo monologo e desisto.

«Sono stato il primo e forse l'unico podestà ventenne della Repubblica di Salò. Ne vado fiero e mi pare ridicolo anche doverne parlare come di un fatto eccezionale, ma lo faccio solo per chiarirle quanto diversi furono i miei vent'anni da quelli del mio fortunato nipote. Erano i mesi terribili tra il giugno e il dicembre del 1944, tempo di stragi di civili innocenti, di rappresaglie e di razzie sul suolo dell'umiliata patria. Io ero segretario comunale nel piccolo paese di Maretto Val Tidone, un agglomerato di case antiche cui facevano capo anche gli abitanti dei molti borghi disseminati sulle colline. La notte tra il 16 e il 17 giugno, una decina di partigiani della Sesta Zona Operativa sconfinarono e si unirono ad alcuni dei briganti della formazione Zizzo, che da mesi imperversavano nei paraggi con la scusa della lotta all'invasore, quando tutti sapevano benissimo che saccheggiavano le cascine e le case dei poveri contadini. Quel gruppo di delinquenti incrociò casualmente la strada del podestà, che viaggiava in compagnia del commissario prefettizio, di un appuntato dei carabinieri e di un paio di impiegati. Tutto il gruppo di funzionari fu preso in ostaggio, e Maretto rimase senza guida. La mattina dopo giunse un dispaccio che indicava me come sostituto pro tempore del podestà e me ne conferiva tutti i poteri. Lei può immaginare in che situazione mi trovai? C'erano ovunque camerati perbene che organizzavano la fuga e cercavano di proteggere in ogni modo i loro averi dalle scorribande dei criminali partigiani. C'erano gli antifascisti che si preparavano al dopo e che trattavano me e i miei uomini come feccia destinata al patibolo, rifiutando ogni nostro ordine e soprattutto rifiutando di capire che agivamo esclusivamente per il loro bene. Poi c'erano i partigiani e i tedeschi che sparavano e scappavano e lasciavano in terra il sangue di una generazione che non poté mai crescere e vedere il bello alla fine della guerra. C'era la Linea Gotica a poco più di cento chilometri, e dietro a quella c'erano gli Alleati, con le loro bombe amiche, con le loro armate marocchine pronte a stuprare tutte le brave ragazze italiane indifese e abbandonate al loro destino da mariti e fratelli morti al fronte. Avevo solo vent'anni, Herr Flünke, e avrei tanto voluto fidarmi di suo nonno e di quelli come lui, ma ormai la storia di quella guerra era scritta e la nostra fragilità ci aveva reso invisi al popolo tedesco e ai suoi soldati, che su di noi infierivano come si fa con i peggiori traditori e con i nemici. Fui abile, sa? Parlavo bene, ero sveglio e cercavo di non cedere alla tentazione della fuga e dello sfascio. Rimasi al mio paese, protessi i suoi abitanti e riuscii a dar loro da mangiare sempre, fino all'ultimo giorno prima di quella che molti qui in Italia chiamano Liberazione. Da noi arrivò la sera del 15 aprile del 1945. Tutti i camerati della zona unirono le forze per attaccare il castello di Monticello, nella vallata del Pillerone. Fu una battaglia sanguinosa e troppi, vincitori e vinti, caddero sotto le mura di quel bel castello. Io non ero lì, avevo già vinto la mia guerra, quella del grano. Avevo nutrito la mia gente e l'avevo protetta dalla follia degli ultimi tedeschi rimasti in zona. Quella notte feci in fretta e furia le valigie e provai più volte a inviare un telegramma a Salò per informare della mia partenza, ma tutte le linee erano inutilizzabili e forse si sarebbe trattato comunque di una comunicazione senza destinatario, una di quelle che arrivano in una stanza vuota in cui la macchina riceve senza sosta, ma senza nessuno che le presti attenzione. Mi perdoni se eccedo nei dettagli, è solo che non mi capita molto spesso di raccontare la storia di quei giorni.»

Avremo percorso non più di cinquanta metri dal portone di casa mia, Sanpa gesticola e si ferma ogni due passi, e la memoria pare colpirlo di continuo al viso con il suo schiaffo invisibile, perché il vecchio scuote la testa a volte con calma e altre troppo agitato.

«Partii nottetempo e mi diressi verso la Val Trebbia, passai da Bobbio e poi giù a piedi fino alla Liguria, dormendo all'addiaccio e sempre alla mercé di chiunque. Mi salvai dalla mattanza e per anni vissi a Genova, spacciandomi per un emiliano smemorato, uno che la guerra non l'aveva vissuta perché occupato in altre faccende, poi però mi stufai e decisi di tornare dalle mie parti, e di farlo a testa alta. Perché in questo Paese ingrato un giorno qualcuno avrà anche il coraggio di raccontare la storia dei vinti con onestà e amore del vero. Sarebbe bello che a farlo fosse proprio uno di quei saccenti giornalisti della disinformazione comunista, uno di quelli talmente presi dalla propria penna da aver dimenticato chi erano e cosa facevano quando portavano i calzoni corti ed erano tutti dei balilla. Ma i miei sono solo i desideri di un vecchio trombone, lo so bene. Tocca a voi, a voi giovani nipoti di quell'orgogliosa Italia fascista, tocca a voi ricostruire tutto, onorare la memoria!»

Vorrei obiettare che non sono un giovane e orgoglioso fascista, e che non più di una settimana fa mi ha raccontato la sua storia di giovane partigiano in quelle stesse valli. Ma soprattutto, vorrei dirgli che so cosa turba i giorni del suo protetto, dell'adorato nipote. Intendo, cosa lo turba a parte il fatto di avere un nonno del genere.

Vorrei ma non posso, perché all'improvviso, e con un'agilità fino a questo momento nascosta sotto la giacca, il vecchio partigiano revisionista Riccardo Sanpa quasi barone di Trignano accelera il passo e raggiunge un taxi spuntato dal nulla.

«Aspetti!» provo a inseguirlo mentre chiude la portiera.

Il taxi parte, Sanpa si affaccia dal finestrino aperto e mi dice che sono un bravo ragazzo, un giovane uomo educato.

«Ce ne fossero come lei, Antonio Flünke. Questa povera Italia sarebbe un posto migliore.»

E si allontana nell'uggioso pomeriggio invernale, mentre Yao, che ci ha seguiti fino a lì con la scopa in mano, mi guarda con sospetto, disgusto e un po' di paura che io possa essere veramente quel genere di Antonio Flünke.

18

Il 7 febbraio è il giorno della vestizione e ancora una volta la macchina mi è fatale. Partiamo in quattro dalla palestra. Federico detto Faith non c'è. Io guido, Bello siede al mio fianco e dietro ci sono Moni e Doni, che per l'occasione fungeranno da consulenti di immagine, anche se loro preferiscono definirsi "stylist". L'intervento delle ragazze è provvidenziale perché noi eravamo ormai troppo assorti nella teoria e nella pratica dell'esibizione e avevamo trascurato del tutto la componente estetica, fondamentale nella creazione del mito, nella nostra trasformazione in icone pop.

Attraversiamo la città prigionieri del traffico di un venerdì mattina qualunque.

Bello non parla, è rapito dalla lettura dei quotidiani che ha trovato sul sedile e che io non avevo ancora aperto. Non sono un integralista, ma ci sono poche cose che mi danno più fastidio di leggere un giornale già sgualcito, se poi si tratta del mio la cosa è insopportabile. Moni e Doni vestono alla marinara, sotto i pea coat blu trovati quasi di sicuro in un mercatino dell'usato le due portano pantaloni corti, calze a righe e magliette perfettamente intonate e un paio di fischietti al posto dei soliti ciucci. Non indago sul perché e mi godo la compagnia, le ragazze riempiono i vuoti della non conversazione di Bello e parlano ininterrottamente.

«Bisogna scegliere uno stile, dipende molto da come li vedi» dice Moni.

«Cosa?» risponde Doni.

«Da come li vedi, da cosa ti fanno venire in mente loro tre, tipo... pensa a tre aggettivi, uno per ciascuno senza dirmi a chi sono riferiti.»

«Va bene, allora... sexy, tenero e simpatico.»

«Grazie per il simpatico» dico io.

«Vedi però, se ascolti ci metti in imbarazzo, ricorda che stiamo lavorando per voi» mi risponde Moni. Accolgo l'invito e sprofondo in un silenzio uguale a quello del mio vicino, che continua imperterrito a informarsi.

«Dicevi... sexy, tenero e simpatico. Quindi li vedi diversi, ognuno con il suo stile?»

«Esatto!»

«Allora la scelta è già fatta. Niente abiti uguali, niente divisa, solo dei richiami negli accessori e al limite un colore di fondo. Giusto?»

«Giusto!» risponde Doni entusiasta, e le due si abbracciano e si baciano prima con entusiasmo e poi con quel po' di passione e morbosità che ritengono parte del copione, anche se qui il pubblico non c'è o è distratto.

Troviamo almeno una quarantina di semafori rossi e a ogni sosta la macchina viene presa d'assalto da tutte le categorie di mendicanti e artisti di strada. Venditori di fazzoletti, di accendini, di giornali del giorno prima, lavavetri, lavatergicristalli, lavafanali, lavaspecchietti, mendicanti semplici, mendicanti con foglio prestampato, mendicanti con cartoncino scritto in pennarello rosso, mendicanti invalidi, mendicanti con bambino in braccio, mendicanti simpatici, mendicanti aggressivi, mendicanti per caso, mendicanti professionali e mendicanti improvvisati. Italiani, polacchi, ucraini, indiani, cinesi, senegalesi, urlatori isterici, veri sofferenti, ubriaconi, sconfitti, uomini liberi e bambini senza futuro. Ogni volta io frugo nel vano porta cd della macchina per vedere se mi è rimasta qualche moneta, e ogni volta Bello solleva per un attimo la testa dalle pagine del mio giornale e mugugna qualche insulto, in realtà quasi sempre lo stesso con gli opportuni accorgimenti.

«Negro *de mierda*, dammeli tu i soldi!»

«Polacco *de mierda*, vai a lavorare!»

«Italiano *de mierda*, lo facesse un negro l'avreste già arrestato!»

«Cinese *de mierda*, la dovete piantare di fottere il lavoro ai fratelli neri!»

«Indiano *de mierda*, vai a morire nel tuo cazzo di Paese pieno di mucche magre e non ci rompere i coglioni!»

Cerco qualche spicciolo, lui inveisce, io alzo le spalle e mi scuso col poveretto di turno sia per le monetine che non ci sono sia per il mio amico aggressivo e violento. Mi preoccupa molto l'ispanizzazione del suo parlato, l'ho conosciuto in un modo e sta diventando un'altra persona.

Moni e Doni cantano, ballano, si baciano e pensano ai vestiti.

Dopo un'ora di viaggio lento e faticoso, arriviamo nel parcheggio di un minuscolo outlet che ha l'aspetto di non essere del tutto in regola. C'è una moltitudine di piccoli furgoni da cui vengono scaricati campionari e sacche di tela piene di vestiti, ma nessuno dei camioncini reca le insegne di una casa di moda, e nemmeno quelle di un trasportatore. Sono tutti automezzi vecchi, ammaccati e guidati da gente che non frequenta i templi della moda milanese. Ma se i prezzi sono buoni nessuno farà domande, e quando finalmente Bello ripiega in quattro il giornale e lo lascia sul tappetino, scendiamo dall'auto e ci incamminiamo verso l'entrata.

La ragazza addetta al ricevimento clienti ci chiede di lasciare le giacche lì e, senza mai smettere di ruminare un'enorme gomma americana, ci consegna delle tessere numerate per ritirarle all'uscita. La mia è la chiave magnetica di una stanza del Casinò di Campione su cui è stata scritta con un pennarello indelebile la lettera B. Senza interrogarmi sul significato di quella lettera, infilo il primo corridoio, una galleria scavata tra due muri di pellicce sintetiche che le ragazze attraversano alla velocità della luce, non senza averle prima toccate e maltrattate tutte.

Il primo da vestire è Bello.

«Amore, per te abbiamo scelto di puntare su qualcosa di molto classico, non hai bisogno di effetti speciali con quel fisico» dice Doni all'amico e amante. «Total white, magari anche di stilisti diversi. Una bella camicia coreana che tanto la indossi aperta sul petto, pantaloni alla zuava in lino bianco con una cintura Versace con la fibbia decorata in turchese, e stivali in pelle bianca Paul Martins. Anche se sono da donna tu hai il piede piccolo, amore, e ti stanno da dio, tutti intrecciati e leggeri.»

«*Me gusta*» e la pratica Bello si chiude senza spreco di tempo e senza difficoltà, anche perché la grande perizia delle ragazze è aiutata da una conoscenza molto approfondita del soggetto.

Un altro corridoio e tocca a Faith, questa volta è Moni a creare il look del giovane devoto agli alieni.

«Federico sembra un bimbo, non va bene. Non siamo mica in America che le tipe sbavano per quelli con la faccia da compagno di classe triste. Niente maschiette e femminucci, qui servono uomini che se no tra un anno, quando cambia davvero voce e faccia, vi tocca nasconderlo in cantina. Io dico che dobbiamo puntare su qualcosa di militare, tipo questi pantaloni mimetici invernali con le macchie bianche, grigie e nere. Ci mettiamo su una bella canotta bianca o anche solo uno smanicato, che Fede ha le spalle larghe. Io gli presto le mie placche militari e il berretto verde dei marine e ci siamo, della serie "bravi ragazzi che diventano cattivi".»

«Ottima idea, brava. E per me a cosa avreste pensato?» chiedo curioso.

Le ragazze si guardano negli occhi e dopo una breve pausa si allontanano in silenzio. Un corridoio dopo l'altro li percorriamo tutti, ogni tanto si fermano e scorrono il dito sul bordo di pantaloni in vinile, jeans larghi, jeans stretti, bermuda mimetici, magliette di ogni colore e genere.

Non si fermano per almeno mezz'ora, fino a quando si riuniscono in un comitato di crisi a due, da cui escono determinate e molto serie.

«Non ti dobbiamo vestire» dicono in coro.

«No?» rispondo sorpreso.

«No. Dobbiamo coprirti. Gli altri due sono troppo più giovani e atletici di te, metterti al loro livello sarebbe cattivo e creerebbe un'immagine negativa per la band. Abbiamo deciso di puntare sulle vostre differenze, seguici!»

Le seguo.

Entriamo in uno stanzone attiguo, un po' più piccolo di quello dell'esposizione principale e con una temperatura ancora più bassa. Sembra una cella frigorifera, uno di quei posti da film poliziesco in cui trovano sempre il cadavere di un tizio con gli occhi aperti appeso a un gancio, uno che non pagava i debiti e le bollette.

Le due stylist marciano spedite verso la fine dell'unico, tortuoso e interminabile corridoio di questo capannone minore, e solo lì rallentano e mi attendono soddisfatte.

«Eccolo» dice Moni, e indica un enorme cappotto di montone scuro con l'imbottitura di pelo che sbuca da collo e polsini, una camicia di forza lunga fino ai piedi che rischia di trasformarsi in trappola mortale a ogni passo. Esprimo le mie perplessità, ma le ragazze sono irremovibili.

«La coreografia è semplice, tu non devi fare quasi niente e non dirci che non sai stare fermo con un cappotto addosso. Guarda, se proprio hai bisogno di aggiungere peso per ancorarti ti mettiamo su anche una manciata di collane di biglie di ferro colorate e due catene antifurto per bici con la guaina trasparente, una gialla e una verde. Va bene?»

«Ma io sudo moltissimo...»

«E allora ti mettiamo anche una bandana in testa, così non si vede se hai la fronte bagnata e ti ripari dai colpi di vento. Basta, è deciso!» chiude Moni.

Doni non aggiunge altro e Bello, che finge di non aver sentito, non riesce a nascondere il divertimento anche se guarda nel vuoto. Lo vedo ridere in silenzio con un sopracciglio alzato.

«Va bene. L'importante è che io sia libero di cantare al meglio. Se cappotto, catene e antifurti mi danno noia, li tolgo e non se ne parla più. Sia chiaro» dico severo, ma gli altri sono già partiti verso la cassa.

In una band precaria e di precari come la nostra, ognuno paga la propria divisa, chiedere altro denaro a JR non è cosa.

Una monumentale e prevedibile beffa si aggiunge al danno. I capi scelti per i miei due colleghi hanno dei prezzi abbordabili, ancora più dolci dopo lo sconto malavita. Il mio prezioso montone invece, anche se rubato da un camion e scontato del cinquanta per cento, costa seicentomila lire. I galantuomini accettano solo contanti: per pagare devo uscire e sfidare le intemperie e le sentinelle dello spaccio di zona, e prelevare dal bancomat che per buona sorte appartiene al mio circuito. Rientro trafelato, senza fare caso al tappetino. Caduta, pioggia di banconote, crisi isterica di risate della cassiera e tutti di nuovo in macchina.

Al ritorno Bello si accomoda dietro, in mezzo alle sue amiche, e mi chiede di alzare il volume dello stereo. Sono nella posizione dell'autista della star, o quantomeno del tassista di un gruppo misto di adolescenti pruriginosi. Non oso guardare nello specchietto, ma il rumore di liquidi e piccole colluttazioni amorose sul sedile posteriore suggerisce che fra i tre è finita l'amicizia tanto sbandierata e che si è passati a una fase poligamica del rapporto. Vorrei chiedere a Bello se è sempre la stessa persona che mi ha accusato di essere uno sporcaccione incapace di intrattenere relazioni amichevoli, ma guido in silenzio.

La strada è la stessa di prima, cambia solo la corsia di marcia. Inevitabile, quindi, incrociare tutti quelli che Bello ha insultato all'andata, tutte le etnie e le categorie di sopravvissuti che il mio amico ha umiliato non più tardi di tre ore fa. Il problema è che queste povere anime sofferenti non sono per nulla fisionomiste, ma riconoscono invece bene le macchine, malinteso che le spinge contro il mio finestrino cariche di pugni e sputi e ignare dell'equivoco.

Non ero io a insultarvi.

Bello è troppo impegnato ad amoreggiare, e perciò i quaranta semafori del ritorno sono una via crucis solitaria in cui qualunque minoranza si prende una piccola ma simbolica rivincita sulla mia auto, e quando finalmente tocca a un italiano che fatica a trovare un insulto adeguato, ci pensa quello in coda dietro di me a suggerire l'affronto.

«Muoviti, pelato di merda!»

Semplice, essenziale.

Umiliato e offeso, accompagno le due ragazze a casa, e dopo i convenevoli di rito Bello si siede accanto a me.

«Che viaggio lungo *amigo*, che noia incredibile...»

«Ti ho visto impegnato, non sembrava ti annoiassi» rispondo.

«Quelle due ragazze sono *adorables*, penso che dovrò fare qualcosa di serio con loro.»

«Con tutte e due?»

«*Claro*, mica sono una bestia!»

Sotto casa sua Bello mi saluta con calore, un abbraccio inusuale per uno attento all'acconciatura e alle pieghe della camicia.

«Ti devo dire una cosa, Antonio. Ti stanno fregando.»

«Chi?»

«Quel D'Alema, ti sta fregando, vi sta fregando tutti. *No comprendo* perché non ve ne accorgete. Ma lui vi sta fregando, oppure è così poco furbo da non accorgersi che quell'altro sta fregando lui.»

«Come puoi dire una cosa del genere? Senza offesa, ma credo che tu di politica ne sappia davvero poco.»

«Quella cosa, la Bicamerale... l'ho letto oggi sul tuo giornale. Quella cosa è una *locura*, una pazzia. Mi spieghi perché dovresti salvare il tuo nemico quando lui è finito, quando è a terra? Pensi che lui lo farebbe con te?»

«Be', ma la politica è una cosa più sottile, è diversa, funziona secondo regole che tu non puoi capire. Ciò che vedi è solo la parte emersa dell'iceberg, i tratti più evidenti di un disegno che invece può essere anche molto differente.»

«Ah sì, tu dici?»

«Io ne so poco, ma quello di cui sono sicuro è che D'Alema è uno sveglio, non dovresti giudicarlo da un solo articolo. È un intellettuale vero, non so se hai presente. Un uomo che viene dalle scuole di partito e che ha fatto tutta la gavetta. Uno così sa quello che deve fare e quando deve farlo, mi capisci?» gli chiedo, più ansioso di avere conferme di quanto sarebbe opportuno in un caso del genere.

«Come no, ti capisco. Ascoltami Antonio, io sono solo un povero parrucchiere ma *pienso* che a forza di massaggiare la testa della gente un po' di intelligenza dev'essere rimasta attaccata anche alle mie mani, ai miei polpastrelli. Io ho letto con attenzione e proverò a spiegarti cosa penso davvero, ok?» dice, e negli occhi ha una luce sorprendente.

«Va bene, ti ascolto.»

«Una volta, al bar del mio quartiere veniva questo tizio che faceva l'arrogante con tutti, si chiamava Massimo, Max. Non era antipatico e fino a un certo punto della vita si era sempre comportato normalmente, poi all'improvviso era cambiato. Voleva fare il protagonista, voleva stare *siempre* al centro dell'attenzione e pretendeva di decidere lui per tutti. Spendeva un sacco di soldi e rubava le fighe ai suoi amici. Però la strada insegna che la ruota gira, e così un giorno l'hanno beccato e gli hanno chiuso i conti. Chissà cos'aveva fatto prima e cosa gli era successo dopo, fatto sta che una sera si è presentato al bar e ha cominciato a parlare con un altro tono. Ha provato a dire che aveva bisogno di aiuto e che aiutarlo era giusto, che erano un bel gruppo di amici e che se lo sarebbe meritato per il tempo passato insieme e per *las cosas* belle che gli aveva fatto vedere lì dentro. Ora, cosa pensi che sia successo?»

«Gli altri lo hanno aiutato, no?»

«No, Antonio. Non l'hanno aiutato, queste cose succedono solo nei posti in cui i fruttivendoli vendono mele d'oro e mia madre è la donna più ricca del mondo e magari anche la più bella. Prima lo hanno picchiato e poi gli hanno rubato gli ultimi soldi che aveva addosso. Lui si era comportato *como una mierda* e loro giustamente hanno fatto lo stesso.»

«Ma perché?»

«Perché se lo avessero aiutato in quel momento di crisi, scommetto che il tizio lo avrebbe rifatto. Li avrebbe fregati tutti e avrebbe ricominciato. Lasciatelo dire, tu sei un ragazzo intelligente e questo D'Alema magari non fa il furbo ed è davvero un intellettuale... *como se dice*?»

«Organico.»

«Ecco, organico. Ma io sono un ignorante e riconosco i tipi da bar, e secondo me quell'altro viene dal bar giusto e vi sta fregando tutti. *Todos*.»

Atlantic City, giugno 1988

La camera d'albergo è grande quanto una piazza d'armi ed è fredda quanto una piazza d'armi. Non ci sono personalizzazioni, nessun messaggio di benvenuto e nemmeno un cesto di frutta sul comodino, quello che non si nega neppure ai clienti di una notte sola. Ogni cosa lo aiuta a ricordare che si tratta solo di un passaggio, che forse lui non è lì e che quel limbo durerà lo spazio di una ripresa o di un pugno solo, il tempo di mettere il culo su un ascensore ultraveloce, attraversare il backstage dell'arena e infilarsi in uno dei camerini, poi aspettare la chiamata e passare in mezzo alla folla che attende la sua ascesa al patibolo. Sia quel che deve essere. Tutto questo per la cifra di tredici milioni di dollari, la borsa più ricca di una vita intera ottenuta giusto un attimo prima del gong di fine carriera. Michael Spinks guarda nello specchio smisurato della sua suite e vede un uomo alto in accappatoio e mutandoni bianchi, la faccia distesa di chi sa di aver fatto tutto quanto era in suo potere per presentarsi bene all'appuntamento con la Bestia. Hanno scritto e scrivono che affronta questa serata con la voglia di uno che pensa solo alla cassa e non alla gloria, scrivono e dicono tante cose ma di lui sanno poco. La Bestia parla e mangia il terreno, la Bestia si riempie la bocca di parole come "ossa", "sangue", "distruggere", "rompere", "picchiare". Il pugilato non è una scienza esatta, ma di sorprese ne fa ben poche, nessuna a chi lo conosce. Se tutti ti avvertono di stare attento a non farti male e nessuno lo ricorda all'altro, c'è qualcosa che non va. Il pugile in mutandoni bianchi saltella davanti allo specchio e ripete a memoria i numeri. Novantatré vitto-

rie da dilettante, una medaglia d'oro alle Olimpiadi di Montréal, trentun vittorie da professionista di cui ventuno per ko, cinque titoli mondiali in due categorie diverse. Michael Spinks declama più volte l'impressionante sequenza e non cede il passo alla paura. La Bestia divora il vuoto dove trova vuoto, ma lui è ancora aggrappato alla vetta del Monte Olimpo e non lascia spazio. Butch Lewis bussa alla porta per la millesima volta in un'ora, vuole sapere se va tutto bene e se il suo ragazzo se la sente. Butch è un bravo cristo, ha dimostrato coraggio ed è riuscito a tenere testa a Don King, il criminale tutto genio, capelli e lacca. Quei due hanno messo insieme il capolavoro di un montepremi enorme, e dopo anni di mezze tacche lente e inguardabili hanno restituito il salotto buono ai pesi massimi, quelli veri. Non è stata una contrattazione lunga perché sia Butch sia il pugile in mutandoni bianchi sanno molto bene di non essere la vera attrazione della serata. Tutti hanno pagato il biglietto per vedere la Bestia far scempio delle carni di Spinks, e lui e il suo manager sono pure disposti a farglielo credere fino al momento del primo gong. L'unica condizione posta dall'entourage della Bestia è stata infatti quella faccia afflitta e preoccupata che lui, il Campione in carica, ha dovuto mostrare pubblicamente fin dal giorno in cui è stato annunciato il match. Conferenza stampa? Faccia preoccupata. Intervista televisiva? Faccia preoccupata. Presentazione dell'incontro e pesa dei pugili? Faccia preoccupata, e, se possibile, anche un po' di contrizione preventiva per la sconfitta. Tredici milioni per dodici riprese fa più di un milione a ripresa e non ci vuole Butch per ricordarglielo, quindi il pugile in mutandoni bianchi non ha fatto altro che eseguire alla lettera. Una faccia preoccupata del genere non l'avevano ancora vista, da quelle parti.

Sempre quelli che stanno con la Bestia gli hanno detto che è necessaria grande cautela, che ci vuole la consapevolezza che a farsi picchiare da uno così ci si può fare male, molto male. Michael Spinks è "The Undisputed Champion of the World"*, così ha deciso di chiamarlo il suo manager... può uno con un titolo del genere aver paura di farsi male? Tre anni prima è salito di categoria, poche libbre in più che comunque non guastano sul suo fisico longilineo e asciutto. Elegante, bello da vedere, velenoso e originale. Talentuoso. I giornalisti di "Ring Magazine" impazziscono per* *quei pugni che piovono all'improvviso da un altro pianeta, che partono dagli angoli più strani e tolgono il respiro, spengono la luce. È salito di categoria per prendere borse sempre più ricche, tanto non c'era più nulla da dimostrare. Il primo incontro per il titolo dei massimi glielo hanno organizzato contro il vecchio Holmes. Com'è finita lo sanno tutti, quindici riprese e Spinks vince, verdetto unanime. Cosa è successo prima lo sanno in due, i soliti due. È andata così. Prima dell'incontro Butch gli porta un piccolo libro – non che il pugile in mutandoni bianchi legga molto, ma quella volta Butch gli raccomanda di farlo. Il primo racconto di quel libro prezioso si chiama* Una bistecca, *è la storia di un pugile vecchio e malandato, costretto a combattere per mangiare ma anche a combattere senza aver mangiato. Il tizio si chiama Tom King ed è ancora molto forte, ma le circostanze e la fame lo fanno perdere contro un giovane spietato, arrogante e molto fortunato. Il pugile in mutandoni bianchi legge e versa molte lacrime per quell'uomo pieno di rabbia, talento e rassegnazione. Butch gli chiede se ha capito quello che doveva capire, e lui risponde di sì. Holmes è un vecchio guerriero capace di ogni impresa, ha battuto una collezione di figurine, ha sconfitto un pantheon intero, Holmes merita pugni e rispetto. Grande rispetto.*

Il pugile in mutandoni bianchi saltella per la stanza e si chiede se qualcuno abbia fatto la stessa cosa con la Bestia, se qualcuno gli abbia regalato un libro e gli abbia parlato di pietà, di compassione, di rispetto. Ci sono cose che impari appena sali su un ring. Impari che respirare con un paradenti è difficilissimo. Impari che non puoi toglierti i guantoni e picchiarti come fossi all'ortomercato. Impari che quasi tutti i pugni portano in dote un dolore sopportabile, e capisci che alcuni fanno davvero male. Impari a riconoscere il sapore del tuo sangue e a non aver paura del sangue dell'altro. Sono tutte cose che ogni girino di pugile impara appena entrato nello stagno, appena passate le corde e iniziato a saltellare. Il pugile in mutandoni bianchi ha sempre saputo che lui e l'avversario sono un solo corpo, muscoli mossi dallo stesso grande motore, ferite che guariranno insieme. Per questo quando colpisce forte non infierisce, e quando l'altro è al tappeto non esulta sguaiato ma si sposta e si appoggia alle corde, o torna all'angolo. Da quel tappeto si passa tutti, è solo questione di tem-

po e di modi ma ognuno trova il suo spazzino, ognuno mette la testa dove stanno le scarpe dell'altro e così sia, per tutti i secoli dei secoli. Michael Spinks sa bene che però queste sono cose che impari subito o mai più, informazioni che ricevi solo dalla luce del tuo primo ring, perché poi c'è solo buio. La Bestia non ha imparato nulla. Cercano di costruirgli un'immagine migliore, parlano della sua infanzia orrenda, dei suoi amati piccioni e di quell'anziano maestro dal cognome italiano che gli ha fatto da padre, parlano e costruiscono e inventano per ore ma la faccia tradisce, la faccia della Bestia vanifica ogni loro sforzo.

Gli occhi fissi e vuoti come quelli di uno squalo, i denti d'oro sempre in mostra, la tenuta da combattimento ridotta ai minimi termini perché nulla deve ostacolare la sua furia gelida. Niente calze, niente mostrine, niente accappatoio con un soprannome idiota stampato sopra. Alla Bestia non interessa la forma, va per la sostanza. Un uomo nero con indosso dei pantaloncini neri lucidi che scalpita come se ci fosse una corrida a cui partecipare, come se le cose si dovessero risolvere sempre di fretta e con il più spaventoso dei danni possibili inflitto all'avversario. Ne ha messi in terra a decine, pugni brutali e senza stile solo per chi non li capisce, guardia bassa perché spesso nemmeno serve. Butch si è procurato tutte quelle videocassette, e dopo la seconda il pugile in mutandoni bianchi ha spento il registratore e ha guardato negli occhi il suo manager, uno sguardo calmo e intenso.

«Ho capito» ha detto. Poi gli ha dato una pacca sulla spalla ed è tornato in palestra ad allenarsi. Non c'è nulla di misterioso nella Bestia, non può essere peggio di quel che sembra e sembra la cosa peggiore in assoluto. Può una farfalla battere un elefante? Ci sono cose che paiono impossibili e altre che lo sono. Michael Spinks sa di non essere una vittima sacrificale e non combatte per una bistecca, ma la natura è regolata da leggi ben precise e, se non fossero nel ventre di una Trump Arena qualsiasi, quelle leggi risulterebbero ancora più evidenti a tutti, perché sarebbe impossibile scappare, perché non ci sarebbe bisogno di una borsa, del pubblico e di tutte le cianfrusaglie di cui quell'incontro è stato ricoperto. La Bestia lo cercherebbe lo stesso, anche al buio. Vorrebbe comunque la sua corona, il titolo e la sua testa da appendere vicino a quella degli altri.

Butch entra senza bussare, è tempo di scendere. Lo staff riempie la camera di confusione, i fotografi cercano di immortalare una volta di più il suo muso lungo e preoccupato ma vengono respinti dal gruppo compatto che marcia verso gli ascensori, viene inghiottito dal vuoto per oltre trenta piani e si infila nel corridoio degli spogliatoi.

Nel camerino ci sono dei fiori, e se ci fosse un minibar potrebbe sembrare anche meglio della sua stanza. Una Bibbia in bella vista sulla panca dei massaggi, le solite foto in posa delle fan che offrono se stesse in premio, poca luce e nessun rumore.

Da fuori arriva l'eco attutita di urla e musica, dentro ci sono solo il pugile in mutandoni bianchi, Butch e l'allenatore abbracciati e stretti in un piccolo cerchio. Gli altri sono usciti, per le fasce e i massaggi c'è ancora tempo. Butch guida la preghiera a occhi chiusi. Michael Spinks adesso non indossa più solo i mutandoni, ha un paio di calze a righe bianche e blu e due ginocchiere color carne. Mentre la preghiera si arrampica sulle pareti nude della stanza, il pugile più talentuoso del mondo pensa a quanti minuti, ore e giorni ha passato a prendere e dare pugni. Fare bene la sola cosa che si sa fare è un obbligo, saper fare solo quella una prigione. Com'è fatto il mondo fuori dalla palestra? Chi sono i compagni di classe della sua bambina? Come si chiamano? Le hanno mai chiesto cosa fa il papà, perché ogni tanto viene a prenderla tutto tumefatto in volto e perché non c'è mai? Ogni prigione ha una porta d'accesso e un'uscita, non c'è bisogno di evadere, basta scontare la pena, anche se ha le fattezze mostruose e crudeli della Bestia.

Manca poco al suo momento, gli incontri di contorno si trascinano stancamente verso la fine, pugni senza nessuna importanza consumati tra i drink e gli schiamazzi di malavitosi e nuovi ricchi a bordo ring. La chiamano arena, sembra l'enorme sala d'attesa di un bordello. Celebrità che non salutano, celebrità che salutano e gente comune che si sbraccia a favore di telecamera. Hanno pagato cifre folli per quei biglietti, tutti vogliono esserci nell'attimo in cui la Bestia sferrerà il suo colpo più forte e metterà fine all'incontro del secolo. Ogni anno ha un incontro del secolo e ogni mese ha un incontro dell'anno, il tempo dell'epos si è compresso e c'è un altare per tutti. Nello spogliatoio di Michael Spinks si procede al ritmo lento e rassicurante delle parole dell'allenatore.

"Tienilo lontano, colpisci, usa l'allungo, colpisci, non farlo entrare, colpisci", una cantilena ben studiata per indurre l'effetto desiderato, tanto che il pugile comincia a ballare sul posto, a piegarsi e rialzarsi mimando sequenze sempre più veloci.

Come si abbatte una colonna a mani nude? Può una stella marina affondare un transatlantico? Non può. Ma nel colpire c'è tutto il senso di quella lotta. Colpire perché si deve, perché è l'unico gesto conosciuto, perché è il destino di ogni pugile nato girino e arrivato all'ultimo giro di giostra.

«Qual è stato il momento più difficile della sua carriera, Mr Spinks?»

Glielo ha chiesto un giornalista gentile e divertente nell'intervista per il suo talk show notturno.

«L'incontro con Qawi» ha risposto lui senza esitazioni.

Bugia.

Sandy è morta nel gennaio 1983. Aveva ventiquattro anni, troppo pochi per tutto. Il pugile in mutandoni bianchi aveva ascoltato la notizia in silenzio. Non una lacrima, c'era la bambina a cui pensare. Si era tolto i guantoni e aveva preso la via di casa, sempre in silenzio. Aveva parlato con la polizia, ascoltato la dinamica dell'incidente stradale, risposto alla stampa, consolato i parenti, abbracciato gli amici. Aveva dormito con la bambina ed era tornato ad allenarsi. Tutti volevano l'incontro con Qawi, giornalisti e fan, tecnici e uomini della strada. Lui aveva ripreso a lavorare duro e si era messo in forma. Il momento più difficile della sua carriera era arrivato a pochi minuti dall'inizio del match, quando in uno spogliatoio molto più piccolo e freddo di questo sua figlia aveva rotto la tregua. Le domande dei bambini percorrono rotte impossibili e arrivano al centro esatto del dolore. «Ma almeno stasera mamma viene a vederti combattere?» Il muro costruito a fatica che si sbriciola, i primi otto round in apnea, poi la lenta risalita verso la luce. Non rispondere a quella domanda avrebbe fatto più male di mille pugni, rispondere anche. La Bestia non fa paura, la Bestia fa il suo lavoro perché solo quello conosce.

La sera del 27 giugno 1988 Michael Spinks entra nell'arena e raggiunge il ring, dietro di lui c'è il suo manager e amico Butch Lewis e su di loro gli occhi di quasi un miliardo di persone collegate da tutto il mondo. Il pugile in mutandoni bianchi è il cibo della Bestia, lo guardano come si guarda una cosa morta. La Bestia entra e il pavimento trema. Faccia a faccia, l'arbitro con i guanti in lattice e quel ciuffo brillantinato che sembra proprio una parrucca regge i guantoni. Spinks non ascolta, la Bestia non guarda. Spinks fa quello che deve fare, le sue calze a righe bianche e blu ballano per il ring e cercano di evitare la collisione, vola qualche pugno ma niente che non sappia di cose già sentite, subite e viste. Poi la Bestia rallenta e incrocia il suo sguardo. Si chiama Mike Tyson e solo allora il pugile in mutandoni bianchi legge tutto il dolore e tutta la consapevolezza che pensava di non trovare, che sperava di incontrare. Quello è il momento di prendere la porta. Il primo colpo di Tyson lo prende alla figura e gli piega le ginocchia. L'arbitro conta, Spinks si rialza e annuisce. La seconda volta è come volare, cadere nel vuoto, lasciarsi andare. Al novantunesimo secondo un destro al volto lo manda sotto le corde, non sembra nemmeno un pugno violento ma dentro c'è tutto quello che i due si dovevano dire, tutto quel che serve. Dicono che ha la faccia triste, dicono che lo ha fatto per la borsa, li sente gridare che quella caduta è una truffa. Cosa ne sanno loro di quanto sia difficile cadere e uscire in silenzio? Spinks cade, e mentre cade ricorda che deve restare impassibile. Da terra guarda il pugile giovane che lo ha battuto, lo vede esultare e rimettere la maschera della Bestia. Ma è solo questione di tempo, al tappeto ci vanno tutti.

19

Tutti i grandi hanno dei buoni maestri, io ho appena sognato la mia. Non era uno di quei sogni complessi fatti di scatole dentro ad altre scatole, ho solo sognato la sua faccia piccola e affilata, i capelli grigi tagliati alla maschietta e la voce stridula mentre recitava il proverbio che ha segnato il mio destino. Un tratto comune dei grandi uomini è la frequentazione infantile di profondi conoscitori del talento: ognuno di loro ha avuto insegnanti illuminati. Che sia alle prese con la sua autobiografia o con la più stupida intervista a un giornaletto di gossip, il grande della Storia menziona sempre un brav'uomo di provincia che, con umanità, metodo e pazienza, ha tracciato orizzonti di gloria di cui andavano solo uniti i puntini. Alcuni di quegli splendidi manipolatori hanno impartito lezioni sull'eguaglianza e la giustizia, altri sull'ambizione e l'importanza della prevaricazione. Questione di metodi e di ruoli da interpretare, il poliziotto buono e quello cattivo, il fratello che non hai mai avuto o il padre severo, ognuno ha il suo e l'importante è che il risultato finale sia conseguito in pieno: entrare nella Storia dalla porta di servizio, dall'ascensore per le consegne, entrare nella Storia citati da qualcuno che ce l'ha fatta e ha bisogno di mostrarsi riconoscente e di ricostruirsi un'infanzia vergine e felice. Tutti spendono nomi ripescati dai ricordi confusi e sfumati dei primi anni, tutti hanno avuto un pianificatore di grandezze future. Quelli che hanno avuto grandezze future, s'intende. Penso a quel distinto signore dell'Oxfordshire, instancabile bevitore di tè che, nonostante i polsini lisi della sua camicia, riuscì a farsi rispettare dal piccolo Winston Churchill e gli consigliò di diffidare dei tedeschi con i baffi. Vuoi che non sia esistito un corso che, dalla groppa del suo asino, abbia spiegato a Napoleone che il mignolo nell'orecchio gli avrebbe conferito un'allure di pensosa solennità? Possibile che non ci sia stato un saggio maestro di Sequals che, guardando il piccolo ma già enorme Carnera, non gli abbia detto: "Primo, è inutile girarci attorno, qui tocca imparare a picchiarsi"?

La mia maestra detestava il suo lavoro, e di conseguenza detestava tutti noi che eravamo il suo lavoro. Una piccola donna il cui nome è perso tra mille altri, o che forse non ho mai nemmeno imparato perché era solo la maestra dell'asilo. Marchigiana in terra di Romagna, considerava quei pochi chilometri una distanza culturale incolmabile e si sentiva continuamente discriminata, emarginata ma necessaria come ogni papa straniero. Odiava tutti e in particolare me, perché ero sorridente e bendisposto e questo non poteva che essere un affronto, o comunque un modo sprezzante di porre la questione della razza, io che ero figlio di un tedesco a sua volta probabilmente figlio di un altro tedesco e quindi, per una proprietà transitiva fondata sulle strisce di "Sturmtruppen" e sulla "Domenica del Corriere", un piccolo ariano. La mia maestra prendeva con estrema serietà il suo ruolo, e con altrettanta solerzia aveva deciso che il suo compito era quello di privarci di qualsiasi sogno e illusione, lei doveva a tutti i costi anticipare i tempi delle scoperte amare e educarci alla desistenza, all'idea stessa del possibile fallimento. Alla certezza del fallimento. A peggiorare la situazione c'era il mio problema di equilibrio. Inciampavo quasi sempre nei banchetti e nei tavolini di plastica colorata, e rovesciavo in terra tutti i tesori dei miei compagni. Merendine, disegni, bigliettini, pennarelli: tutto per terra e tutta la classe a ridere. Poi tutta la classe in silenzio e io in castigo fuori dalla porta, punito come provocatore. I grandi della Storia sono stati battezzati da un verso di Whitman e all'improvviso si sono sentiti meno soli. Io mi sono fatto bastare la massima della mia maestra marchigiana: "*Val più un pass'r pres che cent da pijà*", ovvero accontentatevi di quello che avete e non osate più di tanto. Quello fu il mio "O capitano! Mio capitano!". Come si può crescere fiduciosi in orizzonti splendenti partendo dalla più scoraggiante saggezza popolare? Non si può, infatti.

Oggi è l'8 febbraio ed è sabato, ho appena parlato al telefono con JR che mi ha proposto un affare serio, come a dire che la storia della boy band puzza già troppo di tragedia annunciata, ma ci sarà comunque un dopo insieme. Non obietto più di tanto perché sono sveglio da pochi minuti e non voglio nemmeno ricominciare a processare le sue intenzioni, per sbagliate che siano. L'affare sarebbe questo: entrare nelle produzioni porno amatoriali, investire una piccola quota in un film per testare la serietà dei nostri partner e poi valutare una partecipazione più decisa.

«Insomma Antonio, per una volta nessun rapporto manager-artista, ma solo io e te come soci, due amici che si lanciano in un'avventura nuova. Questi tizi me li ha presentati Irina, sono dei suoi conoscenti rumeni, insomma quelli per cui lavorava. Sono dei veri professionisti del settore, con due milioni e un camper girano fino a tre film in due giorni, roba amatoriale ma di classe. Questo sarebbe un film gay in costume, si chiama *Finocchio* ed è la storia di un pupazzo di legno che invece del naso... dài, su, hai capito. Mi hanno detto che da ogni film sono in grado di tirare fuori almeno cinquemila copie vendute nelle edicole e nei sexy shop, fatti due conti. Questa è gente seria. No, non serve che mi rispondi subito, prenditi del tempo. A proposito, io e Irina ci sposiamo dopodomani, lo facciamo in Comune perché avevamo fretta. Cosa dici? Certo che sono ancora sposato con Olga, ma ora che mi concede il divorzio... e poi questa non lo sa, non creiamoci problemi dove non ce ne sono. Guarda che sei il mio testimone, ho deciso che devi essere proprio tu, amico mio... Ci vediamo lunedì mattina lì, ci sposiamo fuori città, poi ti chiamo per l'indirizzo. Va bene... come dici? Ah sì, la band... Dopo la cerimonia io mi prendo un pomeriggio di pausa e tu vai alle prove, poi martedì parliamo di tutto... Cosa ti hanno fatto comprare? Un montone? Fantastico, l'avrei scelto anche io. Insomma... Pensaci a quella cosa del film. *Finocchio*, non è divertentissimo?»

Insomma.

Sono sceso a ritirare la posta e ho trovato la solita lettera di mio padre. Una busta commerciale bianca con il destinatario e il mittente scritti a matita colorata, una diversa per ogni lettera. All'interno la sua solita cartolina e la ricevuta che conferma l'invio del mio sostentamento, tremila marchi versati sul mio conto corrente ogni primo lunedì del mese. Un piano Marshall dedicato che non prevede alcuno sviluppo, nessun risultato da conseguire. Al mio benefattore distratto è sufficiente che io conservi le posizioni, e la cosa è oggettivamente semplice perché, non facendo un passo avanti, è difficile arretrare.

Mio padre mi mantiene senza fare alcuno sforzo e io mi faccio mantenere senza pudore. In qualsiasi altra specie animale rappresenterei il campanello d'allarme che annuncia l'estinzione, ma ci vorrebbe qualcuno in grado di interpretare il suono di quel campanello, e di certo quel qualcuno non è mio padre. La sua è solo una rassicurante simulazione di fiducia nei talenti del figlio, ormai più scaduti che non presunti, ma noi non ce ne curiamo e continuiamo con le lettere, i disegnini e i "*Grüße aus Düsseldorf!*". Nel primo pomeriggio ho la quarta seduta con la dottoressa Limone, ma prima o dopo devo chiamare Federico per affrontare con lui la questione della nuova fede e della vita da marciapiedi. Forse lo farò dopo, perché al momento ho solo bisogno di prendere aria, di navigare attraverso la città improvvisamente profumata e luminosa, ripulita dal vento gelido che scende dai laghi e dai pendii brulli delle montagne più vicine, quelle che oggi e poche altre volte si intravedono tra i palazzi e le vie orientate a nord. Questi sono i giorni del ricongiungimento familiare tra Milano e la natura, incontri fugaci tra la città nata sulla palude e divenuta stagno e il suo contesto, tutto ciò che le gravita intorno e che restituisce alle file interminabili di capannoni e fabbriche la loro dimensione reale, la miserabile forma di piccoli blocchi di cemento e lamiera gettati a casaccio ai piedi dei monti e investiti di qualche importanza. Non che il richiamo della natura mi colpisca spesso, in genere preferisco i parcheggi dei cinema multisala alle passeggiate nei boschi, ma in giornate di cielo terso come queste mi concedo l'ipocrisia di pensare che sarei un ottimo taglialegna, e che potrei vivere per anni nei boschi in compagnia solo di una fiaschetta e di una piccola radio a transistor recuperata dalla spazzatura dell'unico spaccio della zona. Avrei barba incolta e mani nodose, il mio fisico sarebbe asciutto e scolpito nella roccia e tutti mi vorrebbero bene e penserebbero con delicatezza e compassione a quel brutto trauma, alla mia giovane moglie scomparsa troppo presto e al mio doloroso e impenetrabile silenzio. Avrei forse anche un cane, e lo chiamerei Cane per non essere costretto a pensare e per non sprecare parole inutili, perché lui saprebbe già il suo nome e non avrebbe bisogno del mio consiglio né della mia guida, sarebbe un compagno fedele e invecchierei vedendolo invecchiare e abbandonarmi. Non lo sostituirei, non ci sarebbero altri cani dopo Cane perché l'amore non si replica e in storie come quelle c'è un atto solo. Nessun cane dopo Cane, nessuna donna dopo Donna. A un certo punto sparirei, ma se ne accorgerebbe solo il ragazzo dello spaccio, che darebbe l'allarme dopo qualche giorno. Mi troverebbero seduto, la testa riversa sul mio tavolaccio in legno e una penna ancora stretta tra le dita enormi e segnate dai calli del duro lavoro. Vicino a me un biglietto, l'ultimo pensiero trasformato in un messaggio che non sarei riuscito a completare: "Comprare i fiamm...". A volte penso che potrei farlo, sono giornate così a spingermi verso le cime innevate di quelle montagne, ma poi mi passa in fretta e penso che morirei di reumatismi in pochi giorni e che la barba incolta irriterebbe troppo la mia pelle delicata, ma soprattutto odio gli animali domestici e non oso immaginare quanto quelli selvatici odierebbero me. Per Cane non sarei un buon padrone. La natura è meravigliosa se vista da lontano, dalla città.

Mi vesto come sempre alla meno peggio e resto per qualche secondo in devota contemplazione del nuovo montone da ballo che quei tre mi hanno convinto a comprare. Ho la tentazione di impacchettarlo e regalarlo alla quarta, e con tutta probabilità non ultima, moglie di JR ma resisto, lunedì si prova con gli abiti di scena e non voglio negare agli altri la gioia di vedermi rantolare impigliato in quest'assurdo cappottone. Scendo con attenzione le scale appena lavate e cerco dietro a ogni angolo tracce della presenza di Yao Wang, mi aspetto un suo agguato o almeno che sbuchi fuori all'improvviso terrorizzandomi e vanificando ogni cautela nella discesa. Lo trovo in fondo all'ultima rampa, è vestito come uno che deve andare a fare il figurante di un quiz televisivo, e cioè male, ma con quel tocco di eleganza vistosa che potrebbe attirare l'occhio della telecamera. Indossa un abito blu preconfezionato, una camicia bianca con colletto fuori misura, un gilet rosso di lana e una trionfale cravatta a righe salmone e gialle. Mocassini neri di vernice e l'immancabile cappellino da baseball girato al contrario completano la sua ricercata mise. Yao finge di pulire gli oblò delle cassette postali, ma come al solito cerca qualcosa di concreto e non troppo importante da rubare e infilarsi in tasca. Quando mi vede sbuffa e bofonchia qualcosa sottovoce. Lo saluto, non ricambia e passo oltre la sua postazione di lavoro. Solo allora mi dice di stare attento a non inciampare sugli scalini dell'ingresso, più con il tono di un adulto che lo spiega a un bambino lento di comprendonio che con quello di un portiere che allerta lo stimato inquilino del suo stabile.

«Bella cravatta» rispondo, subito pentito della cattiveria gratuita.

20

Quando esco l'aria è gelida e per un attimo mi sento smarrito senza Cane, ma infilo le mani in tasca e procedo deciso verso la fermata del tram. La banchina è sull'isola tra la corsia del controviale e quella interna riservata solo a tram e taxi. Il mio lato è deserto, dall'altra parte ci sono due famiglie di nordafricani, un anziano con badante filippino e due giganti in jeans e maglietta a maniche corte nera, entrambi con una lattina di birra in mano. Tutti parlano tranne i due, che mi fissano in silenzio. Devono essere moldavi o rumeni, facce serie e occhi chiari, braccia enormi forgiate da troppe ore di lavoro in cantiere. Guardano me perché sono l'unico decoro mobile della scena di fronte a loro, mi osservano ma senza vero interesse. Sono solo un tizio in loden che passeggia avanti e indietro e ogni tanto scuote la testa o saltella sul posto per non congelare, per non cedere a quel freddo che fingono di non sentire. Uno degli ostacoli più evidenti alla mia affermazione professionale, uno dei più grandi limiti oltre a quello, scontato, dello scarso equilibrio, è proprio l'incapacità di gestire qualsiasi forma di pressione psicologica. Non riesco a sostenere gli sguardi e l'attenzione altrui, mi agito e ottengo l'unico risultato di incuriosire ulteriormente l'osservatore e alzare la sua soglia di partecipazione emotiva ai miei turbamenti. Infatti i due energumeni sulla banchina non avevano alcuna intenzione di curarsi di me, ma se continuo così temo che possano farlo da un momento all'altro. Sono un catalizzatore di aggressività non pianificate, e se ora avessi anche la pessima idea di inciampare rischierei di diventare l'attrazione della fermata e del quartiere intero. Se avessi un telefono cellulare lo userei per simulare una chiamata, per fingere di chiacchierare amabilmente con qualcuno, domandare e rispondere, agitarmi o ridere, tutto pur di creare un diversivo e togliermi dall'imbarazzo. Far decantare la situazione di pericolo in cui mi sono infilato non sarebbe nemmeno troppo difficile, perché so che sarei un vero campione di finte telefonate. Pare che con questi telefonini si possa anche togliere la suoneria, unico possibile sputtanamento di un buon attore a metà della sua performance. Per fortuna arriva il mio tram e il presepe delle rotaie si spezza, salgo e prendo posto senza mai guardare dall'altra parte.

La linea 12 taglia Milano da sudest a nordovest, più che un percorso cittadino è un infinito singhiozzo tra cantieri, semafori e automobili parcheggiate sui binari che costringono a soste, scoppi di indignazione collettiva e rimozioni forzate. Resta comunque la soluzione migliore per avvicinarmi al centro in una giornata in cui la macchina sarebbe un affronto gratuito a Eolo e al suo amico Filtro, divinità dell'aria pulita e nemico delle polveri sottili. Se la vita fosse una buona commedia sentimentale, seduta accanto a me ci sarebbe la donna giusta, la vincitrice della furibonda lotteria del caso modellata esattamente sulle mie aspettative e costruita per sopportare e assorbire al meglio le tante asperità del mio terreno scosceso. Invece il sedile di fianco è occupato da un signore dall'età indefinita che legge la "Gazzetta dello Sport" e pesca semi di zucca salati dalla tasca della sua giacca di lana pesante. Legge, pesca, mastica e si sputacchia le bucce sul bavero, senza fare una piega. Per tutto il viaggio le nostre spalle si toccano e i gomiti combattono una battaglia durissima di cui il mondo non avrà mai notizia, la lotta per la conquista di quei pochi centimetri che consentirebbero a lui di girare pagina e a me di prendere il portafoglio dalla tasca interna del cappotto, perché non ricordo con esattezza l'orario dell'appuntamento con la dottoressa Limone e non voglio tenermi quest'ansia fino al momento in cui scenderò. Dopo una lunga fase di studio e numerose incertezze, sono io a vincere. L'appuntamento è alle due e mezzo, ho tutto il tempo per una lunga e deprimente passeggiata solitaria per il centro. I negozi milanesi hanno una strategia di marketing molto elementare, lo capisci dalle insegne. Dai finestrini sporchi del tram ne passo in rassegna centinaia e tutte dicono la stessa cosa: esistevamo prima che tu passassi, esisteremo anche dopo. Non ci servi, non è necessario che entri e compri, prosegui pure la tua marcia, viandante. In altre metropoli le insegne luminose coprono intere facciate di palazzi antichi e moderni, li deturpano pur di lanciare il loro segnale di seduzione, a Milano no. Anche il commercio è ostile e pudico, anche il commercio sa essere respingente, contro ogni logica: se sai cosa vuoi sai dove trovarlo, se no è inutile perdere tempo e sprecare luce. Forse quell'accrocchio di migliaia di piccoli spazi su strada funge da barriera naturale alla grande distribuzione, come a dire che i megastore qui non mettono e non metteranno radici perché ogni cosa va comprata al suo posto, costi quel che costi, e in genere costa il doppio. Meglio che quegli alveari per poveri si spostino fuori dalle mura, e se le mura non ci sono meglio che si spostino e basta, Milano non li tollera.

Conquistata e distrutta da chiunque, spagnoli, austriaci, francesi, tedeschi o americani che fossero, la città è rimasta salda nel suo spocchioso nanismo commerciale tramandato di generazione in generazione. Se vuoi fare merenda e non trovare persone senza il cognome giusto c'è un solo posto, al limite uno per zona. Nessuna confidenza agli sconosciuti, nei negozi non passa lo straniero, ma la sua carta di credito sì. Non facessi quello che in realtà non faccio, mi piacerebbe scrivere un saggio sulla città concentrata e non concentrica, il succo della stessa terra e della stessa gente spremuto all'infinito e trasformato in specialità del luogo, in costume locale. Un testo che sfati i luoghi comuni più triti, del tipo che a Milano corrono tutti, a Milano si lavora troppo, a Milano si fa uno shopping meraviglioso. Tutte stronzate. A Milano quelli che stanno chiusi dentro ai negozi, ai palazzi severi e maestosi del centro, ai piani alti dei piccoli grattacieli non corrono, non lavorano troppo e non fanno uno shopping meraviglioso. Guadagnano placidi e silenziosi, rendono la città quella che è, alimentano la leggenda del disagio e della vita agra degli altri, non si immolano e danno il cattivo esempio. Lavorano quattro giorni e a metà del quinto lasciano la città agli inutili della specie, a tutti gli altri, a quelli che camminano fuori da uffici e negozi. A loro mi rivolgerei, a loro direi di ribellarsi e rompere la catena di montaggio delle insegne discrete e delle rendite di posizione.

Uscite e camminate, sedetevi fuori dalle case, portate gli anziani sui portoni e ascoltateli. Piantatela di credere che alla fine ci sia un traguardo, che si arrivi da qualche parte. Commesse del quadrilatero della moda, ricordatevi che il vostro lavoro non morirà per voi, ricordatevi che nessuno vi ricorderà e che quei vestiti non li potrete mai comprare, solo vendere! Camerieri dei ristoranti hi-tech, con le vostre battute e le occhiaie, il sudore e il pallore della cocaina di ieri non diventeranno tracce di una sindone, quel tovagliolo finirà in lavatrice con tutti i vostri sogni e con il numero della escort che avete servito! Segretarie dei broker, venite fuori da sotto le scrivanie e respirate a pieni polmoni, la vita non è fatta solo di ginocchiere e fiori per il compleanno delle mogli cornute, mogli e madri di figli biondi che voi non sarete mai! Designer e giovani stilisti, toglietevi quegli occhiali ridicoli, rendetevi conto che nessuno si lascia impressionare dalle vostre montature eccentriche. Siete e resterete soltanto degli studenti fuorisede appena un po' più vecchi, Milano non vi ama e non vi conosce, ed è inutile affannarvi e sculettare isterici in club decadenti e fare colazione in fetide latterie che solo voi trovate très chic! Ufficiali napoletani a riposo, calabresi al confino, siculi di seconda o terza generazione sfuggiti per poco al tornio di Arese, romani nascosti nelle sedi delle grandi banche, friulani in cerca di gloria allo IED, ragazzine delle vallate liguri eccitate dalle lingue e dalle palazzine anonime e maestose dello IULM, scappate tutti! Andate via, andiamo via e lasciamo questa città al suo Giorno del Giudizio, sola in compagnia dei suoi figli annoiati e stufi, ma mai abbastanza da uscire dalla cerchia dei Navigli e delle amicizie più strette. Lasciamola ai vecchi burberi e scortesi, che possano finalmente ascoltare in pace il suono del loro dialetto orribile che non parla più nessuno senza essersi mai chiesti perché non lo parli più nessuno. Andiamo via e trasformiamo queste strade nel teatro di un perenne fine settimana di agosto...

Lo scriverei eccome, ma sono troppo impegnato a non fare l'artista e quindi non ho tempo per non fare altro. E poi in fondo sono solo il figlio trentenne di uno che gli spedisce ogni mese denaro e cartoline, la mia moralità non reggerebbe al setaccio della critica più morbida. Congedo la mia ventiseiesima ora, sono rivendicazioni troppo semplici, vere banalità. In fondo è giusto che ognuno insegua denaro e sogni senza curarsi dei miei proverbi marchigiani, è meglio lasciarli fare e provare a orientarsi tra le loro scie luminose, senza fermarli.

Scendere dal tram sarebbe semplice, se non fosse che – come previsto e come già successo – scivolo sul secondo gradino del predellino e mi schianto sul marciapiedi affollato di via Mazzini travolgendo cose e persone, ma senza riportare danni particolarmente gravi e soprattutto senza produrne. La mia vita è in tutto e per tutto un *Groundhog Day*, un Giorno della Marmotta, la ripetizione all'infinito delle stesse azioni con gli stessi esiti, solo che, mentre nel film era il contesto a essere prevedibile e al protagonista erano offerte scelte multiple, qui nella mia vita ad anello sono io a commettere sempre gli stessi errori. Non vi dirò chi sta per inciampare sulla porta perché sarò *io* a inciampare sulla porta.

Prima di entrare nei tre negozi di dischi di piazza Duomo e spulciare con metodo quintali di copertine di album che prima o poi comprerò e di cui ascolterò solo la hit e i singoli in rotazione, faccio una passeggiata per respirare a pieni polmoni la giornata di grazia.

Cammino in direzione di piazza della Scala, passo attraverso la croce maestosa della Galleria e offro la nuca ai raggi del sole filtrati dalle vetrate. Nonostante soffra di un principio di acrofobia e in genere tema i luoghi con soffitti troppo alti, ogni volta che passo per la Galleria alzo lo sguardo e rimango rapito dalla grandezza di quel mostro di vetro e ferro. Quella smodata quantità di tonnellate sospesa per aria solo per coprire la passeggiata lenta dei milanesi tra insegna e insegna... Ma non è tempo di nuove *doléances*, non posso rischiare di risultarmi noioso. Frequento solo me stesso, perdermi come amico non sarebbe salutare. Appena fuori dalla Galleria, capisco che sono arrivato fin lì per un motivo ben preciso: li vedo e tiro un sospiro di sollievo. Alcune delle facce sono cambiate e il loro numero è considerevolmente sceso rispetto a qualche anno fa, ma gli urlatori di piazza della Scala sono sempre lì, inaffondabili, insensibili ai cambiamenti climatici e al comune senso del pudore. Un gruppo di una quarantina di uomini quasi tutti anziani, che hanno appena passato i settanta o che si avvicinano a quell'età senza più preoccuparsi di tingere capelli e tirare zigomi, uomini che forse non sanno nemmeno che i capelli si possono tingere. Stanno lì dalla notte dei tempi, si sparpagliano nello spazio di una trentina di metri quadrati e poi, mossi da invisibile entropia, si muovono frenetici, si raccolgono in piccoli gruppi e poi si allontanano di nuovo. Tutti partecipano alle discussioni di tutti, l'importante è urlare. Ci sono vecchi sindacalisti, nostalgici del ventennio, democristiani orfani e perplessi. Ci sono interisti irredentisti e milanisti tronfi, razzisti e teorici del Belpaese, fanatici e bravagentisti. Parlano senza sosta, gridano senza pietà per l'udito dei passanti e senza riguardo per gli argomenti degli altri, discutono moltissimo senza dirsi niente e, come ovvio, anche tra di loro ci sono opinion leader e maestri rispettati. Ne riconosco uno, lo rammento lì anche quando passavo intere giornate ad ascoltarli seduto sulle panchine al centro della piazza, testimone di qualcosa che ai tempi trovavo meraviglioso e tuttora mi affascina molto: la negazione del principio di ogni utilità della parola. Credo lo chiamino Monobàla, e se non ricordo male il nome è ispirato a un problema genetico: quel vecchio alto e magro è nato con un testicolo solo, ma deve aver ricevuto in cambio un'estensione prodigiosa delle corde vocali perché è l'unico in grado di coprire il brusio degli altri.

«Voi la dovete smettere di parlare a vanvera di immigrati ed extracomunitari, la dovete piantare, che per metà siete gente perbene del Sud. Voi per primi avete subito quelle porcherie e non capite che stanno fomentando una guerra tra poveri!» declama prima di prendersi una lunga e teatrale pausa in cui favorevoli e contrari si scatenano. Non è uno *speakers' corner* tradizionale, qui non c'è sedia né palchetto ma soprattutto non si segue un canovaccio, nessuno sa niente e tutti sanno tutto, si procede per luoghi comuni e notizie carpite dal televisore di un bar.

«La storia è fatta di cose che tornano, non potete non saperlo. Si dice che è ciclica. Ieri a noi e oggi a loro, e non pensate che sia stupido far subire a brava gente come questa lo stesso inferno che abbiamo vissuto noi, qui e all'estero, come meridionali e come italiani?» dice Monobàla, e fa esplodere il boato di approvazione del suo pubblico. Quindi il vecchio istrione alza un braccio e con un dito scheletrico e adunco indica un punto proprio accanto a me: «Lo vedete quel ragazzo lì? Quel ragazzo cinese? Lui è il mio assistente, impara un sacco di cose e presto verrà anche lui in piazza a parlare perché se lo merita. Quel ragazzo lavora duro e cresce in fretta, è in Italia da poco ed è già l'amministratore di diversi condomini. Questa gente ha voglia di migliorare, ha voglia di fare e noi dobbiamo aiutarla, senza discussioni!».

Quando mi giro per sorridere al giovane cinese e complimentarmi con lui, scopro che si tratta di Yao, stretto nel suo impeccabile abito blu e raggiante come il riflesso della sua cravatta salmone e gialla in un giorno di sole glorioso.

21

Scene da un matrimonio che vorrei dimenticare presto, intendo sia le scene sia il matrimonio. La piccola sala delle cerimonie è addobbata con festoni che hanno viaggiato nel tempo e nello spazio, piovuti da celebrazioni istituzionali e ricorrenze varie, riciclati in perfetto stile Jack Rota. Ce n'è uno che inneggia agli alpini e uno che dice "benvenuto al nuovo parroco". I fiori sono stati strappati dall'isola verde di una rotonda, sospetto quella davanti al municipio, e la corona appesa sopra la scrivania viene direttamente dal cimitero ma non oso dirlo a nessuno, anche perché non avrei a chi dirlo. Nella stanza siamo in sette, oltre a me ci sono gli sposi, il sindaco e tre amici della futura moglie di JR. Credo siano i professionisti del porno amatoriale nonché ex datori di lavoro di Irina, quei buoni conoscenti che l'hanno portata in Italia e che non sono poi così contenti di questa cerimonia, un incidente di percorso che li priva di una ottima fonte di guadagno. I tre sono pettinati come si usava nelle band metal tedesche o comunque nordiche di qualche anno fa, il che, a pensarci bene, potrebbe anche essere un indizio. Mi sono sempre chiesto infatti dove siano finiti i milioni di uomini con le extension e i colpi di sole che tra la metà degli anni Ottanta e i primi Novanta hanno infestato le televisioni musicali e le sale prove di tutto il mondo, ora forse l'ho capito proprio grazie a questi tre. *Go East*, sono andati a est rapiti da una polizia segreta al servizio dell'hard rock, oppure semplicemente emigrati in cerca di nuovi palchi, nuovi fan e nuove scatole dei trucchi.

Il sindaco di questo minuscolo paese della cintura milanese è uno a cui JR deve dei soldi o che deve dei soldi a JR, non ho ben compreso. Esegue il compito con grande professionalità ma ha l'aria di uno che non vuole essere visto né immortalato con questa coppia di sposi, ecco perché, ogni volta che il fotografo si avvicina, lui effettua una mezza rotazione sul posto e offre un profilo scomodo. Come ovvio, il fotografo è uno dei tre capelloni, forse il regista dei porno a giudicare dall'ispirazione e dalla perizia con cui maneggia la macchina e dal fatto che gli altri due, probabilmente gli attori, si tengono per mano. Nessun intoppo burocratico, non ci sono sorprese e ora posso dire con certezza che era il sindaco a dovere un favore a JR, perché delle altre mogli non viene fatta menzione e il mio manager si sposa come uomo libero e senza impegni. Quando e se dovesse emergere l'inconfessabile verità, sarà lui a decidere come trarsi d'impaccio. In qualità di testimone dello sposo nonché di suo unico invitato presente, il sindaco mi chiede di firmare l'atto di matrimonio, passaggio imbarazzante cui non posso sottrarmi. Data l'alta pericolosità del tutto, mi rendo irreperibile per eventuali verifiche successive e firmo con il nome falso che uso in queste occasioni: Udo Dirkschneider. Si chiamava così il cantante degli Accept, passato alla storia come eccellente urlatore e nano più alto del mondo. JR se ne accorge ma fa finta di nulla, proprio come il sindaco. Sorrido in camera ed è fatta, seguono strette di mano e baci, un panino al chiosco sulla statale che attraversa il paese e i migliori auguri alla nuova coppia, che si allontana su una spider sferzata dalla pioggia ghiacciata di febbraio. Se ne vanno così, agitando la mano nel dì di festa, lui con il doppiopetto grigio dalle spalline troppo grandi e lei che, se non fosse scontato, uno direbbe che sembra proprio una mignotta raccattata su quella stessa statale. Io e i tre pornomani dell'Est restiamo in piedi davanti al chiosco, chi a finire il suo panino, chi a scattare foto al gestore e chi a guardarsi intensamente negli occhi e a sognare il proprio turno a una scrivania o all'altare.

22

«Secondo me devi fare come se lo stessi prendendo in bocca, deve sembrare un pompino *amigo*, una *chupada*!»

Mancano sette giorni a Sanremo e al suo surrogato e noi stiamo facendo la prima prova con gli abiti di scena. Ho chiesto ai ragazzi di non portare pubblico, niente groupie né nonni confusi questo pomeriggio, solo noi tre e lo stereo. JR è assente giustificato, sappiamo che sta consumando la sua luna di miele nello stesso motel in cui ha passato le tre precedenti e in cui, nel mezzo, ha portato tutte le altre sfortunate. Non sono ancora caduto ed è un'ottima cosa, ma a Bello non basta. Si lamenta della mia scelta di restare immobile e dice che così è troppo facile, tutto il lavoro tocca a lui e a Fede e allora che almeno io mi dia da fare per coinvolgere il pubblico. In buona sostanza, se non ballo devo come minimo ammiccare.

«Ma io canto, non ti sembra abbastanza?»

«Cosa, *que*? Hai sentito, Faith, lui canta... Ascoltami bene, la canzone che portiamo a quella serata è una porcheria. Non lo era prima che ci mettessimo le mani noi, ma ora è una *locura*. Per me può pure andare bene, basta che ci sia un ritmo decente e io ballo. Credo che anche *para el niño* possa andare bene» dice, e scambia un cenno d'intesa con Fede, «ma guardaci tutti e tre insieme... siamo conciati come tre pagliacci e, che tu ci creda o meno, non dobbiamo esibirci in un circo. Quindi cerchiamo uno stile e mettiamo a fuoco il nostro obiettivo!»

«Va bene, continua, ti ascolto» rispondo mentre gioco con le biglie di ferro colorate delle mie collane.

«Non siamo un trio vocale e perciò è giusto che tu stia al centro della scena, su questo non ci sono dubbi. Abbiamo scelto una canzone *limpia*, pulita. Nel testo non ci sono volgarità e non c'è violenza. È una storia d'amore abbastanza normale, per questo motivo sostengo che l'errore stia nella scelta ma ormai è troppo tardi. Dobbiamo arrangiarci con quello che abbiamo e trovare un senso.»

«Non fa una piega, Bello. Ora però spiegami: perché un rapporto orale tra me e il microfono dovrebbe restituire un senso a tutto?» rispondo.

«*Porque* è quello che si aspettano le fan. Se non troviamo qualcosa di originale, almeno facciamo quello che tutte si aspettano da una boy band. Non vedi come ci muoviamo noi due? Non vedi la mossa pelvica, le anche *siempre* in movimento, non hai notato che è come se stessimo facendo l'amore in piedi, per terra, seduti... facciamo i puttani o *como se dice en italiano*!»

Non c'è modo di fermare questa discesa agli inferi, non c'è modo di farlo smettere di disimparare la sua lingua madre. Ma per una volta non sono le parole a preoccuparmi, è proprio la sostanza a volatilizzarsi e a prendere forme inquietanti e diverse da quelle studiate nel premiato laboratorio del nostro manager. Dovevamo essere la risposta italiana ai Take That, e già su quello avrei avuto da ridire. Dovevamo essere la risposta milanese ai Ragazzi Italiani, e capisco di essere l'unico a trovare la mossa davvero azzardata e a intravedere all'orizzonte il rischio di una pubblica umiliazione, ma mai avevo pensato che saremmo diventati una versione ospedaliera e stanca dei Chippendales. Al nostro trio casereccio si chiede di scatenare le fantasie erotiche delle adolescenti al ritmo innocuo di un pezzo di Gianni Morandi. Un po' come rapinare una banca con una banana o presentarsi a una sparatoria con dei guantoni da boxe. Il problema non è la qualità del brano, ma il suo andamento e l'attualità dei sentimenti rappresentati nel testo. Una gamma di romanticismi che forse può scatenare l'effetto nostalgia nelle cinquantenni che lo avevano ballato ai tempi, ma che faticherà ad accendere il sole delle figlie. Come si può anche solo immaginare di trasformarlo in un manifesto della sensualità maschile?

«*Chupando* il microfono, non c'è altra scelta!» conclude Bello.

«Sarei ridicolo, sarebbe tutto ridicolo. Diglielo anche tu, Federico!» cerco di coinvolgere il ragazzo, che osserva perplesso la tela grezza dei suoi pantaloni mimetici e non risponde.

«Chiamalo Faith, rispetta il suo essere artista e la sua sensibilità. Si chiama Faith» mi corregge Bello.

Federico-Faith annuisce. Ha preso una posizione, e non mi sorprende che sia quella di Bello e non la mia. Dopo lunghi appostamenti, ieri in tarda mattinata sono riuscito a incrociarlo e a parlargli. Mi sono fatto trovare sotto casa sua e l'ho invitato a fare una passeggiata, poi ci siamo fermati in una delle centinaia di ex officine e magazzini che a Milano stanno diventando loft e locali, abbiamo chiesto se si poteva pranzare ma ci hanno proposto un brunch, questioni di stile. Non avevo idea di come affrontare l'argomento e così ho lasciato che fosse lui a parlare. Per quasi un'ora mi ha raccontato della sua vita in provincia, dei genitori e delle infinite giornate passate nelle vigne di famiglia. Mi ha confessato della folgorazione sulla via di Michael Jackson e della grande fatica che gli è costata la sua scelta. I silenzi del padre e le lacrime della madre per quel ragazzo che a scuola proprio non si voleva applicare e preferiva ballare giorno e notte. Più volte durante il racconto ho dovuto fingere di tossire per soffocare una risata, non volevo ferirlo ma l'immagine di lui in calzamaglia e sospensorio che volteggia tra i filari mi ha perseguitato a lungo, e sono stato fiero della mia reazione composta. Federico detto Faith ha parlato senza quasi prendere fiato, la sua tonda cadenza veneta ha riempito ogni pausa e per la prima volta ho intuito quanto avesse bisogno di aprirsi, quanto quei silenzi educati nascondessero la necessità di un confronto diverso da quello con il singolare nonno. I genitori non lo chiamano e non lo cercano, solo la madre di tanto in tanto rompe le regole e gli telefona di nascosto da una cabina pubblica.

«Come con i latitanti, capisci?» mi ha detto, riuscendo anche a riderci su.

Il padre finge di non avere più un figlio maschio e ironizza sempre sulla sua musica, la danza e "quei recioni della televisione che rovinano i bravi ragazzi". Quando finalmente Federico ha rallentato la frequenza delle sue parole e il racconto è arrivato al tempo presente, ho capito che era inevitabile affrontare il Mostro, l'argomento che nemmeno per un istante il mio giovane amico aveva lambito.

«Federico, sai che tuo nonno mi ha cercato più volte in questi giorni?»

«Sì, ma non fargli più di tanto caso, è una persona divertente però a volte sembra matto. Mi spiace che ti abbia disturbato.»

«Nessun disturbo, è un uomo interessante e ha molte cose da raccontare, sempre nuove e diverse... Comunque, devi sapere che tuo nonno mi ha cercato per parlare di te, mi ha voluto dire che è molto preoccupato.»

Dopo una lunga pausa il linguaggio del corpo ha chiarito che il ragazzo sarebbe passato a un atteggiamento diffidente. Si è allontanato dal tavolo spostando indietro la sedia, ha incrociato le braccia e ha smesso di guardarmi in faccia per fissare un punto nel vuoto davanti a sé, più o meno all'altezza del tizio all'attacco del terzo giro di dessert.

«Di cosa dovrebbe preoccuparsi? A me non ha mai detto nulla.»

«Me lo chiedevo anche io. Sei un bravissimo figliolo ed è evidente che avete un rapporto solido e molto bello. Ma credo che in fondo abbia ragione ad avere qualche pensiero ed è normale che fatichi a parlartene.»

«Senti, io non so di cosa sia preoccupato, non ce n'è davvero motivo. Se vuoi dirmi qualcosa dimmelo e poi facciamola finita che è tardi e devo vedere degli amici.»

Come potevo porre il problema della sua adesione a Scientology senza farlo arrabbiare ancora di più? Perché, in effetti, quello che io considero un problema forse per lui è un arricchimento, la parte della sua vita raggiunta da una nuova e più forte luce, il cammino verso una consapevolezza diversa dalla mia, priva delle zone grigie che frequento da troppo. Insomma, anche senza considerare la possibilità di entrare nella religione videogame trovo che sia stupido buttare via i gettoni della partita senza conoscerla. In fondo la radice di tutto è il sospetto che uno strano anziano dai molteplici passati mi ha voluto trasmettere, il fatto che Federico si comporti in modo bizzarro e non sia più lo stesso. Ma chi conosceva Federico prima di questo problema? Io no, e comunque ciò che vedo mi piace, uno che per l'età che ha mostra di essere maturo, adulto e responsabile. Però anche questo è solo un pregiudizio e i pregiudizi sono fuori dalle mie categorie, andrebbero smontati e verificati sul campo. Ho cercato quindi di usare quanta più delicatezza possibile per farlo riavvicinare al tavolo e strappargli più sorrisi che confessioni.

«Federico, tuo nonno è un uomo di un'altra generazione, anzi, di altre due. Non ti capirà mai a fondo e non puoi chiedergli di trasformarsi nell'occhio che osserva la tua vita e la comprende come parte di un disegno. Insomma, hai presente quelle nuove filosofie, quelle che sembrano religioni ma parlano di un'ascesa progressiva alla quiete e alla pace? Ecco, non puoi pretendere che tuo nonno sia una specie di Ron Hubbard...»

Federico ha spostato la sedia ancora più indietro e mi ha guardato carico di odio.

«'Scolta, dimmi quello che mi devi dire e facciamola finita qui» ha sibilato.

«Ti ho visto volantinare e fare reclutamento fuori dalla sede di Scientology. Sei sicuro che vada tutto bene?»

«Quando?»

«Sabato scorso.»

«Era il mio ultimo giorno.»

«Ti hanno mandato via?»

«Non ci vado più, li ho mollati. All'inizio trovavo interessante la loro idea e mi piaceva che ci fossero così tante persone diverse, così tante occasioni di conoscersi e confrontarsi. Io non sono tipo da aperitivi e feste, sarei uno da parrocchia ma mi sono bastati gli anni che ci ho passato. Avevano i modi giusti e tutti sostenevano che l'unico obiettivo fosse migliorare se stessi. Quando ho capito che il loro percorso non era il mio, bon, ho mollato.»

Senza darlo a vedere ho tirato il più lungo sospiro di sollievo degli ultimi mesi, poi ho sorriso e messo in mostra l'intero campionario da perfetto confidente e potenziale fratello maggiore.

«Non prenderla male, ma sono felice che tu lo abbia fatto e sono convinto che sia la scelta migliore. Vedi Federico, anche io vengo da lontano, non sono nato qui e ci sono aspetti di questa città che non mi convincono e non saranno mai adatti a me. Nemmeno io sono tipo da aperitivi, discoteche e feste, o almeno non lo sono ora. Ma precludersi delle opportunità è sbagliato, sei giovane e sei un bel ragazzo. Devi solo ambientarti. Se poi ti manca qualcuno con cui aprirti e chiacchierare, se hai bisogno di un amico basta chiamare e io arriverò correndo, hai presente la canzone?»

«No, non la conosco» ha risposto lui, che non si è rilassato più di tanto e ha mantenuto una distanza di sicurezza dal tavolo e dal proseguimento di qualsiasi conversazione. «Comunque, ti ringrazio ma non ho bisogno di altri amici. Ho già trovato quelli giusti, è successo questa settimana e prima che mio nonno ti dica altre stronzate ti racconto tutto io, che non sei nemmeno buono come sbirro. Sono entrato in un gruppo fondato in rete, un forum che si chiama Occhi Buoni.»

«Scusa ma non so di cosa parli, cos'è un forum?»

«Prima c'erano le BBS, prima ancora... non ne sai niente, vero?»

«No.»

«Mettiamola così, sono dei club che invece di riunirsi in luoghi fisici si trovano in rete. Si discute, si scambiano opinioni e ci si conosce.»

«Capisco, e questi Occhi Buoni cosa fanno?»

«Per ora ci guardiamo con occhi buoni. Cerchiamo di capire se esiste per l'uomo moderno la possibilità di spogliarsi di tutta la cattiveria terrena e conoscersi a un livello superiore, scoprirsi con occhi buoni.»

«Ma avete intenzione di incontrarvi?» ho chiesto.

«Non è nei programmi del gruppo, la dimensione corporea non è al centro delle nostre attenzioni» ha detto come se stesse citando a memoria un manifesto.

«Un'altra setta...» mi è sfuggito mentre cercavo di mettere in fila delle domande interlocutorie e prendere tempo, ma è stato sufficiente a scatenare l'ira silenziosa e definitiva di Faith, che si è alzato e se n'è andato lasciandomi al sapore aspro del secondo Bloody Mary, che poi uno dovrebbe anche scoprire perché sia considerato elegante ubriacarsi alla domenica pomeriggio in mezzo a bambini che spaccano tutto e fanno agli altri quello che i genitori non vogliono sia fatto loro.

Questo succedeva ieri, e da allora ho pensato che in qualche modo il giovane Faith me l'avrebbe fatta pagare.

Ecco perché la votazione sul pompino al microfono mi vede drammaticamente perdente. Un parrucchiere gigolò e un fanatico religioso del Triveneto formano una maggioranza qualificata a sufficienza per mettermi in crisi, e senza il supporto del nostro mentore e manager la questione si fa davvero spinosa.

«Troviamo un compromesso» dico. «Esiste una virtù a te sconosciuta» mi rivolgo a Bello, «che si chiama ironia. Non devo né ammiccare né leccare microfoni, è sufficiente che io trovi qualcosa di simpatico da fare mentre voi fate l'amore con il pavimento.»

«Ma tu non sei simpatico» risponde come se fosse la cosa più normale del mondo.

«Anche se fosse, non sei tu a poterlo giudicare. Comunque, amici miei, continua a sfuggirvi il vero problema, un dettaglio molto più importante delle smorfie che dovrò fare sul palco. Sono più di dieci giorni che lavoriamo sulla canzone originale, siamo in possesso solo di quella e di una base registrata per karaoke e nessuna delle due va bene per la nostra esibizione.»

«Dici?» chiede Faith mostrando il consueto zelo per le questioni tecniche.

«Semplice. La versione per karaoke è indecente e non la possiamo usare per cantare dal vivo davanti a un pubblico pagante. Sembra – e forse è – uno dei ritmi base delle tastiere per bambini, non voglio nemmeno prendere in considerazione l'idea di cantare su quella.»

«Usiamo l'originale, allora!» replica Bello.

«Con la voce di Morandi? Se vuoi posso farla direttamente in playback, così riesco a concentrarmi meglio sui passi e a partecipare alla vostra sofisticata orgia d'aria.»

«*Tonto*, intendevo che potresti cantarci sopra. Che cosa cambia, chi vuoi che se ne accorga?»

«Non ci penso proprio» rispondo.

«Che alternative abbiamo, cos'altro possiamo fare?» chiede Faith preoccupato.

«Possiamo farla arrangiare come preferiamo, ma il tempo è davvero poco e ci vorrebbe un vero professionista» concludo sconsolato.

Ci vorrebbe un manager, soprattutto.

23

D'Alema ha un problema con Bertinotti e Cossutta e ne ha uno ancora più grande con Prodi, che comincia a innervosirsi e vede il passaggio della Bicamerale farsi sempre più stretto e periglioso. D'Alema ha un problema con Ciampi e ne ha uno con il Commissario europeo Mario Monti, ma soprattutto D'Alema ha un grosso problema con i settanta della Bicamerale e con quel convitato scomodo, che lo attende al varco delle riforme e dell'incrocio sullo Stato sociale. Il punto del notista politico del "Corriere della Sera" è una di quelle panoramiche sul presente che ti fanno desiderare il consulto di un gastroenterologo già di prima mattina, e se questa è la mia reazione posso solo immaginare quella di Massimo. La confidenza e la passione per i propri leader portano a una familiarità unilaterale e non posso fare a meno di chiamarlo per nome, per quanto lui non abbia arbitrio in questa mia scelta. L'articolo ha un titolo inquietante: *Riforme e Stato sociale, i rischi della "matrioska" di D'Alema*, ma a leggerlo bene non si può che mantenere intatta la fiducia nell'uomo e nell'elaborato intreccio tra ragion politica e puro calcolo matematico. Insomma, pare che l'importante sia non toccare le pensioni che poi s'incazzano tutti.

Ieri sera a fine prova sono riuscito a comunicare con JR che, tra un rantolo e l'altro, ha compreso il nocciolo della questione e ha messo in fila i punti critici della nostra attività. Certo non è stato semplice parlare al telefono con uno che ascoltava a tutto volume la versione russa di *Susanna* di Celentano e ogni tanto ansimava e si assentava dalla conversazione, ma ne siamo usciti con una prima soluzione pratica che riguarda la base della nostra canzone. Considerati i prezzi inaccessibili dei turnisti e quelli ancora meno praticabili degli studi di registrazione a noi noti, derubricata come malsana l'idea di contattare direttamente Morandi e chiedergli la versione strumentale, che comunque gira a un ritmo diverso da quello che vorremmo, JR ha deciso che dobbiamo fare un salto dal Maestro e vedere cosa ne può cavare fuori.

Ho chiarito già da ieri che non ho intenzione di guidare e che penso di meritare un trattamento degno del mio ruolo munifico, dato che sarò io a pagare il Maestro. Il fondo spese di JR se n'è già andato da un po', e probabilmente quel che restava è stato assorbito dagli amplessi collodiani dei suoi amici cotonati. Oggi è lui a passare sotto casa mia con la sua jeep sempre troppo grande e troppo rumorosa, a cui a ben vedere manca una portiera ma: «Questa è tutta un'altra storia e prima o poi te la racconto».

Il Maestro è un uomo di poche parole e molta musica. Nato da qualche parte nel Cuneese e cresciuto da qualche altra parte nel Cuneese, è arrivato a Milano a metà degli anni Settanta e da allora non si è più mosso. Vive in piena Barona, in un magazzino comprato per poche lire ai tempi della sua discesa in città, quando ancora i capannoni intorno erano occupati da meccanici, falegnami, tipografi e tessitori. Ora si ritrova circondato da studi grafici e architetti quarantenni in cerca di nuove soluzioni abitative, ma poco male: a lui basta che nessuno si lamenti per la musica e non gli rovini l'orticello sul retro. Alto e di una magrezza quasi spettrale, il Maestro conserva i lunghi capelli corvini della gioventù e non fa un passo senza la sua armonica a bocca appesa al collo. JR lo ha sempre chiamato Maestro o al limite professor Quaglia, anche se so che ha un soprannome molto azzeccato. Lo chiamano Toccapiciu per via di quel movimento quasi impercettibile con cui dall'interno della tasca raggiunge il suo coso e lo scrolla alla velocità della luce. *Quasi* impercettibile, se non fosse per il numero impressionante di volte che lo fa. Ma non andiamo da lui per contemplare vizi privati quanto per fare uso della sua nota e pubblica virtù. Il Maestro è una leggenda del semitoun, una piccola fisarmonica a bottoni, ma i più lo conoscono come uno dei nomi di grido del liscio italiano. Nella scena folk di questo Paese non si muove foglia senza che lui venga interpellato – e parlo di grandi produzioni, non di piccole balere locali. Uomo parco oltre ogni immaginazione, ha deciso di non fare della sua passione un castello e così, se lo si vuole consultare, basta armarsi di pazienza e di qualche bottiglia di introvabile Ormeasco e in genere i giochi sono fatti. Altra grandissima virtù del Maestro è quella di saper arrangiare più o meno qualunque cosa gli venga proposta nello stile richiesto, per poi inciderla in tempi brevissimi con il suo gruppo di fidati virtuosi ottuagenari. Ecco perché andiamo da lui.

Lungo il tragitto faccio del mio meglio sia per non ascoltare i racconti erotici del millesimo pomeriggio al motel sia per evitare di dare un senso al brusio di fondo prodotto dallo speaker dei miei incubi, di nuovo quel tizio di Radio Capital che parla di una vecchia zia bresciana e, tra un aneddoto inutile e l'altro, piazza delle pause che ucciderebbero anche il più tosto dei buoi di Carrù.

«Hanno iniziato a girare, sai?»

«Ti ho già detto che non mi interessa, ora preferisco pensare alla band e in senso assoluto non mi ci vedo come produttore di film porno gay.»

«Perché sei un omofobo, hai paura del diverso e delle cose nuove ed è così che ti sei ridotto all'eremita che sei. Apri la mente.»

«Ora dimmi che rapporto possono avere un film porno girato dagli ex magnaccia della tua signora e le mie abitudini» rispondo nervoso.

JR stringe le mani enormi sul volante e vedo le sue nocche diventare bianche mentre il cerchio in finta pelle si piega pericolosamente sotto la sua stretta.

«Non farlo più, non dire mai più cose del genere» intima dopo qualche secondo.

«Va bene, e tu non parlarmi più di questo film, non mi interessa e non avrai una lira da me. Intesi?»

«D'accordo, però dovresti vedere che bravi. Sono creativi, gente che si arrangia con quello che ha a disposizione e lo trasforma in oro. Prendi il Gatto e la Volpe, sai chi sono diventati?» mi chiede, come se fosse impossibile immaginare la risposta giusta.

«Il Cazzo e la Sorca, vero?» dico senza nemmeno girarmi verso di lui.

«Come hai fatto?»

«Non era così difficile, credimi. Tra l'altro mi pare strano che in un film amatoriale gay ci sia un personaggio chiamato la Sorca, ma per fortuna lo sceneggiatore non sono io.»

Nel tragico mutismo di JR che segue l'ultima frase gioco un po' con la manopola della sintonia, ma purtroppo trovo solo un altro aneddoto sulla vecchia zia bresciana e spengo la radio prima di entrare nel parcheggio della ex zona industriale in cui abita il Maestro.

La porta del capannone è fatta di ondulato metallico e presenta qualche striatura di ruggine, giusto per confermare l'impressione di assoluta incuria che l'artista dedica ai suoi possedimenti terreni. Premo il dito su un campanello altrettanto malmesso: il Maestro ci grida di entrare, e non lo sfiora nemmeno per un attimo l'idea di accoglierci come fossimo veri ospiti. Nel momento in cui mettiamo piede nell'enorme stanza vuota adibita a sala prove, lui è ancora seduto a gambe incrociate sul pavimento e volge sdegnosamente le spalle all'ingresso.

Non fosse per una pedana costruita con vecchi bancali, due enormi casse attive da concerto e un mixer a 48 canali buttato in un angolo e un po' troppo impolverato, uno penserebbe di essere entrato in una sgangherata rimessa auto.

Il Maestro si alza e distende per lungo tutti i suoi centonovanta centimetri di saggezza musicale, poi si gira facendo svolazzare la vestaglia da camera come fosse la veste di un derviscio e a passi lenti e solenni ci raggiunge. Dentro allo stanzone fa un freddo terribile, mi chiedo come possa resistere.

«Buongiorno» dice senza particolare convinzione, non troppo felice di aver ricevuto la nostra visita.

«Buongiorno» risponde JR, mentre io alzo la mano senza parlare per non innervosirlo da subito con l'effetto eco.

«Posso sapere a cosa devo la vostra visita? Stavo meditando, e a dire il vero non ricordavo di aver preso appuntamenti.»

«Mi dispiace molto di averla disturbata, Maestro» si scusa impacciato JR, e poi aggiunge: «Ci dispiace molto ma questo è un caso di estrema urgenza, una questione di vitale importanza.»

Il Maestro corruga la fronte ma non dice nulla, resta in attesa.

«Dunque, deve sapere che io e il ragazzo abbiamo una band musicale. Insomma, per dirla meglio io sono il manager e lui è il cantante del gruppo che abbiamo fondato. Si chiama Epica ed è una boy band. Sa cos'è una boy band, Maestro?»

Così avanti per una decina di minuti almeno, tra descrizioni grossolane, bugie insostenibili e spiegazioni assai poco necessarie e di certo non richieste. Tutto il peggio del repertorio di JR quando sarebbero bastate poche parole, quelle che pronuncia quasi affannato a fine omelia.

«... Abbiamo bisogno di qualcuno che in tempi brevi arrangi, suoni e incida per noi la base di *Se perdo anche te* di Morandi. Ecco.»

Il Maestro infila la mano destra nella tasca della vestaglia e si scrolla frenetico a conferma che le leggende metropolitane a volte si fondano su solide verità.

Guarda a lungo JR, poi dedica uno sguardo molto più breve anche a me. Solo dopo altre scrollatine e una pausa che sembra perfino più lunga dello sproloquio di JR, il Maestro parla con grande calma. Ha un timbro profondo e l'accento piemontese più marcato che io abbia mai sentito.

«Signori, nonostante voi siate da più di un quarto d'ora all'interno della mia proprietà, devo constatare con grande stupore che non vi siete ancora presentati e che non conosco i vostri nomi, le vostre credenziali e ho solo una vaga e confusa idea della vostra professione. Il fatto che siate stati indirizzati qui da qualcuno che mi conosce o che ci siate venuti in un passato remoto non vi tragga in inganno: non esiste proprietà transitiva nella conoscenza delle persone e non ho una memoria elefantiaca per quel che riguarda i miei clienti, soprattutto se non abituali. Permettetemi poi di aggiungere che forse siete stati male informati, perché non sono mai stato ordinato sacerdote e non esercito la nobile arte del medico, e di conseguenza in questioni di vitale importanza posso esservi di ben poca utilità.»

«Ma era un modo di dire, dài Maestro non faccia...» prova a giustificarsi JR prima di venire bruscamente interrotto.

«Anche "stia zitto, bestia" potrebbe sembrarle un modo di dire e in effetti lo è, ma la invito comunque a prendere sul serio il suggerimento e a lasciarmi finire. Alla mia età il tempo è un bene prezioso, ha la consistenza solida e il luccichio dell'oro, e non sarà certo lei a farmene sprecare troppo. Dicevo che per tutto ciò che non è di vitale importanza e invece riguarda la musica, io sarei ben lieto di potervi dare una mano, non fosse che, come potete notare dalla stanza disadorna in cui siete entrati senza invito, qui di musica non se ne fa più, la si pensa. Quindi, signori, davvero non so come potrei esservi utile.»

«Posso?» chiede JR esitante.

«Prego...»

«Lei ci deve aiutare, tutti dicono che è l'unico che potrebbe darci una mano senza...»

«Senza?» chiede incuriosito il vecchio musicista.

«Senza farci spendere una fortuna...» conclude JR penosamente. Al che mi intrometto io.

«Mi scusi Maestro, mi chiamo Antonio Flünke e per anni ho coltivato la speranza di diventare un buon cantante. Ho iniziato a studiare pianoforte a Monaco di Baviera e ho proseguito alla Musikhochschule di Colonia, dove mi sono diplomato in Pedagogia della musica. In effetti quello del canto è sempre stato un mio sogno e, come avrà potuto intuire dalla richiesta di questo brav'uomo, lo pratico a un livello davvero elementare. Tuttavia per noi questa canzone è molto importante, è una piccola sperimentazione e la necessità di averne una versione più adatta alla mia vocalità si è fatta stringente. Il fatto di averla cercata non è casuale e non è certo legato ad alcun calcolo, tantomeno economico» e mentre lo dico allungo una pedata alla caviglia di JR. «Non voglio nasconderle che ci piacerebbe risparmiare, ma non siamo in condizione di negoziare, solo di chiederle la grandissima cortesia di aiutarci, e, se non può farlo lei direttamente, la prego di usare la sua grande esperienza per suggerirci una via.»

JR è ammutolito. Non aveva idea di cosa avessi studiato né tantomeno dove, pensava fossi un autodidatta con alle spalle qualche nozione elementare strappata agli insegnanti di pianoforte dell'infanzia. Il Maestro invece non pare affatto colpito, al limite piacevolmente sorpreso dai modi finalmente adeguati all'occasione e alla sua persona.

«Molto bene, in effetti potrei provare a sentire i ragazzi e chiedere loro se hanno due giornate libere da qui a sabato. Potrebbe andare?»

«Sarebbe perfetto» rispondo.

«Non è che si potrebbe fare prima?» interviene ancora a sproposito JR.

«Certo che si può, basta andare da qualcun altro e chiedergli di farlo prima!» sbotta il Maestro di nuovo stizzito.

«Non lo ascolti, davvero. Lei conosce i suoi tempi meglio di chiunque altro» dico.

«A me basta che sia in grado di farlo e di farlo bene» s'impunta JR che forse a mia insaputa ha deciso di mandare a monte tutto, ma il Maestro ormai ha trovato in me il suo interlocutore e, pur arricciando il naso e continuando a scrollarsi laggiù di tanto in tanto, risponde pacato.

«Chieda al suo amico se conosce Igor Stravinskij, anche se dubito possa averlo mai sentito nominare. Bene, quel meraviglioso talento – cui come ovvio non oso paragonarmi – diceva che "dodici note in ogni ottava e la varietà del ritmo mi offrono delle opportunità che tutto il genio umano non esaurirà mai". Possiamo smontare e rimontare quella canzone a nostro piacimento, nessun problema.»

«Grazie, come posso contattarla?»

«Mi lasci il suo numero di telefono, signor Flünke, la chiamerò io non più tardi di domani mattina per confermarle il mio impegno, a quel punto si tratterà di decidere quando vuole venire a incidere la sua parte» dice sorridente.

«Ancora grazie, attendo sue nuove» gli stringo la mano mentre JR è già sulla porta, scurissimo in volto.

«Un attimo, non crede dovremmo definire i dettagli dei miei emolumenti?» aggiunge facendosi serio tutto d'un colpo.

«Certo Maestro, faccia lei la cifra.»

«Va bene, il tutto le costerà un milione più duecentomila lire per la cena di fine incisione, a suo carico. Pagamento *upfront*.»

«Mi scusi?»

«La cifra non è quella che si aspettava?»

«La cifra non c'entra, non mi permetterei di sindacare su quella, mi chiedevo cosa significasse...»

«*Upfront*? Da qualche mese mi sono fatto installare un piccolo apparecchio televisivo e seguo quella serie ambientata a Miami in cui si fa un gran parlare di poliziotti e droga. A quanto pare significa "pagamento immediato": io le consegno la merce e lei mi paga. Se invece volesse dire "pagamento anticipato" allora non fa al caso nostro, restiamo che io le produco il pezzo e lei paga quando viene a cantarci sopra. *Upfront*. Mi permetta questo piccolo capriccio, è da ieri sera che pensavo a come infilarlo in qualche conversazione e l'occasione era troppo propizia perché la perdessi, ci stavo meditando sopra proprio quando siete entrati.»

«Ah, temevo fosse assorto in un altro tipo di meditazione, ero sicuro di aver interrotto il suo raccoglimento religioso...»

«Figliolo» dice il Maestro mentre mi spinge con delicatezza verso la porta di ondulato, «le ho già detto che non sono stato ordinato sacerdote. Alla mia età ci sono ancora cose più urgenti del pentimento e della paura. Ci penserò più avanti, come tutti. Arrivederci.»

JR guida e sbuffa, sbuffa e guida e ogni tanto insulta a bassa voce quel coglione borioso, quel fallito, quella nullità di montanaro ripulito. Per un po' sopporto la pentola di fagioli in cui si è trasformato, poi, quando stiamo per arrivare in palestra e prima che sia troppo tardi per chiudere la faccenda e non rendere pubblica la tensione, lo affronto.

«Sei stato tu a volerci andare, sei tu che hai detto di conoscerlo. Io ne avevo solo sentito parlare e sempre nello stesso modo, ho suonato con alcuni suoi allievi e loro lo adorano come fosse una divinità. Sapevo tutto di lui anche senza averlo mai visto e mi ha fatto proprio l'impressione che mi aspettavo. Bravo, grande professionista e antipatico. Come puoi lamentarti se l'avevi già incontrato e sapevi come reagisce? Sei l'ultimo a poterlo fare, sai?»

«Non l'avevo mai visto nemmeno io, manco sapevo chi cazzo fosse» risponde lui.

«...»

«Me ne aveva parlato spesso uno scoppiato che ho piazzato a qualche matrimonio anni fa, un batterista prestigiatore che si vantava di aver suonato con lui e sosteneva che fosse un vero mago, uno poco attaccato al denaro e molto alla musica. Mi aveva lasciato il suo numero di telefono, sai quelle cose che si dicono per dire: qualsiasi problema tu dovessi avere, chiama lui perché è un fenomeno...?»

«Esattamente» dico, «non ti è sembrato proprio così?»

Ma lui non ribatte e devo farmi violenza per non chiedergli dove sia finito il batterista prestigiatore. Mentre parcheggiamo mi congratulo con me stesso, per tutto il tempo della visita al Maestro non sono caduto.

Ma basta aprire la portiera superstite per rimediare.

24

Pochi minuti fa ho avuto di nuovo la sensazione che potremmo farcela e ho pregato. Alle ore 16 di martedì 11 febbraio 1997 ho invocato cose semplici, soprattutto che gli eventi non precipitino e che la corsa non si riveli inutile. Ci sono circostanze e coincidenze che mi fanno ben sperare, in fondo anche quando tutto sembrava perso ho trovato una base su cui cantare e abbiamo raggiunto un compromesso sulla coreografia. Un'altra spinta in avanti è venuta dalla confortante presenza di JR. Ma basta poco per precipitare ancora nello sconforto, già alle 16 e 10 minuti l'impressione positiva è quasi completamente svanita. Manca qualcosa, anzi qualcuno. La palestra è piena in ogni ordine di posti, per trasformarla in una sala prove abbiamo negato a Loredana la possibilità di tenere i suoi corsi, ma l'occupazione oggi ci costa cara perché la titolare e le sue amiche assisteranno alla nostra preparazione. Non oso pensare a cosa avrà raccontato Loredana, perché le signore sono imbellettate e truccate come alla prima della Scala e sembrano molto eccitate. Si scambiano sguardi d'intesa e lanciano fastidiosi gridolini che spezzano la concentrazione. Oltre alla rumorosa compagine femminile, sono presenti Moni e Doni, l'immancabile nonno di Fede e cinque signori anziani che solo la settimana scorsa ho visto sulle panchine della piazzetta qui davanti. Posso sbagliarmi, ma dagli sguardi assenti paiono più in cerca di un posto caldo che non di sensualità latina e balletti per adolescenti. Tutto bene, tranne il fatto che Faith non è ancora arrivato e nessuno di noi lo ha sentito. Il nonno ha peggiorato la nostra preoccupazione ripetendo più volte che non è da lui, che non è mai successo.

Prendo il montone e mi chiudo nella pelle che un tempo fu di un animale molto più nobile e mobile di me, e non faccio caso al brusio di disapprovazione dei teneri vecchietti delle panchine e delle sguaiate signore in cerca di carne fresca. Se pensano che io non sia il primo a ritenere tutto ciò umiliante sbagliano di grosso, ma ora il problema non è la dignità, quella se n'è andata nel momento in cui ho accettato di essere rappresentato da JR. L'assenza di Faith costituisce un inconveniente serio per due motivi ben precisi. Il primo è semplice dato matematico, se di un trio ne restano due non è più un trio. La logica più stringente vuole che le cose perdano di senso. Il secondo motivo è che dal nostro incontro di domenica ho ricavato la sensazione sgradevole che il più giovane della band fosse inquieto, o comunque molto coinvolto nelle vicende delle sue società segrete. Ecco perché, anche se potrebbe essere un semplice ritardo o un mal di testa improvviso, la sua assenza mi getta da subito in uno stato di prostrazione e panico che cerco di non trasmettere a Jack e Bello. La storia delle boy band non contempla molti precedenti di duo, e in tutti quelli conosciuti si trattava comunque di coppie fondate sulla perfetta fungibilità dei componenti, entrambi capaci di ballare e cantare più o meno allo stesso modo. Tralasciando il caso dei Bros che erano anche fratelli, restano ben pochi esempi. Io e Bello non siamo per nulla simili, lui non sa cantare e io più che ballare mi rotolo per terra, quindi ritengo inaccettabile anche solo l'idea di aver perso Faith. Uno potrebbe obiettare che esiste anche il modello 883, quello del cantante immobile e del ballerino isterico, ma in quel caso sarebbe necessario almeno un repertorio.

«Va bene ragazzi, prima o poi arriverà» irrompe deciso JR, che fino a qualche secondo prima era fuori dalla porta a parlare al telefonino nel suo inglese zoppicante. «Noi cominciamo, che qui di tempo ne è rimasto poco e io ne ho ancora meno» conclude e finge di non accorgersi dell'occhiata di scherno di Bello.

Proviamo per la prima volta davanti a un pubblico qualificato, o perlomeno numeroso come un campione credibile. Tra le amiche di Loredana, i vecchietti rinforzati dal nonno di Faith e le due groupie adolescenti abbiamo l'amalgama di un buon pubblico sanremese, quello fatto di mamme, nonni e bambini.

Sono solo di poco sovrappeso, ma l'immagine che mi rimanda lo specchio sullo sfondo è quella di un enorme gangster bielorusso, il gemello delle steppe di Notorius BIG, e la cosa mi induce a muovermi proprio come un rapper, gestualità assai fuori dal mio bagaglio e dalle mie possibilità. Sono vestito come un gangster slavo e mi muovo come un tricheco, o molto più verosimilmente come uno che aspetta di poter accedere all'unico bagno del più gigantesco pub del mondo. Bello fa ogni cosa nel modo giusto e si affanna per creare movimento anche per il grande assente, ma il risultato lo condanna oltre ogni demerito, perché, più che come un ottimo ballerino, si agita come un tarantolato in cerca delle chiavi di casa. Insomma, come direbbe e dirà JR, «non funziona», e dopo l'ultima nota e la scivolata di Bello nello stanzone regna la più consistente e palpabile delle perplessità. Le signore in pellegrinaggio per assistere al miracolo dei pettorali latini sono confuse, perché a quella velocità hanno visto ben poco, le ragazze non si aspettavano nulla di buono e nulla di buono hanno avuto, e il gruppo degli anziani sussurra sottovoce commenti tecnici molto severi.

«Non va bene ma non importa» spezza l'incantesimo JR, «non ha senso che Bello provi a fare anche la parte di Faith perché non dovrà farla sul palco. Ognuno provi i suoi movimenti, il ragazzo recupererà a parte anche a costo di passare qualche ora in più qui in palestra.»

«Se volete posso ballare io al suo posto, solo per oggi» si offre Moni.

«Conosci la parte?» le chiedo.

«La parte? Sono sei passaggi facilissimi e tanto stile libero. Non è un problema» risponde.

Bello annuisce e così riproviamo, con la ragazzina che fa la sua sporca figura e non sbaglia un passo. Se poi devo confessare l'inconfessabile, la trovo molto adeguata al ruolo, ma per non creare altri imbarazzi tengo la riflessione per me. Come nella più bella delle sagre paesane, i gagliardi panchinari ci prendono gusto e iniziano a battere le mani a ritmo, il loro ritmo e non quello della canzone, che chissà come sentono e cosa sentono. Le signore si concentrano finalmente sull'oggetto dei desideri, JR sul culo secco da adolescente di Moni e nonno Sanpa su un punto imprecisato della mia testa, cosa che mi inquieta e mi porta più volte vicino all'errore. Buona la seconda, ce la siamo cavata molto bene e pare che ora a nessuno interessi il fatto che sono vestito come un perfetto idiota e che ho più catene al collo io di una bici legata fuori dalla Stazione Centrale.

Mentre tutti si complimentano con tutti e Bello bacia appassionatamente Moni che bacia Doni, io mi avvicino a JR e gli parlo sottovoce.

«Se sai qualcosa dimmelo, del nonno non mi fido ma se hai sentito il ragazzo me lo devi dire. Ho visto che stavi al telefono là fuori prima delle prove.»

«Io? Sì, ma parlavo con Evgenij, il regista di *Finocchio*. Ci sono stati dei problemi con la maschera del protagonista...»

«Non voglio saperne niente, te l'ho già detto. Mi sembra solo che tu stia prendendo le cose molto sottogamba, hai la testa altrove. Cerchiamo di intenderci Jack, se sai qualcosa o nel caso tu venga a sapere qualcosa che riguarda anche me, ti chiedo di avere la correttezza di informarmi. Posso pure girare vestito come un pagliaccio, ma ne deve valere la pena. Chiaro?»

«Chiaro» risponde, e pare sincero.

«Dobbiamo anche parlare della logistica. Dove dormiamo? Quando partiamo? Hai pensato già a tutto, vero?»

«No, me ne occuperò nei prossimi giorni. Sai che ho dovuto organizzare un matrimonio e un divorzio in contemporanea, lo sai?» dice JR allargando le braccia in cerca di comprensione.

«Pensi davvero di trovare da dormire a Sanremo a una settimana dall'inizio del Festival?» gli rispondo, avvicinandomi ancora di più alla sua faccia.

«Lo spero, al limite torniamo in nottata.»

Fossi un po' più responsabile, fossi più lucido, dovrei fare solo una cosa: togliermi di dosso questo montone ridicolo, buttare in terra le collanine e le catene e saltarci sopra fino a ridurle in poltiglia, e poi uscire dalla palestra profumata come un postribolo e arredata pure peggio per sparire per sempre. Ma non lo farò, perché l'attrazione gravitazionale mi trattiene nell'orbita di questo tizio di mezza età che si ostina a pettinare capelli che non ha più e della sua variopinta armata di perdenti.

Fuori dalla palestra incrocio lo sguardo colpevole e folle del nonno di Faith, ma quando provo ad avvicinarmi per porgli la prima di una lunga serie di domande si mette a correre con una foga impensabile per un settuagenario. Non provo nemmeno a inseguirlo, resto impietrito per una ventina di secondi e poi mi incammino verso il parcheggio dei taxi della piazza.

I tassisti milanesi fanno categoria a sé. Non hanno voglia di parlare e quando lo fanno è per comunicare informazioni utili alla corsa, cose che riguardano l'apertura della portiera, il ghiaccio sull'asfalto, le giornate fredde e la brina sul parabrezza. Non discutono di politica, non si interessano di calcio, non hanno gagliardetti appesi allo specchietto retrovisore, non insultano la prima moglie, non commentano il culo delle passanti, non ti chiedono che strada preferisci fare, non ti scambiano per uno che hanno visto in televisione e soprattutto non ti raccontano cosa facevano prima e cosa vorrebbero fare dopo. I tassisti milanesi ti trasportano a destinazione con freddo distacco, corpo unico con l'acciaio della loro macchina e il delicato profumo di vaniglia dell'Arbre Magique. Quello che mi carica stasera non apre bocca fino al momento della lettura del tassametro. Vero irriducibile del mutismo, non parlerebbe neanche sotto tortura e rintuzza ogni mio tentativo, ogni accenno al principio di una conversazione con una bravura e un'eleganza che ha acquisito in anni di pratica. Se tocco la sciarpa lui abbassa di qualche centimetro il finestrino, se strizzo gli occhi lui accende la luce dei sedili posteriori, se chiudo il bavero lui alza immediatamente il finestrino e tocca la manopola del riscaldamento. Se mi sporgo in avanti per guardare il tassametro lui rallenta per facilitarmi il movimento e se lo faccio per sentire meglio cosa trasmette la sua autoradio lui alza il volume. Più che il conducente di un'auto pubblica, si comporta come un tennista sotto rete, pronto ad anticipare ogni mossa pur di non dover subire delle richieste e rispondere. Arriviamo davanti casa e respinge anche il tentativo di mancia, mi restituisce la banconota in eccesso e aggiunge il resto di cinquanta lire giusto per non dovermi nulla. Quindi si allontana, e la sua macchina fa così poco rumore che viene da chiedersi se funzioni a pedali oppure se quel misantropo professionista abbia davvero un motore alimentato a odio e diffidenza.

Il frigorifero è vuoto, viva il frigorifero e le due confezioni di senape, il sedano avvizzito e il mezzo limone tagliato qualche settimana fa che sorride come un sole rancido e cattivo.

Suona il telefono e per qualche secondo esito, indeciso se rispondere o lasciare che la segreteria faccia da filtro, ma poi penso che potrebbe essere Faith e sollevo la cornetta.

«*Baghéin*, maialino mio!»

«Mamma», non è Faith ed è troppo tardi per salvarmi.

«Come stai? Non mi hai mica richiamato dopo l'altra sera, tu proprio non mi vuoi bene. Eppure l'Amos dice che non è vero e che sei soltanto un po' solitario e forse ha ragione, che me lo ricordo quando da piccolo stavi sempre solo. Solo in camera, solo in giardino, solo in bagno... stavi tantissimo tempo solo in bagno, tu e i tuoi libretti di Asterix. Per quello non mi preoccupavo mai che tu ti stessi facendo i piacerini, l'ho sempre saputo che te ne stavi lì sul water a leggere i tuoi albi di Asterix, ripetevi sempre che avevi paura che ti cadesse in testa il cielo come al musicista lì, come si chiamava...»

«Assurancetourix...»

«Come?»

«Non importa, mamma, non è importante. Sto bene grazie, sono solo un po' stanco perché oggi ho finito di provare molto tardi.»

«Provare? Cosa stai provando, un concerto per piano? Finalmente, Antonio mio, che bello! Quando suoni, dove, dimmelo che vengo su con i ragazzi che ci tengono tanto!»

«Manca ancora parecchio, mamma, te lo dirò al momento opportuno. Si parla di mesi, dovrebbe essere appena prima dell'estate» taglio corto perché non sono un buon bugiardo, e se scavasse ancora rischierei di franare e deluderla.

«Bene, mi raccomando. Senti me, ho ricevuto da tuo padre una di quelle stupide cartoline. Ma cosa crede, di avere ancora sei anni? Tutti i ghirigori a matita e i cuoricini, crescerà mai quell'uomo lì? Tu non puoi immaginare quante volte mi ha messo in difficoltà con Eros, quante volte ho dovuto spiegargli che non c'era nulla di male e che è solo il suo modo di manifestare affetto. Tuo padre è l'uomo più infantile che io abbia mai conosciuto, non capisco come tu abbia potuto venir fuori così serio e maturo. Sei tutto tuo nonno Iorio, ti mancano solo la statura e quel bel paio di baffi. Te l'ho detto, no, che cascavano tutte ai piedi del mio papà?»

«Sì mamma, me l'hai detto.»

«Senti mo', non fare quella voce annoiata, che già non ci sentiamo mai e ci mancherebbe pure che tu ti stufassi di parlare al telefono con la tua mamma. Comunque... ti ricordi che l'altra volta ti ho raccontato di quella bambina, la tua compagna dell'asilo che ho incontrato a Cesena? Bene, ti ho fatto una sorpresa! Ora te la passo... Sandra, Sandra, vieni che c'è Antonio al telefono!»

Mia madre. Ecco il motivo per cui ho bisogno di almeno trecento chilometri di spazio vitale tra noi, un airbag largo quanto una regione per salvarmi dall'imbarazzo di momenti come questo. La mamma che mi cerca moglie e, pur di raggiungere il suo scellerato scopo, molesta giovani donne che due o tre secoli fa hanno giocato a saltello con me. Non ho ricordi di questa Sandra, o meglio c'è qualcosa che mi dice che l'ho conosciuta e ho memoria di aver passato del tempo con una bambina con quel nome, ma è tutto. Vorrei aver conservato un'immagine di lei, un'istantanea impressa nella mente di quando mi sorride o mi chiede se possiamo tenerci per mano, almeno la sua espressione perplessa quando le dico tutto emozionato che è bella come un cane lupo, perché da buon bambino tedesco per me quella somiglianza equivaleva alla dichiarazione d'amore più pura, ma nulla.

«Pronto?»

«Pronto, ciao Sandra.»

«Ciao...», la compagna di giochi non ricorda come mi chiamo nonostante il lavaggio del cervello che temo abbia subito negli ultimi giorni.

«Antonio» le suggerisco.

«Ciao Antonio, sai, ero qui con la tua mamma che è tanto carina. Mi ha detto che ti sei trasferito a Milano e che sei nell'Orchestra della Scala. Complimenti!»

Questa mi mancava. Conosco bene la mitomania di mia madre e so che può costruire complicate realtà virtuali, ma in genere la sua arte non sconfina e le bugie restano autobiografiche e limitate al suo raggio d'azione. Inventarmi una carriera per sedurre una povera innocente significa alzare il livello dello scontro, ma sconfessarla costerebbe troppa fatica e sarebbe inutile e sgradevole. Assecondo questa Sandra per il suo bene, deciso a liberarla al più presto da me e da mia madre.

«Già, La Scala... più o meno. Comunque grazie molte, e tu come stai, suoni anche tu?»

«No, per carità. Canto solo in un gruppo che fa serate qui intorno. Sai, il liscio, quelle cose là, niente a che vedere con la tua carriera...»

«Già...»

«Già...»

«Potremmo vederci, se passo da quelle parti. Certo, compatibilmente con il cartellone della Scala e tutti i tuoi impegni, ma sarebbe bello dopo tutto questo tempo.»

«Ne sarei felice, chissà quante cose avrai da raccontarmi...»

«Già...»

È tempo di mettere fine al suo imbarazzo e soprattutto al mio.

«Sandra, è stato molto bello risentirti, tu non hai idea di quante volte ti ho pensata nel corso di questi anni. Mi chiedevo che fine aveste fatto tu e gli altri.»

«Quali altri?» chiede curiosa.

«Gli altri, i nostri amici dei tempi, i compagni dell'asilo.»

«Sono quasi tutti rimasti qui, si sono sposati e hanno avuto figli.»

«Già...»

«Va bene, Antonio, scusami ma sono di fretta. Lascio a tua madre il mio numero di casa, se hai voglia di vedermi quando capiti qui...»

«Certo, grazie ancora. Ti saluto.»

«Vuoi parlare ancora con tua madre?»

«No, per carità... intendevo no grazie, no.»

La mamma gira per la Romagna spacciandomi per Leonard Bernstein, Federico è sparito e nel frigorifero non c'è niente da mangiare. Cambiando l'ordine degli addendi, il risultato è sempre e comunque sconfortante.

25

«Mi parli della sua compagna. Non l'ha mai chiamata per nome, sono curiosa di sapere perché ha sempre e solo detto *lei*...»

La dottoressa Limone siede di tre quarti rispetto alla linea della scrivania e mi offre uno dei suoi tanti profili migliori. Indossa un lupetto di cachemire beige, è struccata e si concede un paio di orecchini di perle come unica nota leziosa.

«Non è la mia compagna, non lo è più da tempo. Comunque, se la cosa non la disturba, preferisco non fare il suo nome.»

«Per quale motivo, è un problema di riservatezza? Sa bene quale vincolo mi leghi al segreto professionale, ciò che racconta nel corso dei nostri incontri rimane confinato qui, nessun pericolo.»

«Non ho parlato di pericolo né di riservatezza. Non credo sia un'informazione necessaria, tutto qua. Se poi la sua è pura curiosità femminile, in tal caso le concedo di inventare un nome, quello che preferisce. Andrà benissimo.»

La mia analista arretra e si appoggia allo schienale in pelle della sedia padronale, effettua una rotazione minima e si mette in posizione frontale, scura in volto.

«Signor Flünke, giusto per chiarire una volta per tutte la natura del nostro rapporto, le ricordo che la mia "curiosità femminile" non è uno strumento terapeutico. Ogni domanda, ogni stimolo che riceve è parte di un percorso e prevede reazioni congrue, prevedibili o inattese. Ma mai sono stata insultata con questa gratuità. La invito a collaborare o a rivolgersi altrove, posso fornirle nomi di colleghi con ottime referenze.»

Dovrei scusarmi e invece resto fisso sul suo viso. A fine risposta il rossore delle guance e il cipiglio furibondo la rendono umana e ancora più bella. La osservo con la passione che si riserva alle opere d'arte protette dai cordoni di canapa e dalle teche di plexiglas, cose che ammiri e non potrai mai toccare per un'ottima serie di motivi.

«No, lei davvero non capisce. Il nome di quella persona, che è da mesi la mia ex compagna, non ha alcuna importanza perché non ne ha *lei*. Mi rendo conto di averla citata spesso, ma quel lutto è stato elaborato da tanto. Ora ne parlo liberamente, e l'idea di essere stato lasciato per noia non mi ferisce più. Mi creda, non usare il nome ha cancellato anche i tratti del volto e la voce di quella donna. Meglio così, se proprio vuole applicare una categoria alla mia vita sentimentale le suggerisco quella dell'assenza. Nulla di nuovo, nulla di nulla.»

«Lasci che sia io a scegliere le categorie e a svolgere il mio lavoro. Almeno questo me lo concederà, signor Flünke.»

La foto del suo matrimonio mi incuriosisce da tempo. Il marito di spalle, sacrificato al meraviglioso ritratto in primo piano di lei.

«Suo marito è una persona noiosa?» chiedo a bruciapelo.

La dottoressa Limone, pur colpita negli affetti, reagisce con grande calma: «Non direi, anche se il fatto di avere un marito e la sua vivacità sono notizie che ci riguardano poco, qui e ora».

«Già. Suo marito non è noioso, mi aspettavo questa risposta. Un bell'uomo, sicuro di sé e divertente. Lei non è una persona noiosa e non lo era nemmeno la donna che mi ha lasciato. Ma soprattutto io non lo ero e non lo sono. La noia è un'arma di distruzione molto efficace. Se non si è mai annoiata con suo marito, non capirà le terrificanti ore di silenzio, le incomprensioni e le distanze che si possono creare ad arte, i crepacci in cui precipitano le coppie sbagliate. La noia della routine è orrore puro. Io non amavo quella donna e mi sono annullato, ho scelto di annoiarla a morte o almeno finché non si fosse arresa e avesse deciso di andarsene. Ora lo so, ero annoiato dal poco trasporto, deluso dall'errore di valutazione. Mi sono fatto lasciare per pura vigliaccheria, e pur di non ammetterlo ho riscritto una storia di abbandono e sofferenza. Sarei anche stato disposto a supplicarla di tornare, a un certo punto. Per poi farmi lasciare di nuovo. Lo trova intelligente?»

«Lo trovo molto maschile e poco coraggioso, se mi consente l'osservazione» risponde la mia analista.

«Il punto è un altro, dottoressa. Lei pensa che l'ingloriosa fine della mia relazione abbia avuto qualche influenza sulle cadute? Perché io sono certo che non sia così. Cadevo prima, sono caduto durante e dopo l'abbandono.»

Lei sbuffa. Proprio così, la professionista a cui il dottor Zucker ha affidato le mie sorti gonfia le guance e sbuffa come una bambina alle prese con un'addizione complicata o con un compagno di classe lento.

«Signor Flünke, lei ama molto il mio lavoro. Mille indizi portano a questa unica soluzione. Lei sarebbe un ottimo psicologo, acuto e abile nella stimolazione del paziente, ma per sua somma sfortuna e per quella dell'intera comunità scientifica ha scelto di dedicarsi alla musica. Solo che commette l'errore di analizzarsi lo stesso, senza sosta e senza pietà. Lei passa intere giornate a processarsi, assolversi, condannarsi, e lo fa con ferocia. Ma sbaglia. In tanti anni di professione non mi è mai capitato qualcuno così costante nell'errore. Come ho detto e ripetuto, l'unica richiesta che le faccio è di lasciarmi spazio e non erigere barriere difensive. Se non se la sente, è inutile proseguire.»

Dondolo sulla sedia, un'oscillazione leggera che aiuta a cercare le parole e a caricare una buona risposta. Sono qui per scoprire la causa materiale delle mie cadute, non per affittare il mio subconscio a una donna elegante e comprensiva che lo occuperà a caro prezzo. Come posso spiegarmi senza offenderla?

«Capisco. Volevo solo aiutarla, confermare che non ci sono traumi all'origine delle mie cadute.»

«Non possiamo affermarlo con certezza, non ci sono ancora dati sufficienti. Lei è molto reticente e complicato, signor Flünke.»

Sono anche peggio di così, ma è la prima volta che qualcuno penetra così a fondo le mie difese. Sono abituato a tacere ed evitare il confronto, la costanza di questa donna mi mette a disagio. Segue una lunga pausa di studio reciproco, in cui tutti e due facciamo valutazioni sull'opportunità di andare avanti. Poi lei sbuffa di nuovo, sorride e parla.

«Mio marito è una persona semplice, un ottimo padre e un figlio affettuoso. Ma soprattutto è un uomo fallibile che accetta i suoi limiti. Ci siamo conosciuti quindici anni fa, durante il mio ultimo semestre di esami universitari. Da allora non ci siamo mai lasciati, nonostante numerose cadute, meno reali delle sue ma altrettanto pericolose. Si chiama Luigi proprio come suo nonno, è l'ultimo dei tre figli di un mobiliere e lavora molto più di quanto non sarebbe necessario. Mi piace il suo nome, antico e delicato. Da ragazzo è stato campione di motocross, ascoltava il beat inglese e lo ascolta ancora» dice la dottoressa Limone, che mi guarda negli occhi e sottolinea ogni parola con gli accenti più acuti dell'amore.

«Perché mi racconta tutto ciò?» le chiedo.

«Perché ne aveva bisogno. Perché il suo castello di carte fatto di disumane teorie su chiunque non sia lei va smontato, un soffio deciso e via. Perché forse ora potrà cominciare a parlare di sé e a non essere respingente e odioso. Cosa ne dice?»

Allora prendo fiato e racconto, senza mai pronunciare il nome di *lei*, dico alla mia analista tutto quello che vuole sapere di me, perché alla moglie di Luigi non posso dire di no e perché il beat inglese vuol dire fiducia.

26

Quando tornavamo in città dopo le giornate di festa, quando i primi palazzoni grigi sostituivano i cascinali e le costruzioni basse della campagna non ancora ingollata dalla periferia, mio padre si faceva silenzioso e osservava assorto il nuovo panorama verticale. Guardava i balconi, quelli vuoti e disadorni e quelli coperti da tende verdi tutte uguali, le tapparelle abbassate e le finestre aperte su stanze disabitate, le luci tremolanti di televisioni accese a qualsiasi ora e le persone anziane e sole affacciate a controllare il traffico. In quei momenti a me bambino e passeggero sembrava che papà riflettesse sul più inaccessibile segreto della vita, che pesasse su di lui il mistero dell'origine e della destinazione finale. Poi quell'uomo tanto bello quanto svampito si ridestava dal suo sonno vigile, si girava verso di me e ogni volta ripeteva l'identico succo del suo pensiero: «Quanta gente, quante storie, quante vite di cui non sapremo mai nulla», e giocava con l'autoradio oppure litigava con mia madre, che a suo dire guidava con un'aggressività intollerabile e fumava troppo in macchina. Non ho mai capito se tutta quella gente e quelle storie gli interessassero veramente o se le guardasse con curiosità distaccata, se quello fosse per lui lo spunto per un rassicurante saluto di passaggio o la confortante certezza che non si sarebbe fermato lì e che non avrebbe condiviso un secondo di quelle giornate marginali. Ma conosco troppo bene mio padre e sospetto che non si trattasse di niente di tanto evoluto, positivo o negativo. Penso che la sua fosse pura e semplice filosofia da tangenziale, una specie di abbraccio all'umanità lungo non più di cinquecento metri di striscia tratteggiata, il tempo in cui un privilegiato prende coscienza dell'esistenza degli altri e benedice le loro vite tutte, quelle che lui non vivrà.

Oggi percorro i cavalcavia della circonvallazione esterna e vedo le stesse tende verdi sui balconi di un'altra città, lontana centinaia di chilometri da quella della mia infanzia. Le facciate dei palazzi perdono pezzi, l'intonaco si scrosta e si gonfia per l'umidità e la miseria dei materiali, l'unica differenza evidente rispetto ai tempi andati sono le padelle delle antenne paraboliche arrampicate su ogni superficie disponibile. Per qualche chilometro viaggio sospeso su una sopraelevata, a ridosso dei piani alti delle case. Forse ai progettisti è sfuggita la disumanità di una piccola autostrada a due corsie che taglia la città e a orari alterni porta le macchine nel tinello di migliaia di famiglie, un rombo continuo e velenoso che tuttavia ipnotizza i soliti anziani, appollaiati alle loro finestre dalla notte dei tempi e ammaliati dal flusso di macchine. Forse anche loro, di tanto in tanto, tirano un lungo sospiro, e nell'euforia dei gas di scarico pensano a "quanta gente, quante storie, quante vite" in quelle auto veloci o lentissime, incolonnate o libere che siano.

Il Maestro mi ha comunicato che il più è fatto e che oggi è il giorno della registrazione delle parti vocali, prima voce e cori. Mi ha dato appuntamento nello studio di uno dei suoi "ragazzi", forse gli ottuagenari di cui parlava JR, anche se, considerata l'attendibilità della fonte, potrebbero pure essere punk adolescenti che arrotondano la paghetta settimanale. Il Maestro ha specificato che lo studio si trova un po' fuori mano rispetto a casa sua e che per questo motivo mi ha addebitato le spese dei suoi spostamenti, circa cinquantamila lire di taxi. L'indirizzo che ho annotato su un enorme post-it giallo attaccato al cruscotto è quello di un magazzino in zona Bovisa, un'altra delle possibili future ramificazioni chic della città. Scendo dalla sopraelevata e attraverso gli spazi asfittici della prima periferia, tra zone ex industriali, piccole fabbriche, capannoni e propaggini estreme dei quartieri popolari. Dopo qualche mese in città capisci la differenza tra le quattro categorie di luogo. Le ex zone industriali sono facili da riconvertire, è sufficiente un giovane architetto che con metodo disegni delle pareti all'interno di enormi stanze vuote. In genere ci vuole una mano di vernice per coprire i danni di oli e rifiuti tossici, poi qualche tubo a vista e del legno pregiato sparso qui e là. Si aspetta che arrivi il primo creativo in cerca di un laboratorio e i giochi sono fatti. Le piccole fabbriche sono quelle che resistono orgogliose al progresso e al trasferimento degli spazi e delle attività produttive. Inquinano con brio, creano traffico isterico e sfruttano il lavoro delle nuove migrazioni. I capannoni sono capannoni, e se proprio non li usa nessuno tornano buoni per la piccola ma decisa scena rave cittadina. In più ci si possono nascondere un sacco di cose, ma prima o poi gli architetti giusti arriveranno anche lì, basta solo ripulirli da tappeti di siringhe, pipette e coperte sporche. I quartieri popolari invece sono stati progettati per non avere redenzione, i dormitori e le zone d'espansione non si possono riqualificare, il loro destino è rimanere dei dignitosi posti di merda oppure degenerare in pericolosi posti di merda, di certo nessuno troverà mai il tempo di apprezzare e utilizzare in altro modo quelle prigioni di quindici piani, quegli alveari già in degrado dopo pochi mesi dalla costruzione. Pare che ce ne siano anche alcuni imbottiti di amianto in cui si muore a orologeria, l'importante è farlo con buona educazione e fuori dalla cerchia dei Navigli.

Dopo un po' di giri a vuoto riesco a trovare la via giusta e parcheggio davanti a una graziosa villa a due piani immediatamente prima del capannone. All'interno non ci sono ottuagenari ma solo professionisti nel pieno delle forze: la struttura dispone di tutte le migliori tecnologie sul mercato ed è gestita dal nipote del Maestro. Il ragazzo mi accompagna a visitare le quattro sale prove e poi mi porta dentro a quella in cui registreremo. Per arrivarci attraversiamo una grande zona mista piena di divani e disseminata di foto e poster di artisti che hanno suonato nello studio. A differenza delle immagini sbiadite appese al muro dell'ufficio di JR, queste hanno tutte un senso, le persone ritratte rispondono a nomi che conosco molto bene.

Non sono abituato a strumenti tanto sofisticati, e cadrei nella sindrome da inadeguatezza se non ci fosse il Maestro a rassicurarmi. Mi chiede come mai io sia finito a lavorare con gente così poco educata, musicalmente e non. Gli rispondo che si tratta di una tappa che mi sono imposto, gli racconto le mie ambizioni e i loro puntuali fallimenti, le grandi speranze e la piccola ma letale disillusione quotidiana. Il Maestro ha su di me un effetto imprevisto e molto positivo, con lui mi apro come non mi sarei mai creduto capace di fare e la cosa mi stupisce. Gli chiedo se per lui ha senso che un musicista di trent'anni veda ancora un futuro, o se è troppo tardi per salvarsi.

«Dove si trova ora?» mi chiede.

«Lei di certo non intende chiedermi dove si trova il mio corpo, vero Maestro?»

«Le chiedevo proprio quello, non faccia l'errore di leggere troppa saggezza in ciò che dico. Se avessi voluto fare il guru porterei una barba molto più lunga e passerei ore con dei pesi legati intorno ai testicoli invece di tenere quest'armonica al collo.»

«Allora le rispondo che mi trovo in uno studio di registrazione.»

«Bene, e mi dica: cosa ci è venuto a fare?»

«Sono qui per cantare.»

«Non la trova una cosa meravigliosa? Lei è qui per cantare, non esiste un solo motivo per cui lei possa considerare questo come tempo sprecato né vi è una ragione per lamentarsi delle occasioni fallite. Questa è la sua occasione, nonostante quel bruto con cui mi è venuto a trovare, nonostante il genere abietto che intendete proporre e nonostante lei si ostini a non suonare lo strumento che ha studiato per una vita. La musica è la risposta.»

«A quale domanda, scusi?»

«Sa cosa diceva Igor Stravinskij?»

«Sì, diceva che ci sono dodici note in ogni ottava e che quelle più la varietà del ritmo gli offrivano delle opportunità che tutto il genio umano non esaurirà mai. Giusto?»

«Diceva anche quello, in effetti. Lei ha buona memoria ma utilizza la citazione sbagliata. Un po' come se io le chiedessi che ore sono e lei mi rispondesse "contrabbasso": converrà che non esiste nesso tra ciò di cui stiamo parlando – la sua insoddisfazione – e quelle parole. Il sommo Stravinskij diceva che "per sua natura la musica non può spiegare niente: né delle emozioni, né dei punti di vista, né dei sentimenti, né dei fenomeni di natura. Essa non spiega che se stessa". Quindi, mio giovane amico, le consiglio di lasciarsi andare a questa occasione e permettere alla musica di fare tutto il lavoro, senza però chiederle ragione di alcunché. Lei è un malato di autocontrollo e non ci vuole molto a capirlo. Si esamina e si giudica male spesso, anche troppo. Lasci stare, nessun tribunale supremo delibererà sui suoi risultati, prenda le cose con più calma e metta qualità in tutto quello che canta e che suona. Basterà a farla star meglio. Come faccio a saperlo? Ho vissuto» dice, e per un attimo china la testa per contemplare la punta delle sue espadrillas verdi.

«Crede che io sia nato già vecchio e appagato? No, vengo da un posto dimenticato da Dio e dagli uomini e ho fatto del mio meglio per abbandonarlo al più presto. Sognavo di diventare qualcuno, ho trascorso tutta la mia adolescenza a studiare come un matto pur di distinguermi dagli altri, volevo primeggiare ed essere grande tra i grandi. Sa cosa desideravo, cosa pensavo fosse possibile per uno come me? Volevo scrivere sette sinfonie, sette capolavori che avrebbero portato il mio nome: *le Sette Sinfonie di Quaglia. La Prima di Quaglia, la Seconda*, il crescendo memorabile ed entusiasmante della *Settima*. Lei pensa che abbia smesso di sognare le mie sinfonie?» chiede, ma riprende prima che io riesca a rispondere. «Mai. Nemmeno quando ho iniziato con le balere, nelle cantine, ovunque mi pagassero due lire miserabili e mi lasciassero il tempo per suonare e comporre. Mi sono esibito con la cantante più grassa della Val d'Aosta, con l'unico violinista monco, con il batterista più stanco del mondo. Mi hanno cercato e corteggiato le bettole peggiori e io ci sono andato, era la Musica a chiamarmi. Mi è servito, creda. Ho imparato a suonare da ognuno di loro, ho combattuto i limiti della mia immaginazione e imitato le loro soluzioni, tutti mi hanno aiutato ad arrivare alla fine della strada. Quando mi sono fermato, ho avuto solo bisogno di riordinare gli appunti e metterli sul pentagramma. Forse non arriverò alla *Settima*, ma tutta quella vita, tutta l'aria pigiata nelle pieghe del mio semitoun è già di per sé una sinfonia. Non so perché le dico tutto ciò, di solito sono una persona riservata, ma lo prenda come un invito. Non si faccia deprimere dal percorso, lo usi. E non rinunci al suo *adagio*.»

Ci vuole del tempo per assorbire l'inattesa lezione di vita. Quest'uomo non mi conosce e io non conosco lui, non c'è tra noi la confidenza del nonno con il nipote né altro grado di parentela che giustifichi tanta schiettezza, ma forse il vantaggio sta proprio nella reciproca estraneità, come se lui avesse tenuto in tasca molto a lungo la lista dei buoni consigli e io fossi capitato al momento giusto. Quella stessa tasca in cui il Maestro infila una mano e si rovista a dovere il pacco, per poi lasciarmi in compagnia del fonico che si occuperà della mia voce.

Seguo le indicazioni e canto al meglio delle mie possibilità, tanto ispirato che al di là del vetro colgo lo sguardo divertito del fonico e lo vedo annuire convinto nei passaggi più difficili tra chorus e strofa. In meno di due ore la pratica è assolta, il Maestro mi farà avere il master e qualche copia per il giorno dopo, con un pony express ovviamente a mie spese.

Consegno *brevi manu* un assegno da un milione e duecentocinquantamila lire e mi congedo felice della spesa.

A casa mi attende una segreteria telefonica piena di novità. Mia madre annuncia l'intenzione di venire a farmi visita a Milano il 18 febbraio, proprio la sera del concerto.

"Ho voglia di vederti e poi sono un po' stufa di Amos e Juri, che sono tanto cari ma un po' noiosi."

Bello ha lasciato un messaggio veloce ma intenso, dice che deve parlarmi e che non ha tempo di farlo durante la giornata, ma stasera c'è un bel dj set al Plastic e possiamo approfittare dell'occasione.

"Tu ci vieni con me, *claro*?"

27

«Mi spiace ma non sei in lista, ti chiedo per cortesia di uscire dalla fila e metterti a lato» dice gentile ma fermo il pr.

La scelta del locale ci qualifica molto più di quanto immaginiamo. Non è questione di gusto estetico né di particolare inclinazione per un genere musicale, piuttosto è il suo esatto opposto. La differenza la fa lo scopo, che condiziona la selezione e ci porta in una discoteca e non nell'altra. Ci sono due principali categorie di avventori dei locali notturni: quelli che vogliono ballare e quelli che vogliono molestare chi balla. Entrambe racchiudono miriadi di sottogruppi, basti pensare che quelli che vogliono molestare chi balla possono desiderarlo per motivi in apparenza antitetici come amore e odio. Possono infatti voler molestare delle ragazze che ballano per offrire loro il fine ultimo della creazione, oppure possono farlo per suscitare la reazione rabbiosa e scomposta degli accompagnatori e quindi finalmente picchiarsi. Quelli che vogliono ballare sono molto meno impegnativi e più facili da catalogare e soddisfare, a meno che il dj non sia un cane o il pusher non abbia messo in tasca il sacchetto sbagliato. Sono tutte cose che ho imparato al bancone di ogni locale in cui sono riuscito a entrare, appollaiato con il bicchiere in mano a osservare quelli che ballavano e quelli che avevano voglia di fare altro. Le discoteche vivono di zone stratificate con lo stesso rigore della società indiana. Ci sono quelli che stanno al bancone o in mezzo alla pista in attesa di qualcosa che possa cambiare il loro destino, o anche solo di uno sguardo che dia un senso alla serata, e ci sono quegli altri che si sistemano nel privé e non sanno bene come utilizzare il privilegio, tanto che finiscono per tornare in mezzo alla pista. Poi ci sono gli unici davvero a proprio agio, quelli premiati dalla selezione naturale. Li riconosci perché si muovono in gruppi poco numerosi e impermeabili a qualsiasi tipo di approccio, hanno donne belle e non solo appariscenti, e si intuisce dalle dinamiche semplici delle loro relazioni che quelle ragazze resteranno con loro per tutto il resto della vita. Gente che conosce tutti i pr, ha consuetudine con i buttafuori e non si mette in coda. I ragazzi indossano camicie che esaltano le spalle larghe e perfette e ballano negli angoli del locale, le ragazze occupano sempre gli stessi tavoli e mai si avventurano sul cubo, escono tutti insieme prima della chiusura e non li incroci durante la settimana perché, con ogni probabilità, vivono in un Olimpo cittadino inaccessibile. Tanto inaccessibile quanto questo locale in cui Bello mi ha dato appuntamento. Mentre la fila all'ingresso diminuisce e quasi tutti entrano dopo una o più verifiche incrociate della lista, comincio a dubitare della mia memoria. Potrei essere nel posto sbagliato? Potrei, ma so che non è così. Scaccio in fretta la tentazione di scaricare la responsabilità dell'esclusione su un equivoco. Non esistono equivoci, ci sono solo errori e scelte intempestive e io sono un professionista del settore. Tra i pochi esclusi, ce n'è solo uno che accetta la punizione con apparente serenità, forse perché sa bene che entrare in quelle condizioni sarebbe impossibile. Riconosco in lui i tratti del cascatore professionista, ma nel suo caso sono conseguenze temporanee di una sbronza, perché barcolla da un lato all'altro del largo marciapiedi e biascica cose incomprensibili a persone invisibili. Dopo qualche metro in equilibrio precario, raggiunge una motoretta e si piega verso la catena antifurto, si accascia e picchia la testa contro il parafango della ruota anteriore. Quindi vomita sulla catena, e resta lì inebetito e quasi offeso con l'antifurto, il suo stomaco e il marciapiedi. Solo quando faccio per muovermi verso di lui e chiedergli se ha bisogno di una mano, quello si rianima, puntella la risalita con le braccia e quando è in piedi ride e respira a fondo. Poi lo rifà. Stesso identico balletto con il medesimo risultato, tanto che al terzo giro lo raggiungo e lo aiuto ad aprire il lucchetto facendo attenzione a non sporcarmi, poi seguo i suoi cenni e sollevo il sedile sotto cui è riposto il casco. Lui mi ringrazia come può, mugugna ancora qualcosa e si siede sul motorino. Neanche il gesto di portare le chiavi al blocchetto dell'accensione e si sporge in avanti, posa la testa sul manubrio e inizia a russare. Lo tocco un paio di volte sulla spalla per verificare la tenuta del suo giaciglio e solo quando vedo che non corre alcun pericolo lo lascio riposare.

Senza più concorrenti, torno alla carica e provo a parlare di nuovo con l'inflessibile pr di prima, il quale si secca e fa cenno al buttafuori di occuparsi di me. Non conosco i pr, non conosco i buttafuori e per mia somma sfortuna non riesco nemmeno a impietosirli. Così giro i tacchi e m'incammino verso la mia macchina. Sto attraversando la strada, quando un'auto mi punta dritta addosso e frena a pochi centimetri dalle mie ginocchia.

«*Donde te vas*, Antonio?»

Bello esce dal finestrino con tutto il busto e il suo strillo riesce a malapena a coprire il frastuono che viene da dentro l'abitacolo. Non vedo quanti sono i passeggeri perché per spaventarmi meglio il guidatore ha acceso gli abbaglianti, ma, a giudicare dal peso che abbassa la macchina, potrebbero essere almeno cinque.

Accostano alle auto in doppia fila e smontano, incuranti della terza che hanno appena creato. Sono proprio cinque e sembrano tutti cloni di Bello, solo un po' più alti, un po' più bassi o un po' più magri. Una specie di festa dei sosia, come quelle che si fanno a Las Vegas per Elvis.

«Che cazzo ci fai in maglietta con questo freddo?» mi chiede Bello, senza nemmeno provare a presentarmi i suoi amici.

«Ho lasciato la giacca in macchina.»

«Come a quindici anni? *Madre,* non hai i soldi per pagare il guardaroba?»

«Non ci avevo pensato, sai che non vado molto spesso a ballare...»

«No, è vero, *porque* il guardaroba c'è solo in discoteca. Ai tuoi concerti di musica classica dove lo lasci il cappotto? Lo metti al violinista?»

«Senti, ti aspetto da più di un'ora e non mi hanno fatto entrare, stavo andando via.»

«*Quién* non ti ha fatto entrare? Vieni con me.»

Bello si avvicina alle transenne e le sposta senza che nessuno protesti. Stringe la mano al buttafuori e abbraccia il pr, a cui fa cenno che siamo tutti con lui. In pochi secondi siamo dentro e i fumi caldi del locale ci avvolgono e mi restituiscono alla vita.

Basta un attimo e perdo Bello, lanciato a velocità supersonica in uno stretto budello dove devo fare molta attenzione per non inciampare in cose e persone. Il posto è il Frankenstein della somma di più immobili commerciali. Due o tre negozi affacciati sulla grande via di scorrimento le cui vetrate sono state oscurate e le pareti abbattute e rimosse. Dove un tempo c'erano i magazzini e i depositi merci, ora ci sono più salette utilizzate come bar, bagni o piste da ballo. Una di quelle salette ha vissuto la gloria degli anni Ottanta ed è stata meta di artisti europei e americani in cerca di emozioni forti, trasgressione vera al riparo da sguardi indiscreti. Dell'epoca d'oro restano le vestigia, l'arredamento kitsch, le luci rosa e alcuni protagonisti ormai appesantiti dall'età e consumati dalla professione. C'è questo gigantesco travestito con parrucca bionda che da una ventina d'anni balla sul bancone, e non si capisce più tanto bene come il bancone faccia a reggerlo. Passeggia, salta e ammicca come una superfemmina. Ondeggia su pericolosi tacchi quindici, e non appena nota qualcuno che si avvicina alle porte dei bagni si getta giù dalla sua pedana e corre a partecipare a qualunque cosa accada lì dentro. Dicono sia uno stimato architetto, ma suona un po' come la storia che tutte le starlette ed escort russe in realtà sono degli ingegneri navali, e che ogni ambulante africano è laureato in Medicina al Cairo. Nel mezzo del budello ci sono ragazzine con la faccia da liceo che si atteggiano a maîtresse vissute e ragazzi in estasi che toccano quel che possono e si propongono di continuo. Credo che la sala non potrebbe superare nessun controllo di sicurezza da tanta gente è stipata all'interno, più che ballare si lotta per restare in piedi saldati l'un l'altro e si cantano le trite canzoncine revival anni Ottanta. Da Andy Warhol a *A far l'amore comincia tu* come fosse la cosa più naturale del mondo, la decadenza della decadenza. Mi ancoro al bancone per non franare in terra e faccio del mio meglio per evitare i tacchi acuminati del ballerino, che forse ha licenza di travolgere i drink appena preparati e quelli non ancora bevuti. A due metri da me c'è una ragazza che attende di essere servita e si guarda intorno, per un istante incrociamo lo sguardo e da quel momento si procede con la difficile danza dell'indifferenza: fingere di non guardarsi senza tuttavia perdersi di vista per nemmeno un secondo. Non capisco se è sola, ma non ha molta importanza perché a breve ritornerà a ignorarmi e si tufferà nel prosieguo della sua serata senza pensieri né rimpianti. Ma con mio grande stupore il gioco continua anche dopo che afferra il suo bicchiere e ributta la palla nel mio campo. Sta a me decidere se avvicinarla e provare a intavolare una conversazione ostacolata dalla musica e dalle pedate dell'energumeno in parrucca, oppure fare finta di nulla e ritirarmi mestamente, in attesa che Bello o almeno uno dei suoi Bello's Five si affacci. Di ballare proprio non se ne parla, forse sarebbe la cosa più semplice ma non sono attrezzato per quest'eventualità e finirei per rovinare tutto. Certo, potrei sempre caderle addosso, chiudere gli occhi e vedere se arriva prima il bacio o lo spaventoso ceffone della donna ferita, ma preferisco restare dove sono e continuare a guardarla. "Ci sono attimi lunghi un'eternità e altri che per l'eternità ricorderai", è la definizione di colpo di fulmine riportata da tutti i romanzi rosa da edicola. Ce ne sono altri che durano davvero una vita e in genere creano pericolosi vortici. La ragazza ha un viso perfetto e tondo, porta due lunghe trecce e ha gli occhi azzurri ma la canzone finisce qui, perché non c'è innocenza sulle sue gote e non ha calzette rosse. Ha i tratti dolci e gli zigomi alti di una lappone, se solo avessi ancora la sfrontatezza dei miei giorni felici potrei dire anche a lei che somiglia a un cane, forse non un cane lupo ma un husky, e spiegarle con calma e pazienza che si tratta di un vero complimento.

Passano dieci minuti in cui lei attende che sia io a muovermi, o almeno è quello che penso e che un osservatore neutrale registrerebbe. Ma io non mi sposto di un millimetro e continuo ad aspirare ghiaccio sciolto dalla cannuccia rosa, sempre più in difficoltà e sempre meno capace di uscire dall'angolo in cui mi sono infilato. Alla fine la ragazza con le trecce alza le spalle e mi saluta con un sorriso, si gira e torna a ballare con il suo gruppo di amici. Ordino un altro drink come farebbe un detective stanco in qualsiasi hard boiled che si rispetti, ma il barista non mi conosce e questo non è il mio bar preferito, quindi per la seconda volta su due mi allungano un bicchiere pieno di vodka e di un beverone energetico che ha la consistenza e l'odore delle caramelle gommose, uno sciroppo che mi terrà sveglio per i prossimi cent'anni. Ho perso di vista la ragazza con le trecce e non trovo Bello, sono assediato da gente che si dimena e minacciato dai polpacci di un uomo che anche come donna mi sovrasta di almeno dieci centimetri e con cui non è raccomandabile litigare, mancano tre giorni a Sanremo e non siamo pronti, e non bastasse tutto ciò temo che un ragazzino abbastanza innocente e inconsapevole sia finito nelle mani di una setta di guardoni. Mi faccio coraggio e affronto la traversata della sala, galleggio tra gomiti puntati contro le mie costole e sigarette che mi sfiorano di continuo capelli e viso. A metà del guado c'è un invasato che saltella sul posto e si agita come se fosse il momento più bello e indimenticabile della sua esistenza, cosa anche possibile se si relativizza il tutto. Il tizio peserà un centinaio di chili e sa bene di infliggere un grave danno a quelli intorno, ma la gioia dev'essere troppo grande per rinunciare a esprimerla come una danza selvaggia. Salta e finisce almeno due volte sul mio piede destro, ma non se ne accorge. Alla terza cerco di comportarmi dignitosamente, ma alla lunga non riesco a trattenere l'urlo di dolore più potente della mia vita, convinto che tanto la musica lo copra. Ne esce una nota alta e modulata che si inserisce nell'unica pausa della canzone, nel silenzio. Un grido straziante che le persone attorno prendono come un incitamento e ripetono, stessa tonalità e identica cadenza. Il dj alza le puntine e grida anche lui, tutti insieme urlano come avessero un alluce ferito. Per non deluderli lo faccio ancora e il feritore mi abbraccia e mi scuote come un ossesso, grato perché ho reso ancora più bello il suo momento di felicità. Per qualche secondo sono il cuore della festa, l'animatore della serata. Poi mi divincolo e fuggo sotto un diluvio di pacche sulle spalle, colgo anche lo sguardo orgoglioso della ragazza con le trecce, convinta di averci visto bene. Rovescio in terra ciò che resta del drink, chiedo di essere marchiato per poter rientrare ed esco a prendere un po' d'aria.

Il grande escluso dorme ancora sulla sua motoretta, lo raggiungo per controllare che stia bene e poi mi siedo sul gradino del portone lì accanto. Il freddo mi sveglia e congela il sudore, la maglietta si stacca dalla pelle e le gambe sono percorse dai primi brividi. A pochi passi un'edicola riceve i primi pacchi di quotidiani, attendo che finiscano di scaricare e poi pago la mia copia, che leggo appoggiato al muro vicino all'unico amico di questa sera. Ormai considero Bello e le sue importanti rivelazioni un problema da affrontare domani o più avanti.

Che cosa intendiamo quando parliamo di Bicamerale? C'è da risolvere un equivoco di fondo, perché quella che noi chiamiamo informalmente "Bicamerale" in realtà è una commissione parlamentare per le riforme istituzionali pensata e progettata per lo studio e la riforma della Carta Costituzionale. Non è il primo tentativo in tal senso, in passato ci hanno già provato Bozzi prima e De Mita-Iotti poi. Il 24 gennaio scorso è stata promulgata la legge costituzionale che ha istituito questa commissione e ne ha stabilito il funzionamento e le cariche. La Bicamerale è composta da trentacinque senatori e trentacinque deputati, da pochi giorni Massimo D'Alema è il presidente eletto con cinquantadue voti su settanta grazie a un grande lavoro da tessitore diplomatico e a quello che tutti considerano il gesto di responsabilità dell'opposizione, pronta a sedersi a un tavolo e a concertare i cambiamenti necessari a una Carta un po' lisa dal tempo e inadeguata in alcune parti. I commentatori sostengono possa essere un miracoloso salvagente lanciato a Berlusconi nel momento più duro e cupo, quando le sue aziende annaspano tra debiti e inchieste e la raccogliticcia avventura politica pare giunta al termine, che poi è anche la posizione di Bello, pur se espressa in modo molto meno evoluto. La mia doppia nazionalità e la cultura europeista invece mi allontanano da veleni e sospetti. So per certo che D'Alema non è uno sprovveduto e che un grande Paese si costruisce con scelte radicali ma condivise, che l'arte del compromesso può moltiplicare le opportunità. Perché lo scopo, il vero traguardo di ogni nostra lunga marcia non può che essere quello, la spinta riformista che ci trasformerà di nuovo in un grande Paese, che ci libererà dal giogo dell'eterno debito e risolverà finalmente il dramma delle diverse velocità. Abbiamo bisogno di recuperare i sani principi della Resistenza e di spogliarli da qualsiasi abuso ideologico, di cancellare il concetto stesso di "vincitori" e "vinti" e creare un nuovo *Zeitgeist*, spirito del tempo. Tutto intorno proliferano gli opportunisti e la battaglia è ancora lunga, il camaleontismo e la forza di chi si ricicla all'infinito sono i veri poteri forti, ma tutto questo può e deve avere un termine. La passione politica non è facoltativa, vorrei svegliare il ragazzo ubriaco e spiegargli che non è mai troppo tardi e che non ci possiamo accontentare. Dobbiamo costruire il futuro perché nessuno lo farà per noi, nessuno si occuperà di consultarci. Ci hanno educati a lasciar correre e lasciar passare, a morire democristiani ché a non disturbare se ne cava sempre qualcosa di buono. La verità è che non ci hanno proprio educati. Che fosse lo "Spiegel" o "L'Espresso", ho collezionato centinaia di copertine sulla mia generazione perduta e sul grande baratro in cui l'assenza di valori ci ha precipitato. Ma chi li seleziona, i valori? Chi li trasforma in valori, e soprattutto chi giudica e classifica l'inadeguatezza di una generazione? Possibile che lo facciano gli stessi che l'hanno procreata, diseducata e annichilita? Questo mio amico dormiente avrà lavorato fino all'ora dell'aperitivo, praticante in uno dei mille studi dei grandi professionisti milanesi, forse figlio di uno di loro. Ha la somma fortuna di lavorare e avrà la granitica convinzione di non riuscire a farlo come quelli prima di lui, una certezza instillata da genitori dalla personalità debordante e lo yacht di proprietà. Non abbiate ambizioni, o almeno non abbiate le nostre stesse ambizioni, ché nulla è stato lasciato intentato e non c'è più spazio. L'unica grande opera di questo Paese è l'autostrada delle opportunità e delle aspirazioni, bloccata e congestionata come in un eterno Ferragosto in cui l'uscita delle generazioni precedenti è sempre deserta perché nessuno la imbocca. Una gerontocrazia che pensando solo a se stessa crea una generazione sfiduciata che non si impegna, che non si riproduce economicamente né demograficamente perché non vede un futuro. Riformare, cambiare, costruire. A questo serve la Bicamerale, ci vogliono regole nuove e mai era successo che a scriverle fossero tutti insieme, mai dopo la Costituente. Questo non è un momento di epocali cambiamenti, e se non li dobbiamo a quell'uomo arguto e coraggioso, a chi altri?

«Antonio, cosa devo fare con te?» Bello e la sua canottiera fumante se ne stanno in piedi qui davanti, braccia incrociate sul petto e gambe larghe. «Ti ho cercato ovunque, ti cerco da più di due ore e ti trovo qua fuori a leggere i giornali al freddo. Tu sei matto, *loco*.»

Gli spiego che ho perso lui e gli altri appena entrato nella discoteca e che li ho aspettati immobile in un punto in cui ero certo sarebbero passati.

«La sala rosa?» chiede.

«Sì, sono rimasto al bancone per tutto il tempo.»

«Quel posto è un bordello, la musica uno schifo. Non ci ho mai messo piede.»

Mi fa segno di seguirlo. Saluto il collega di esclusioni, che continua a dormire, ed entro di nuovo nel locale. Stavolta evitiamo corridoi e salette e Bello mi trascina nel centro di tutto, la sala principale in cui la musica è diversa e la gente balla proprio come se fosse lì per ballare. Mi dice all'orecchio che il dj è un olandese molto bravo e che questa potrebbe essere una delle ultime occasioni buone per sentirlo, perché ha un sacco di problemi con l'eroina. Il ragazzo alla consolle in effetti è magro e scavato, molto lontano dall'immagine della salute, ma costruisce un muro di suono impressionante. Gli amici di Bello ballano in cerchio senza guardarsi e senza muoversi dalla posizione acquisita, sembrano rapiti e felici. Lui stesso è di ottimo umore e ha le pupille spaventosamente dilatate.

Ballo anche io, un passo dopo l'altro marcio da fermo come un bravo soldatino. Sono ubriaco e non mi preoccupo di cadute e conseguenze, mi abbandono al ritmo cadenzato e ossessivo, dimentico le ombre di queste settimane e il mio posto nel mondo. Ogni colpo di cassa rimbomba fuori e dentro fino allo stomaco, e di tanto in tanto uno degli amici di Bello si allontana dal cerchio e torna con sei bicchierini di tequila, tre per mano, che buttiamo giù dopo aver alzato il piccolo calice e brindato in silenzio. Andiamo avanti per un tempo indeterminato, potrebbero essere ore o giorni interi, e sento la tensione defluire dal mio corpo come fosse elettricità scaricata a terra. Lasciarsi andare, una sensazione quasi inedita, l'informazione che il mio sistema nervoso non riceve da troppo tempo. Non mi interessa come ballo, non ho percezione dello stile e degli eventuali errori, non mi importa se ricordo un orso danzante o un ottantenne alle prese con il suo primo disco house. Ballo. Dopo qualche giro di tequila, Bello mi passa un bicchiere pieno per metà di liquido trasparente, penso sia un superalcolico diverso e declino l'offerta, consapevole che mischiare troppi drink potrebbe conciarmi come il ragazzo della motoretta e non è così che voglio terminare la mia serata. Lasciarsi andare ha un sapore completamente diverso dal concetto di ridursi come un cane. Lui scuote la testa e mi rimette il bicchiere in mano, "è acqua" leggo dal suo labiale, poi mi strizza l'occhio come se dovessi aver capito qualcosa. Butto giù una lunga sorsata e sento che l'acqua ha uno strano gusto amarognolo, ma la causa potrebbe essere il bicchiere appena lavato o anche la patina acidula delle troppe tequile sulla mia lingua. Non è così. Passa poco tempo e mi accorgo che quell'acqua era solo il vettore di qualcos'altro, qualcosa di molto forte. Un'improvvisa euforia mi accende i muscoli e mi presenta parti del corpo che non avevo mai frequentato né pensato di avere. Mi hanno drogato, anzi, a dire la verità *mi sono* drogato e non posso che accettare serenamente quello che verrà, perché la scelta di non indagare sull'occhio strizzato di Bello è stata solo mia. Poi sono di fronte alla ragazza con le trecce, che sorride e mi prende per mano. Balliamo insieme, e forse io la bacio o forse lei bacia me, ma siamo tutti e due felici di ciò che ci sta succedendo. Bello e i suoi amici fanno cerchio intorno a noi e io e la ragazza con le trecce ci stringiamo forte e non abbiamo paura di nulla. Forse lei mi dice come si chiama o forse glielo chiedo io, ma comunque non capisco e non chiedo oltre. E poi succede che lei mi chiede di seguirla, però, quando muovo il primo passo, Bello mi prende per il braccio e mi ricorda che deve parlarmi, e allora io guardo la ragazza con le trecce e non riesco a fare altro che non sia scuotere la testa, e lei capisce che non posso fare altro e allora mi saluta sorridendo, come se non fosse poi così grave, come fossimo solo all'inizio di qualcosa che né io né lei possiamo immaginare o anticipare. La vedo andare via e come un automa mi giro verso Bello per capire se si è reso conto della gravità del gesto, della privazione a cui mi sottopongo pur di ascoltarlo, ma lui ha pupille sempre più grandi e suda secchiate d'acqua, ha un ghigno sgangherato e mostruoso. Mi afferra per la spalla e da pochi centimetri mi dice che lui è fuori, che non se ne fa più niente.

«Mollo tutto, Antonio, io e le ragazze ce ne andiamo. Ho messo via abbastanza soldi per comprare tre voli di sola andata per Las Vegas. Ci sposiamo in tre e poi vediamo cosa succede, troverò da ballare in uno strip club o qualcosa del genere, ma con questa città e tutte le vecchie troie isteriche da pettinare io ho chiuso» dice rabbioso.

Ho bevuto tutto l'alcol del locale e anche il bicchiere di acqua corretta, ma noto che non parla più spagnolo. Nel momento della verità questa è la sua lingua.

«Ma la band, Sanremo, la nostra occasione?»

«Stronzate, lo sai tu come lo so io. Tutto divertente finché è durato ma quel tizio, il tuo amico, non ci porta da nessuna parte. Non voglio più perdere tempo con lui e non voglio che giri intorno alle ragazze. Tra due giorni si decolla e via!»

«Mancano solo pochi giorni, te lo chiedo per favore. Te lo chiedo io...»

«E tu chi sei, Antonio? Chi sono io per te? Sei uno simpatico che conosco da un mese, e per questo ti ho voluto parlare. Io non devo spiegarti nulla, do retta solo a mio padre e per lui va bene così. Ascoltami tu, per un secondo. Lascia perdere quel concerto, l'esibizione e tutte le scemenze che ci siamo immaginati e con cui ci siamo divertiti. Sei una persona seria, non dovresti buttarti via così.»

Poi Bello torna a ballare e io esco inebetito dal locale con una certezza: per evitare che io mi butti via da solo, tutti preferiscono buttarmi via.

Il ragazzo della motoretta si è appena svegliato e saltella sul posto per riscaldarsi, quasi congelato dalle ore di sonno profondo all'aperto. Mi vede e chissà come la sua scatola nera gli ricorda che devo aver fatto qualcosa di buono per lui. Mi chiede se ho bisogno di un passaggio.

«No grazie» rispondo.

Mi saluta e se ne va, sorridente e in qualche modo allegro, felice della serata che si è appena perso.

28

Aprire gli occhi è un azzardo, le tempie battono in testa come pistoni di un vecchio trattore in inverno, lo stomaco gorgoglia e borbotta il suo disappunto. La cosa peggiore è che tutto ciò accade a qualche metro di distanza dal letto, mai raggiunto. La porta di casa è socchiusa e dallo spiraglio entra un refolo gelido che per ore ha lavorato sulla schiena trasformandola in un consistente blocco di ghiaccio. Salgono i rumori della città, le voci dei fattorini e le frenate dei loro furgoni, i colpi di clacson e le risate grasse dei muratori sul ponteggio della casa di fronte. In nessun modo potrei sentirmi indispensabile, tutto procede al meglio anche senza di me. Combatto la tentazione di arrancare fino al materasso e proseguire il sonno, e guadagno una posizione semieretta o almeno seduta. Sono le dieci e mezzo di mattina, dovrei essere a provare da almeno un'ora ma il telefono non ha mai squillato e suppongo di sapere il perché. La boy band che per qualche giorno si chiamò Epica è tecnicamente sparita, cancellata dalle defezioni improvvise di due dei suoi membri e dalla passione del manager per la pornografia amatoriale dell'Est europeo. Resto solo io, che non ho le stimmate del predestinato e non posso mettere in scena lo spettacolo di una boy band di un uomo solo, ma allo stesso tempo non ho alcuna intenzione di desistere. A pochi centimetri da dove ho posato la faccia per buona parte della dormita, proprio vicino a dove restano i segni umidi del mio respiro, c'è un pezzo di carta. Dopo un primo esame risulta essere il biglietto delle consumazioni della discoteca, o almeno parte di esso. Sul retro ci sono un numero di telefono e una frase sottolineata due volte che recita: "Grazie di essere caduto con me". La calligrafia graziosa è l'unico indizio che riporta alla ragazza con le trecce, ma non ci sono nomi né cognomi. Mettersi in piedi è traumatico, devo appoggiarmi alla parete perché dalla schiena arriva una scossa elettrica che rimette in moto in un colpo solo tutti i dolori. So di avere un'autonomia molto limitata e riduco le attività al minimo, ma ho comunque bisogno di un passaggio in farmacia. Riacquisto lucidità e ripercorro con calma tutti gli elementi della vicenda, in cerca di note positive. Bello parte per Las Vegas ed è irremovibile, non ci sarà e con lui nemmeno Moni, che per qualche ora avevo sperato di poter vestire da maschietto per sostituire Federico. JR è sparito e non sembra affatto preoccupato, anche se dubito che abbia già saputo di Bello. In questo nodo di rinunce, ripicche e responsabilità non condivise ci sono solo due certezze. La prima è che io andrò a Sanremo a cantare quella canzone, la seconda è che il Maestro ha fatto un lavoro meraviglioso e grazie a lui l'intero scenario potrebbe cambiare e volgere a mio favore, perché la differenza tra una boy band raccogliticcia che canta e balla male e un solista che presenta una cover perfetta e originale non è cosa da poco. La dottoressa Limone rimarrebbe molto impressionata dalla mia nuova determinazione e ne capirei anche il motivo. Continuo a cadere ma ora lo faccio con stile, ho sostituito alla risata una grinta feroce e la consapevolezza dell'errore. Dopo qualche minuto di attesa affronto la vestizione, che in questo caso consiste nella lenta posa di una maglietta sopra un'altra maglietta, il tutto sotto un pesante maglione di lana grezza. Metto anche i pantaloni della tuta da spogliarellista e degli scarponcini invernali, mi lavo la faccia con la voglia e l'accuratezza che ci metterebbe un adolescente, poi imbocco le scale e gradino dopo gradino le scendo tutte senza inciampare e senza incrociare Yao.

La farmacia è a due isolati di distanza, anche se in questa città non esiste un'unità di misura del genere. L'isolato rappresenta comunque un insieme, la collezione di molti elementi umani che condividono spazi, tempi, vocazioni. A Milano, se si volesse ricorrere a una misurazione per indici di socializzazione, si dovrebbe procedere forse per pianerottoli, quando non per zerbini. La farmacia resta lo stesso a due isolati, più o meno trecento tappetini d'ingresso dal portone del mio palazzo. Non percepisco la variazione termica nonostante la giornata sembri molto fredda. Potrebbe essere colpa dell'intorpidimento o di un principio d'influenza, un motivo in più per ciondolare fino alla croce verde lampeggiante e farmi rifilare tutti gli integratori di cui non ho bisogno.

Nei primi trent'anni della mia vita ho assistito ad almeno trecento concerti, esclusi la classica e l'opera. A fare una media ponderata non sono nemmeno molti, più o meno uno ogni due settimane negli ultimi dodici anni. Ho comprato a caro prezzo gli ultimi biglietti disponibili per le tournée europee dei Guns N' Roses, ho visto i Faith No More suonare in un locale poco più grande di una cabina telefonica e ho sfondato dall'esterno le porte di sicurezza di un vecchio cinema pur di non pagare l'ingresso all'unica data italiana dei Rancid. Ho combattuto la timidezza e mi sono lanciato dal palco di Henry Rollins poco prima che mi prendesse a calci e sono stato colpito in piena fronte dall'anfibio Dr. Martens rinforzato di un enorme skinhead al primo concerto italiano dei Red Hot Chili Peppers, quando ancora non era chiaro di cosa si occupassero e quale fosse il loro pubblico. Ho ballato, cantato, sudato e cercato di restare in piedi, e mi sono innamorato nel tempo di un assolo di tutte le ballate hard rock del mondo. Ma non è andata sempre bene, ho visto suonare dal vivo gruppi impresentabili, musicisti incapaci e cantanti mediocri, e so che non c'è nulla di peggio di un talento presunto alle prese con la rivelazione finale della propria inadeguatezza. Per chi sta sotto al palco è pura ipnosi, lo spettacolo di un gigantesco tamponamento osservato dalla finestra di casa senza nemmeno un telecomando per cambiare la scena. I frontman bolsi o semplicemente stonati, le facce spente dei bassisti distrutti da un virtuosismo che nessuno coglie, la solitudine del batterista in penombra... un concerto può trasformarsi nella più crudele delle umiliazioni pubbliche, devo fare tesoro delle mie esperienze di osservatore pagante di tutte quelle capitolazioni live. Anche se frequento locali in cui vengo drogato dagli amici, resto pur sempre un tipo coscienzioso. Nella decisione di andare avanti e di partecipare alla sagra di paese che si svolge in contemporanea all'evento più seguito d'Italia, non può mancare l'esame degli scenari meno favorevoli. Potrei cadere, per esempio. Nulla di nuovo, sono pronto al peggio e preparato a superare di slancio l'imbarazzo del pubblico e lo sconcerto degli organizzatori. Potrei stonare, ma si tratta di un'eventualità molto remota, la linea vocale scelta insieme al Maestro mi mette al sicuro da quel genere di rischio. Potrei risultare antipatico o sgradito al pubblico, esibirmi dopo qualcuno di veramente bravo e subire il reflusso delle emozioni, essere preso per un cantante di rock demenziale e suscitare l'ilarità compiaciuta delle prime file; oppure potrei essere visto come una maschera tragica e impietosirle. Potrei anche incuriosire qualcuno capitato lì per caso. L'unica ipotesi che non considero è quella del silenzio e dell'indifferenza, non sono pronto ad affrontare il vuoto ancor prima di avere conosciuto la bellezza. Sono disponibile, anzi, sono pronto a prostituirmi e a farlo per poche lire, ma che serva a qualcosa, che possa in qualche modo nutrire la mia autostima. La storia della musica è piena di compromessi al ribasso trasformati in trionfi commerciali, di emarginati che fuggono all'indietro dall'avant-garde e diventano mostri da classifica: John Paul Larkin, per esempio. Prendi un bambino californiano affetto da una spaventosa forma di balbuzie che lo costringe a un'infanzia di traumi e vessazioni. Quel bambino gracile si rifugia nella musica, a quattordici anni si appassiona allo scat e poco più che maggiorenne diventa uno dei migliori pianisti jazz della scena losangelina, si esibisce nei club più prestigiosi e pubblica un album che vende così poco che tutte le copie stipate in garage lo costringono a lasciare la macchina all'aperto. Il tizio comincia a bere e drogarsi forte, e quando un suo amico ci lascia le penne lui acchiappa un aereo e si mette a fare pianobar a Berlino. Una storia come mille altre, la dannazione dell'artista jazz che si riduce ad attrazione da lounge bar. Ma ecco la sorpresa, l'intervento glorioso del Fato nei panni di un manager creativo, che propone a Larkin di sputtanarsi e utilizzare le sue doti per incidere un singolo a metà tra la dance e lo scat. Una porcheria oscena, ma finalmente una vendetta sulla balbuzie, di cui Larkin canta nel testo, esorcizzando così le sue paure. John Larkin si trasforma in Scatman John grazie a ingredienti semplici, un manager acuto e una formazione musicale completa. Da *On the Sunny Side of the Street* cantata a tre ubriachi distratti a *Ski-Ba-Bop-Ba-Dop-Bop* e otto milioni di copie vendute. JR non è acuto ma potrebbe pur sempre aver avuto l'intuizione giusta, trasportare un pianista barocco con la passione per il bel canto in un ambiente solo apparentemente ostile, quello del pop.

A metà strada incontro Yao che torna verso casa, elegante come l'avevo lasciato in piazza una settimana fa, senza nemmeno il cappellino da baseball a rovinare la sua ricercata divisa da portiere di pensione a una stella. Porta sottobraccio una copia del "Giornale" e mi saluta con grande compostezza, senza sorrisi né provocazioni. La sua trasformazione in giovane conservatore mi diverte molto, prima o poi dovrò provare a scambiarci quattro chiacchiere sulle motivazioni di questa scelta, ma prima è meglio lasciare che sedimenti e si arricchisca di sfumature diverse dalla guerra tra poveri, la solita storia del cinese che insulta il nordafricano perché ruba il lavoro agli italiani e ai cinesi.

Il semaforo rosso scatta mentre sto per posare il piede destro sulle strisce, e per non finire in mezzo alla strada mi aggrappo al gelido palo giallo, prima testimonianza concreta di una giornata davvero fredda. Vicino a me c'è una signora con due cani che, nonostante vivano insieme da sempre, o così almeno voglio pensare, passano tutto il tempo dell'attesa a girare in tondo annusando l'uno il culo dell'altro. Non si fermano mai, come se fosse importante non perdere nemmeno per un secondo il contatto olfattivo, pena qualche misteriosa maledizione canina. Dopo poco la signora è legata dall'incrocio dei guinzagli, immobilizzata sul posto e rassegnata a perdere come minimo altri due semafori prima di venirne a capo. I cani sembrano incollati alle sue gambe e la guardano perplessi, agitati e mugolanti per la distanza dall'oggetto del desiderio.

Inutile illudermi, la balbuzie di Larkin non ha niente a che vedere con il mio precario equilibrio, non c'è possibilità che io possa trarre vantaggio dalle cadute. Non trovo la sintesi tra le forme espressive del canto e del crollo sul palco, forse perché in effetti non esiste.

Il reflusso gastrico aggiunge un prodotto alla lista di quelli che comprerò tra poco, e la farmacia è ormai a pochi metri quando le vedo. Attraversano la strada a passo di marcia, le gambe lunghe e scheletriche che ti verrebbe voglia di attaccarci un po' di carne, le facce struccate che denunciano un'età indefinita ma comunque definitivamente adolescente. Vengono dal residence di fronte, una costruzione paracadutata lì dalla metà degli anni Settanta, brutta di una bruttezza commovente e triste di una tristezza struggente, le sue piastrelle verdi posate sulla facciata e non sul pavimento dei bagni, le tapparelle marroni consumate da pioggia e inquinamento e sbiadite da troppi arrotolamenti, e un'insegna al neon che molti hotel a ore considererebbero sconveniente. "Stanze". La scritta arancione su fondo bianco dice solo "Stanze", per farci cosa non è specificato. Ogni settimana la piccola porta a vetri con finitura in finto bronzo si spalanca e inghiotte decine di queste ragazzine planate dal Grande Nord o dalle Repubbliche Baltiche, tutte con la loro mappa della città con la sede dell'agenzia cerchiata a pennarello rosso e la bottiglietta d'acqua naturale di ordinanza. Modelle, creature aliene verso le quali provo il disagio e l'imbarazzo di chi si trova di fronte a una grave menomazione, persone meno fortunate per via di una bellezza invalidante che impedisce qualsiasi contatto umano. Cammino rasente il muro per non inciampare davanti a loro e accelero il passo per batterle sul tempo. Tra i clienti abituali delle farmacie, c'è solo una categoria più pericolosa di quella delle ottuagenarie ipocondriache: le modelle. In qualità di ragazze molto giovani lontane da casa, sono in grado di tenere occupati i farmacisti per ore e ore, tra problemi di comunicazione: "Como see ditche spiral, spirali?", sintomi misteriosi: "Io non mangio di tre giorni e ha un po' di debole, lei ha perché?", e improvvisi rigurgiti di orgoglio: "So bene di cosa è questo, lei pensa che io è stupida solo perché fa di modella?".

Quando poi sono cinque, il rischio è la paralisi di qualsiasi attività e la chiusura al pubblico della farmacia di turno. Arrivo per primo alla porta ma l'eredità paterna mi spinge a una forma di galanteria suicida e, mentre tengo aperta la porta in ferro battuto e le faccio entrare una alla volta, capisco di aver perso almeno mezz'ora del mio tempo. Non so niente di loro, non so che musica ascoltino, ignoro cosa possano leggere, non conosco i nomi e i volti di chi le aspetta a casa e riesce a vederle tutte diverse, non so come si possa estrarre le loro anime dalla fossa comune in cui questa città le seppellisce e chiamarle per nome una a una, vederle sorridere senza la cartina della metropolitana in mano.

In un'intervista di un anno fa Larkin ha detto che sperava che i bambini che ascoltavano o ballavano le sue canzoni sentissero, anche solo per pochi minuti, che la vita non era poi così brutta. Non è nemmeno un cattivo desiderio, ma non può certo essere il desiderio di un bambino occidentale: un bimbo che ascolta le canzoni alla radio e le balla, magari mentre i genitori lo filmano con la loro videocamera nuova, non può per definizione essere uno che pensa a una vita brutta. Quel pargolo che saltella sfidando le leggi della gravità è felice, non appartiene alle categorie applicate da Larkin, quelle del fallimento, dell'angoscia e della paura dell'uomo adulto, ma se viviamo tutti nell'illusione estrema dell'utilità della nostra arte, dei talenti, allora ognuno si sceglie la missione per cui si sente più adeguato. Anche Larkin. Io potrei per esempio voler far sognare e innamorare queste cacciatrici di lubrificanti e lassativi, scrivere la canzone dei loro diciassette anni, dei tempi delle gambe lunghe e magre e dei driver abbronzati che le scarrozzano ovunque, del mondo ai loro piedi. Trasformare in note il culmine della loro inconsapevolezza, la meraviglia dell'illusione un minuto prima che tutto finisca e prendano atto della loro mortalità. Ma non sono capace di tanto e mi dovrò accontentare di avergli tenuta aperta la porta, di aspettare pazientemente il mio turno e di dimenticare almeno una delle mie medicine, forse la più importante. Perché la mia memoria selettiva ricorda tutto di un artista che non stimo e pochissimo degli strumenti utili alla sopravvivenza.

Città del Vaticano, aprile 1994

La prospettiva capovolta della stanza da bagno svela molti dettagli che l'uomo più vicino a Dio non aveva mai notato. I fregi del soffitto, gli stucchi e il rosone sono lì da prima ancora che lui nascesse, eppure, nel destino di chi è costretto a dialogare con l'Altissimo, c'è la dannazione di dover tenere la testa bassa e contare i passi da quando l'equilibrio si è fatto precario. Esplorerebbe volentieri a lungo gli angoli e poi anche le volte della vicina camera da letto, sempre senza muoversi da terra, ma il dolore lancinante, dovuto a quello schiocco secco come di legna appena tagliata, lo costringe a concentrarsi sulla respirazione e a cercare il fiato per chiedere aiuto. Una cosa che si era sempre chiesto prima di intraprendere il percorso della sua futura e certa santità era come imprecasse un Santo Padre. Pochi secondi prima aveva trovato la risposta, se l'era data da solo. Una reazione istintiva che nessuno avrebbe mai conosciuto, che sarebbe rimasta chiusa in quella stanza, nascosta dai vapori profumati della vasca. L'uomo si assolve senza indugio, anche perché la gravità del fatto è notevole. In tanti anni di sci non gli era mai capitata una cosa del genere, nessun trauma degno di tal nome. Scivolare sul pavimento in marmo rosa Portogallo, fare perno sul proprio tallone e subire l'effetto distorsivo fino all'inevitabile frattura, è stato sorprendente e doloroso come e più di quei colpi sparati dal turco con la faccia da contadino triste. Il campanello per chiamare le Guardie Svizzere è lontano quanto il traguardo di una maratona d'estate, l'unica speranza è che qualcuno decida di disturbarlo per comunicazioni di servizio inutili ma in questo caso salvifiche. L'uomo sa che non potrà più sciare, il dolore si irradia verso il bacino e poi di nuovo giù, a momenti pare un formicolio da cattiva circolazione e poco dopo lo diresti quasi un colpo d'ascia. Inutile cercare di alzarsi, già al primo tentativo lo sguardo si è offuscato e i muscoli hanno trasmesso il loro dispaccio pieno di stupore per quella gamba senza controllo. Anche se si trova nella posizione di chi non può cedere alla superstizione, il Papa straniero ripercorre in lungo e in largo le immagini di una giornata uguale a mille altre, senza spostamenti e tragitti interminabili, senza viaggi, aerei e incontri pubblici in cui sorridere, baciare bambini belli e bambini bruttissimi, e agitare la mano da dietro le pesanti paratie di plexiglas antiproiettile. In quel lungo pomeriggio di routine da futuro beato, nulla avrebbe lasciato presagire un finale tanto disastroso.

Il pavimento è freddo, e non c'è modo di raggiungere uno dei tappeti di spugna né di afferrare l'accappatoio con la tiara e le chiavi decussate ricamate sul petto, lo stemma del Vaticano come quello dei migliori alberghi. Pur avendola combattuta per una vita intera, il Papa realizza in quel momento la spaventosa casualità del tutto, e l'impotenza dell'uomo di fronte a un pavimento sdrucciolevole. Il possente sgominatore di ogni trama comunista, il motore della rivoluzione che ha distrutto un impero e un'ideologia messo al tappeto da una disattenzione, da un po' d'acqua fuggita dalla vasca piena. L'uomo è consapevole del cambiamento brusco che seguirà l'infortunio, della difficoltà della guarigione e della lunga convalescenza che lo attende, ma non è quella la sua più grande preoccupazione. Sul volto giovanile, graziato dai segni dell'età, negli occhi pieni di vita e ancora dolci e bellissimi passa per un attimo un'ombra, quella della paura di non poter più disporre di un corpo capace di vigore ed energia, di sopportare la fatica. L'uomo che ha fatto della sua vita una missione evangelica sente venir meno l'unico bene terreno che ha curato con costanza e attenzione, più palestra dello spirito che tempio. Il corpo mistico del Papa non sarà più lo stesso, ed è l'ombra cupa della fine un po' più prossima a tormentare ora l'uomo sdraiato in terra che guarda il soffitto. Ma non si tratta che di un attimo, l'umana reazione del santo che verrà. Dopo qualche minuto dal corridoio si alzano le prime voci preoccupate, pochi istanti e la porta si aprirà, arriveranno medici e infermieri e lo solleveranno da terra.

Seguiranno le cure, i bollettini dettati alla stampa e le conferenze per smentire ogni possibile complicazione e allontanare le voci inevitabili sulle possibili cause, sulle malattie neurologiche vere, presunte e supposte.

Karol Wojtyla ascolta in silenzio, sopporta cristianamente il dolore del femore rotto e della rinuncia alle sue discese da monti innevati e vicini alle nuvole.

29

Non ricordo con precisione il momento in cui mio padre cominciò a peggiorare, il che mi fa sospettare che il suo sia stato un decadimento progressivo dell'umore e della volontà di alloggiare nel mondo reale. Il fatto di non essermene accorto per tempo può dipendere da mille piccole sfumature ma soprattutto dalla monumentale costanza della sua routine, le giornate identiche l'una all'altra e i ritmi rallentati come i suoi gesti e i movimenti lievi e gentili. Sono certo che la china discendente non abbia nulla a che vedere con l'abbandono di mia madre. Anche se formalmente si lasciarono quando non avevo ancora vent'anni, si era allontanata già prima e ci aveva affidato alle nostre lunghe passeggiate, alla musica nella sala con le grandi vetrate e alle chiacchiere sbilenche sul senso di cose troppo lontane e contorte per la nostra comprensione.

Ma anche senza averne colto la fase montante, la depressione di mio padre mi travolse in pieno e mi lasciò senza armi né risorse, per la prima volta inabile a fare da guida per quel padre-figlio. Friedrich smise di vestire colori sgargianti, non comprò più dischi e lasciò gli scuri della sua stanza semichiusi per più di due mesi. Non usciva di casa e non voleva sapere cosa succedesse lì fuori, non rispondeva al telefono e rifiutava qualsiasi contatto con altri che non fossi io. Concesse il divorzio a mia madre senza scomporsi, le uniche e più plateali reazioni furono girare a faccia in giù la loro foto nuziale e svuotare tutti i suoi cassetti per mettere la biancheria e i vestiti in grandi sacchi di plastica, in attesa che lei passasse a ritirarli. Non la nominò mai, non parlò mai di lei con durezza o acrimonia, si limitò a spedirle una cartolina per il suo compleanno e so che ha mantenuto quell'usanza anche in seguito. Avere a che fare con lui era quasi una punizione, non rispondeva agli stimoli e rifiutava il concetto stesso di malattia: le poche volte che affrontava l'argomento si limitava a dire di essere molto stanco, una spossatezza peraltro singolare per un uomo che non aveva mai lavorato. Sembrava consumato come chi ha svolto per anni la più sfibrante delle professioni manuali, un operaio o un muratore, ma per me, che sapevo bene che quelle mani sottili e femminee non avevano fatto altro se non scegliere vestiti e dischi, la cosa si faceva sempre meno tollerabile. La difficoltà non era accettare le ragioni del male oscuro, ma comprendere come quello stesso male avesse potuto colpire un uomo apparentemente senza ombre, una persona monodimensionale che all'improvviso rifiutava il suo ruolo, il suo rassicurante posto nel mondo. Dividevo il mio tempo tra l'assistenza a quello strano malato e la Musikhochschule, ma spesso mi toccava sacrificare lo studio per essere presente nei momenti peggiori, nelle fasi acute. Dopo qualche mese la fatica si fece insostenibile, più che altro per l'assoluta mancanza di progressi e di collaborazione di mio padre. Per quanto leggessi e mi documentassi sulle possibili cause del suo ciclo negativo, non passavo giorno senza la sana tentazione di fuggire lontano e mettermi alle spalle quell'uomo buffo e inadeguato alla vita se non nelle sue forme più elementari. I pochi amici lo avevano abbandonato e lo evitavano come fosse il portatore di un virus pericoloso, sua madre era persa nella commemorazione a tempo pieno di Poldi e in fondo lei e papà non avevano mai avuto granché da dirsi. Così restavo io, sempre più stanco e sempre più nervoso, il badante di un ex fotomodello depresso rintanato nella sua spettacolare casa affacciata sul Reno. Non posso rimproverarmi la mancanza di dedizione, sono sicuro che il conto corrente dei rapporti affettivi tra me e il mio giovane padre fino a quel momento pendesse dalla mia parte, uno sbilancio positivo che non mi era mai tanto pesato in precedenza e che tutt'a un tratto mi sembrò insopportabile. Provai per l'ultima volta a parlargli e a suscitare una sua reazione, ma fu un tentativo vano. A quel punto chiesi l'intervento di uno specialista, uno psichiatra con tanto di cognome doppio unito dal trattino, di quelli che diventano progressivamente parte integrante del panorama familiare perché rendono impossibile il distacco da loro e dalle loro parcelle, ma sentivo di non avere altra scelta. Friedrich lo considerò un tradimento imperdonabile, accettò di entrare in analisi ma fu come se avessi violato un patto tacito, la distruzione di un rapporto esclusivo nel bene e nel male, nella buona e nella cattiva sorte. Fu come divorziare da mio padre. Non volle più parlarmi e fece in modo di evitare di incrociarmi, spostò le sue cose nella grande veranda che occupava metà terrazzo e si sistemò lì. La frequenza delle sue sedute si intensificò dopo un mese appena e con ogni probabilità fu una cosa positiva, perché dalla stanza dell'esilio cominciarono a piovere note e rumori confortanti: Friedrich ascoltava per ore lo stesso disco dei Rolling Stones e più volte lo udii canticchiare il ritornello di *Simpathy for the Devil*, da sempre uno dei suoi cavalli di battaglia. Ma di parlarmi proprio non aveva intenzione, piuttosto seminava in giro laconici biglietti, liste della spesa e altre istruzioni per l'uso della casa che decorava con i soliti disegnini, anche se erano opere minori, dal tratto incerto ed eseguite con una penna stilografica. A giugno finii i corsi e cominciai a valutare l'opportunità di un lungo viaggio. La mia intenzione era quella di trascinare Friedrich fuori dalla sua torre di vetro e cercare di ridestare in lui una qualsiasi delle sue piccole passioni, una che potesse fare da fiammella guida a tutte le altre, e così salii gli scalini e mi presentai nella sua stanza gelida con due biglietti aperti in mano e molte destinazioni in mente. Lo trovai disteso sul divano, infagottato in una delle sue innumerevoli vestaglie da camera, una folta barba incolta e gli occhi di nuovo accesi di una luce confortante. Non aprì bocca ma ascoltò attentamente la mia proposta. Quando finii di spiegargli dove avrei voluto portarlo, la prima tappa a Milano perché potesse visitare il quadrilatero della moda e sfogare le potenzialità inespresse della sua carta di credito, e poi da lì la Thailandia, l'Australia e qualche mese a spasso per gli Stati Uniti, lui rimase ancora in silenzio per qualche secondo, assorto come se stesse davvero valutando la mia iniziativa di tregua e di riconciliazione. Poi estrasse dalla tasca un foglio piegato in quattro, lo aprì e lo distese su una coscia, prese una penna e scrisse un gigantesco "*Nein*", che tenne sollevato davanti al viso per tutto il tempo in cui rimasi in quella stanza. Forse altri avrebbero provato a insistere ma, non essendo io altri, considerai quello come l'atto finale di ogni nostra relazione e scesi le scale chiudendomi alle spalle la porta, sbattendola con un gesto che ritenevo altamente simbolico e che a vent'anni non potevo che vedere come conclusivo.

Partii il giorno dopo con l'unica accortezza di invertire le prime due tappe, due mesi di vacanza in Thailandia e poi l'atterraggio a Milano per una breve sosta, giusto lo scrupolo di dare un senso a quel passaggio con un corso di canto. Non sono mai ripartito così come non sono ripartiti i rapporti con mio padre, fatta eccezione per gli assegni mensili e gli omini buffi scarabocchiati sulle cartoline. È la prima volta che sento il bisogno, l'urgenza, di raccontare la mia parabola di figlio un po' ingrato e parecchio prodigo a qualcuno, ed è strano che quel qualcuno sia una giovane donna di cui conosco solo il numero di telefono, che stringo nella mano destra come se bastasse quella sequenza di numeri e il contatto del cartoncino con i miei polpastrelli sudati a calmare le vertigini. La migliore scuola luogocomunista vuole che confessarsi a un estraneo, anche se si tratta di un estraneo che hai baciato a lungo, sia una delle cose più semplici e salutari da fare in caso di estrema confusione o di assoluta emergenza, un rito che dipana la matassa dell'ansia e mostra la gravità del problema. Il problema, o almeno la fonte di ogni mia inquietudine, è l'altro foglio, quello che tengo tra l'indice e il pollice della mano sinistra. Un grande foglio da disegno ripiegato in quattro con al centro una parola tedesca di due lettere, "*Ja*", e appena sotto la frase "*Ich komme am 18. Februar an*".

Stupirsi della propria reazione composta è una delle più grandi conquiste dell'età adulta. Come avrei reagito qualche anno fa, come avrei accolto una notizia del genere? Che peso avrei dato al destino avverso? Mi sarei lamentato dell'unicità e dell'originalità delle mie sfortune? Credo di sì, l'avrei presa molto male e mi sarei compatito per ore, forse per giorni, perdendo di vista il vero nocciolo della questione.

Mio padre dopo anni di silenzio e pitture rupestri ha deciso che è giunta l'ora di muoversi e recuperare il tempo perduto, e mi comunica che sarà a Milano il 18 febbraio proprio come mia madre, nel giorno della prima e unica data sanremese della boy band di un uomo solo. I miei genitori non si vedono da più di dieci anni, io non vedo Friedrich da altrettanti e non voglio pensare a quale ferocia statistica abbia provocato il loro incrocio proprio quel giorno, ma ci sono cose che non posso controllare e che di rimando evito controllino me. La saggezza del trentenne si miscela bene con la curiosità del sentimentale, chissà se la faccia tonda e graziosa di mio padre ha finalmente ceduto all'erosione dei venti del Nord, chissà se le sue mani delicate sono ancora sottili e morbide? Quante volte avrà pensato a me, gli saranno mancati i tonfi delle mie cadute in corridoio? Comunque, facciano pure come vogliono, non mi troveranno qui e sarà solo una buona occasione per non raccontarci che stiamo tutti bene. Prima di compulsare i tasti e telefonare alla ragazza con le trecce, è il caso che io faccia un ultimo tentativo per recuperare Federico, un tempo detto Faith e ora chissà. Bello è partito per Las Vegas, JR fa il produttore, e forse anche la comparsa, di infuocate pellicole porno e quindi non mi resta che il più giovane del gruppo. Ho un pomeriggio intero per occuparmi di lui ed esplorare le possibilità del suo ritorno, per cercare disperatamente di trasformare la mia solitudine sul palco in un ballo di coppia, se non proprio come gli Happy Mondays almeno quasi, perché poi alla fine di questa giornata ne mancheranno solo altre due.

30

La distribuzione dei talenti non segue alcun principio democratico, nessuna giustizia equitativa. Le boy band riproducono con grande fedeltà le dinamiche dei gruppi adulti e più in generale della vita, così può capitare che i più dotati, quelli che rozzamente potremmo chiamare le primedonne, a un certo punto comincino a interrogarsi sull'opportunità di andare avanti da soli o di continuare a trascinarsi in giro un carrozzone di gregari imbarazzanti, ancora e per sempre legati alla memoria viva dei primi successi. Accade in genere dopo i primi due album, quando il collante del management si allenta, le corde vocali s'ispessicono e i visi carini da adolescenti perdono la lucentezza e denunciano la velocità abbruttente della crescita. A quel punto i rapporti si incrinano e il più talentuoso abbandona il gruppo senza particolari rimpianti, mentre le comparse che per anni lo hanno accompagnato si contentano di mantenere il nome, rilasciare interviste di fuoco e sperare in ripensamenti. La boy band in cui presto servizio come cantante non ha fatto in tempo a tracciare e percorrere una simile parabola, si è schiantata al suolo ancor prima di arrampicarsi sul trampolino delle grandi occasioni, e non è stato il talento diseguale di noi membri a distruggere il gruppo. La nostra è stata una fine inedita e precoce, troppo perché io mi arrenda senza un ultimo tentativo, la buona azione che mi farà partire per Sanremo con la coscienza brillante e smaltata di un martire. Parcheggio sotto casa del nonno di Federico, in una via alberata ed elegante su cui si affacciano solo i grandi palazzi fine anni Sessanta costruiti da una compagnia di assicurazioni per i dirigenti e le loro famiglie. Da allora quei casermoni altoborghesi ma leggermente periferici sono divenuti sempre più centrali, prestigiosi e ambiti, e, come in ogni ripopolazione che si rispetti, può capitare di vedere sullo stesso pianerottolo anziane vedove aggrappate alla pensione di reversibilità del fu assicuratore e rampanti famiglie della migliore gioventù, le une in cerca di qualcuno che compri loro la nuda proprietà e le altre indaffarate con architetti d'interni e designer. Riccardo Sanpa vive al terzo piano del corpo principale di uno degli edifici più grandi, quando gli ho telefonato poco fa mi ha risposto agitato e insolitamente nervoso. Ha detto che non c'erano novità né segnali da parte di Federico, tranne una lettera indirizzata a me e scoperta in camera sua, e che sarebbe stato felice di vedermi. Ha anche specificato che non saremmo stati soli perché il padre di Faith, il genero, aveva annunciato il suo arrivo in mattinata. L'ascensore è una di quelle trappole che ti ingoiano da un lato e ti sputano dall'altro, con la presunzione che la cosa non sia fonte di confusione e imbarazzo. Dopo due o tre secondi di perplesso silenzio davanti a una porta chiusa, la voce alle mie spalle ha l'effetto di uno scherzo tra bambini, lo scatto improvviso per spaventare l'amico con il singhiozzo.

«Signor Flünke!» dice il vecchio Sanpa, e d'istinto faccio un passo in avanti e rimbalzo contro la porta, che attutisce la mia caduta e mi accompagna, lento come un sacco svuotato che si affloscia in terra.

Mi risollevo in fretta e furia e mi giro. Di fronte a me, appena oltre la porta giusta dell'ascensore, c'è il nonno di Faith con la faccia corrucciata e lo sguardo triste di chi ha perso qualcosa di importante e sa che non gli sarai di alcun aiuto, non tu che cadi da solo in ascensore.

La casa è calda e arredata con il gusto tondo che hanno solo le donne ricche da più di due generazioni, in giro ci sono portafoto con le immagini di un Sanpa molto più giovane in compagnia di una signora elegante, bella e poco sorridente, come si conviene alle persone severe e consapevoli.

«Mia moglie Grazia, la nonna di Federico» dice Sanpa indicando una delle foto. «Abbiamo divorziato molti anni fa, ora lei vive in Marocco. Abita in un villaggio dell'Atlante e lì continua a studiare. Grazia è una bravissima antropologa, gliel'avevo già detto, vero?» chiede. Ma poi senza attendere la risposta imbocca un lungo corridoio costeggiato da una libreria a muro stracarica di romanzi e testi accademici.

Alla fine del percorso si apre una grande sala, sulla parete opposta all'ingresso c'è un arazzo rosso e blu decorato da motivi geometrici, sulle altre il vecchio Sanpa ha appeso alcune foto d'autore in bianco e nero, ritratti di giovani donne giapponesi seminude immortalate nel momento dell'estasi.

L'unico pezzo stonato dell'arredamento è il tizio che se ne sta seduto a gambe larghe sul più grande dei divani, un chippendale rivestito di pelle chiara sistemato sotto l'arazzo.

C'è una categoria di uomini che si avvicinano alla mezza età e vivono una crisi classica, quasi rassicurante. Sono tutti bravi padri di famiglia cresciuti troppo in fretta e costretti ad assumersi responsabilità gravose fin da piccoli. Quegli uomini li riconosci dall'improvviso regresso all'età infantile, nel migliore dei casi all'adolescenza interrotta. Vogliono giocare, vogliono inseguire le ragazze nel cortile, vogliono comprarsi la moto e perdono ogni forma di pudore. Ma sono crisi passeggere, l'edizione maschile della depressione post partum. Se tutto va come deve andare, basta concedere loro quel periodo di insano sfogo e presto venderanno la moto, si toglieranno i braccialetti dal polso e smetteranno di andare in palestra per rifinire i pettorali cadenti.

Poi c'è un'altra categoria di uomini, quelli come il padre di Federico. La prima e unica volta che l'anziano partigiano repubblichino mi ha parlato di lui gli ha dato del bruto. Faith lo ha dipinto come un arido commerciante senza slanci, un enologo innamorato delle sue vigne e di poco altro. L'uomo che ho davanti non corrisponde a nessuna delle descrizioni. Ci sarebbe il fatto che non si alzi per presentarsi e continui a guardare la tv, ma non mi sembra un bruto e non ha la postura della persona arida, del burbero. Ci vorrebbe del carattere per risultare antipatici da subito, mentre il padre di Faith deve possedere l'esuberante personalità di un enorme cuscino, uno di quei pouf che puoi spostare un po' ovunque in giro per la casa senza che stonino. Ma non è solo quella degli uomini-cuscino la grande famiglia cui appartiene. I capelli lunghi e vaporosi illuminati dai colpi di sole, la camicia stretta come una muta da subacqueo e i jeans aderenti color mela verde sono tutti pericolosi indicatori di una crisi che non è arrivata alla mezza età ma ha colpito molto prima, prolungando all'infinito la fase del narcisismo liceale. Non serve conoscerlo per sapere che lui e i suoi amici si strizzano le palle e si gridano nelle orecchie "pisellone" ogni volta che bevono insieme nel caffè più elegante della piazza, non serve conoscerlo per sapere che in quello stesso gruppo tutti sono amanti delle mogli di tutti gli altri proprio fin dai tempi delle superiori, spensieratamente. Lascivi e camerateschi tra di loro, severi con i figli che prosciugano la cassa e non vogliono ereditare le fatiche ma solo i privilegi, uomini che rifiutano la fuga verso la città e ripudiano il proprio seme come se si fosse macchiato di alto tradimento alla terra, la terra grassa e ricca che porta frutti da trasformare in macchine potenti, scarpe scamosciate e ogni altro gadget spaventapasseri delle povertà passate.

Sanpa taglia corto e non ci presenta, si limita a indicarlo e a dire: «Quello è mio genero, non si curi di lui, non è abituato alle buone maniere».

Solo allora il padre di Faith si desta.

«Lei è un amico di mio figlio?» chiede annoiato mentre compulsa i tasti del telecomando.

«Sì, mi chiamo Antonio Flünke, sono un suo collega» rispondo.

«In che senso "collega", lei lavora? Che mi risulti, Federico non ha mai lavorato in vita sua» dice con la sua versione del sarcasmo, i denti bianchi che risplendono nel contrasto con la pelle abbronzata.

«Facciamo parte dello stesso gruppo musicale.»

«Davvero? Ma lei è molto più vecchio di Federico, o sbaglio?» insiste.

«Lo lasci perdere, la prego...» interviene secco il vecchio, anticipando la mia risposta.

«Comunque non si preoccupi, non faccia come questo simpatico nonno permissivo. Federico tornerà presto, non appena avrà bisogno di soldi verrà qui o a casa a battere cassa. I ragazzini sono tutti uguali» sentenzia il padre prima di tornare alla sua televisione.

Riccardo Sanpa mi tira per la manica, lo seguo attraverso la sala ed entriamo in un piccolo studio, mi fa cenno di sedere sulla poltrona davanti alla scrivania e rimane in piedi.

«Non ho mai capito perché mia figlia abbia voluto sposare quell'imbecille. Io e Grazia l'abbiamo cresciuta con altri valori, forse il disordine apparente delle nostre vite l'ha spinta nelle braccia di un uomo mediocre e prevedibile. Non saprei spiegarle il perché, ma di certo è la più grande sconfitta della mia vita. Mi scuso per la sua terribile maleducazione. Anzi, per la sua ineducazione, perché temo che nessuno si sia mai preso la briga di insegnargli le buone maniere. Lei non sa quanto io tenga alle buone maniere...» dice accorato, ed è solo con grande controllo che riesco a non rispondergli che in realtà lo so molto bene.

«Nulla di grave, forse è solo preoccupato per suo figlio e le circostanze lo rendono aggressivo» rispondo.

«Nemmeno per sogno. Non è interessato alla sorte di Federico. Credo sia qui per quieto vivere, perché mia figlia Malvina glielo ha imposto. Partirà domani, che Federico si faccia sentire o meno» dice amareggiato mentre si siede dietro la scrivania. «Ma veniamo a noi. Come procedono le cose in assenza di mio nipote?»

Gli racconto che la defezione di Federico è stata solo la prima di una piccola serie, tre fughe che hanno minato il futuro del nostro complesso, come lo chiama lui.

«Molto male. Lei è un uomo di talento, lei canta divinamente e non meritava questo epilogo. Le persone non hanno coraggio, mio giovane amico. Scartano di fronte al primo ostacolo, scappano a gambe levate e ci lasciano soli davanti al pericolo. Pochi lo sanno bene come me, mi creda.»

Il timore che stia per ricominciare con le sue storie di eroismi trapassati è grande, e bastano pochi istanti perché si trasformi in certezza.

«Federico mi ha parlato molto di lei. Mio nipote è un ragazzo d'oro e sono sicuro che questa sua sparizione avrà delle giustificazioni; che siano valide o meno non posso saperlo, ma a quell'età si commettono tanti errori. Avere amici come lei, maturi e responsabili, lo aiuterà senz'altro a crescere. Deve solo prendere fiducia in se stesso, tutta quella che un padre del genere gli ha negato. Anche io ho fatto delle scelte sbagliate in passato, ho seguito vocazioni che non sentivo quanto avrei dovuto, ho ceduto a urgenze non implacabili per puro spirito di sacrificio» dice il vecchio Sanpa, con lo sguardo velato da ricordi veri, verosimili o frutto di una fantasia ipertrofica. Poi aziona la macchina del tempo.

«Le confesserò un segreto che sanno in pochi e che le chiarirà quanto io capisca il suo scoramento di questi giorni, spero le torni utile. Neanche Federico conosce questa parte del mio passato, quindi la prego di trattare quanto le racconterò con la massima cura. Può garantirmi un silenzio da gentiluomo?» chiede.

Vorrei solo fuggire dalla stanza per non lasciare che faccia di me il depositario di un altro segreto inconfessabile, un'altra delle sue tante passioni giovanili. Ma annuisco e lo rassicuro.

«Bene, non avevo dubbi. Deve sapere che per dieci anni della mia vita ho servito il Signore. Mi permetta di partire dal principio della mia povera storia. Sono nato a Tarcento nel 1920, friulano come i miei undici fratelli, tutti più vecchi di me e quasi tutti ormai morti, siamo rimasti solo in tre. Grazie ai grandi sforzi dei miei genitori, sono riuscito a entrare in seminario e a proseguire gli studi di Teologia e Lingua ebraica fino al momento dello scoppio della guerra. La mia non era pura vocazione, e per questo, in seguito, fu molto naturale abbandonare i voti, ma allora cercavo di eseguire i miei doveri al meglio. Per essere impeccabile fino in fondo lasciai il palazzo arcivescovile di Udine e partii per l'Africa come cappellano militare. Lei non ha idea di quanto fosse cruciale quella posizione in un esercito senza psicologi che costringeva dei giovinetti a confrontarsi con la morte e gli orrori di un fronte lontano. Io ascoltavo, consigliavo e pregavo. Ma non feci solo quello, nel 1941 ottenni una medaglia al valor militare per essermi prodigato al di là di ogni umana possibilità nella raccolta dei feriti, che assistevo anche sotto il più violento fuoco nemico. Mentre assolvevo la mia pietosa missione riportai gravissime ferite alla mano e alla gamba sinistre, ma rifiutai ogni soccorso fino a quando sul campo non ci furono più soldati. A quel punto caddi stremato e fui catturato dagli inglesi, che mi trasportarono nel loro ospedale da campo e mi prestarono le prime cure, sgomenti di trovarsi di fronte a un prete tanto coraggioso, loro e quell'antico e odioso pregiudizio sui papisti. Non appena potei abbandonare la branda, ricominciai ad assistere i connazionali compagni di prigionia, non riuscivo a smettere di combattere la mia guerra solitaria contro la guerra. Incontrai una giovane infermiera gallese e capii che la vita casta dell'uomo di fede non faceva per me, ma per abbandonare i voti attesi ancora qualche anno. Mi rimpatriarono come mutilato, anche se la mano funzionava abbastanza bene e la zoppia era tanto lieve da risultare impercettibile ai più. Tornai nelle mie terre, e simulare un'assoluta neutralità mi fu d'aiuto perché fin da subito, in realtà, mi spesi per fare la mia parte nella lotta di Liberazione contro i germanici. Lei è tedesco per metà, vero? So che è orribile fare i conti con quel passato, ma ricordi che noi italiani sappiamo dimenticare e perdonare, e non per carità cristiana. La memoria breve è una delle nostre doti migliori, la sua metà italiana capirà molto bene di cosa sto parlando. Fui tra i fondatori della Brigata Osoppo e insieme a molti altri costituimmo la Repubblica Partigiana della Carnia» dice il vecchio Sanpa, che poi s'interrompe e rovista per qualche minuto nel cassetto della scrivania. Smette solo dopo aver estratto una foto in bianco e nero, malconcia ma ancora intera. È l'immagine di un uomo di età indefinita tra i trenta e i quarant'anni, in piedi in mezzo a un prato. Sullo sfondo c'è una casa padronale bianca circondata da un alto muro di pietra viva. L'uomo indossa una tonaca e tiene le braccia conserte, porta un paio di occhiali dalla montatura nera ed è girato quasi di tre quarti rispetto all'obiettivo: guarda avanti in direzione di un punto imprecisato, non possiamo vedere l'oggetto della sua attenzione. Tutto riproduce fedelmente la gravità del momento in cui la foto è stata scattata. L'uomo mostra grande e serena autorevolezza, la postura solida di un capo. Ma non è Riccardo Sanpa, non c'è alcun dubbio.

«Eccomi, questo sono io. Quella che vede dietro di me era la nostra base sui colli, nel cuore delle Prealpi Carniche. In quegli anni affrontammo ogni genere di tragedia con grande forza di volontà, con la fiducia che ne saremmo venuti a capo, perché noi avevamo una motivazione che i tedeschi non avevano: quella era la nostra terra. Uccisero molti di noi, bruciarono le nostre case e distrussero le vigne. Ma non ci arrendemmo, e quando, alla fine di tutto, mi proposero un'altra medaglia come esempio di ardente patriottismo e sublime carità cristiana, io risposi che non la volevo, che rifiutavo l'onorificenza perché per me non esisteva alcun merito particolare in ciò che avevo fatto. Mi pare di poter concludere, e qui vengo al concetto di fuga e a quello di resistenza, che rimanendo nelle nostre terre senza cedere mostrammo di avere fiducia. Eravamo armati, ma abbiamo usato soprattutto un'altra risorsa, la forza della democrazia» conclude in crescendo, un finale confuso in cui ai valori della Resistenza e della carità cristiana vengono paragonati il nostro balletto da smutandati e la scelta di non darmi per vinto.

Sanpa ha posato la foto sulla scrivania, allungo la mano e chiedo se posso vederla.

Lui si oppone solo per un attimo, poi cede e me la passa. Sul retro c'è una dedica, una data e la firma del soggetto dell'immagine. Il nome di quell'uomo carismatico dal sorriso appena accennato ma bellissimo è don Aldo Moretti. Sotto la firma c'è un'altra parola tra virgolette: "Lino".

«Signor Sanpa, so che forse la mia osservazione è imbarazzante, ma penso che la persona ritratta in questa fotografia non sia lei» dico timido ma risoluto.

Lui tace, gli occhi serrati come se volesse meditare bene su quel che ha sentito.

«Perché no?» risponde.

«Perché non può essere lei. Inoltre mi ha già raccontato di essere stato un partigiano e un podestà e lei capirà bene che è difficile credere che abbia combattuto la guerra su tutti i fronti, che sia nato in tre luoghi diversi e che ne sia sempre uscito decorato. Forse è il caso di fermarsi a riflettere e recuperare qualche punto fermo. Ricordare per davvero, esercitare la memoria. Lei non è stato quelle tre persone, è impossibile. Non è d'accordo?» gli chiedo con dolcezza.

L'anziano nonno di Faith tira un lungo sospiro, penso che sia il sollievo dell'assassino quando viene finalmente scoperto, dell'uomo pronto al castigo dopo aver sofferto della segretezza di un delitto, più ancora che della sua gravità. Ma mi sbaglio.

«Caro Flünke, lei è tanto gentile e educato quanto sprovveduto. Temo di aver sottovalutato la sua metà italica, che invece è incontaminata dal peggio del costume nazionale. Sono stato quelle tre persone e anche molte altre, lei non può negarlo e non esiste prova del contrario. La mia intera vita è stata improntata al superamento del trasformismo, orrendo vizio. In questo Paese è fin troppo facile cambiare idea, saltare da un lato all'altro dell'emiciclo della Camera, delinquere e pentirsi, andare a braccetto con i peggiori nemici e doversi ogni volta ricostruire una verginità. Troppa fatica, mi creda. Perché, per quanto uno si affanni, non è possibile cancellare tutte le tracce, eliminare i testimoni e sopportarne le conseguenze, a meno di essere privi di scrupoli e coscienza. Mi segue?» chiede lo strampalato Riccardo Sanpa.

«Non molto, ma ci ho fatto l'abitudine. Continui pure» rispondo.

«Questa è l'Italia, signor Flünke, siamo pronti a batterci alla morte per ideali che non frequentiamo, che non sono nemmeno più ideali. C'è talmente tanta confusione, tanta vertiginosa corsa ad accreditarsi e accaparrare che tecnicamente non sta succedendo nulla, è un eterno gioco della sedia in cui c'è sempre posto per tutti, una catena di sant'Antonio in cui chi pagherà lo farà troppo lontano nel tempo perché ci si possa dispiacere per lui. Insomma, qui succede di tutto ma non succede mai nulla. Bisogna essere pronti, non farsi trovare impreparati nel momento in cui finirà la musica e ci getteremo sulla sedia più vicina. Esiste un modo migliore del mio? Io non sono nessuno perché sono sempre stato tutti. Non c'è interlocutore deluso dalle mie vite, perché a scavare un po' ne troverò una adatta a chiunque. Lei mi preferisce repubblichino o prete? Oppure ha avuto dei lutti in famiglia, un nonno ucciso dalle bande partigiane? Io mi preparo, sa? Studio e poi offro il lato giusto di me, la versione più adatta all'occasione. Non è trasformismo, ma il suo esatto contrario. Io non cambio perché sono sempre stato tutto, tutti. Vincitori e vinti, il sangue degli uni e degli altri scorre nelle mie vene. Ora capisce?»

Capisco.

Vorrei rispondere a tono ma non esiste replica all'altezza.

«Quanti altri Riccardo Sanpa è stato?» mi limito a chiedere.

«La scelta è sua. Quanti ne vuole? Sono stato il ventenne ebreo del ghetto di Venezia, deportato a Birkenau e salvato dalla sua voce melodiosa, sono stato il figlio di un alto ingegnere dell'Aquila Imperiale Fascista ucciso dai partigiani davanti alla famiglia intera, sono stato il mercante di pizzi di Corfù sfuggito ai nazisti grazie alla bontà di un caporale italiano. Ho sempre vinto e sempre perso, non sono mai stato migliore di chi incontro, non sono mai stato peggiore. Sono come tutti loro, e grazie alle mie vite ho conquistato la fiducia di molti» risponde.

«La donna nelle foto è davvero sua moglie?»

«Certo. Grazia, è mancata dieci anni fa.»

«Poco fa mi ha detto che vive in Marocco.»

«Può darsi, chi lo sa?»

«Lei dovrebbe saperlo, non parliamo più di passato.»

«Forse è viva e studia le popolazioni stanziali dell'Altopiano, forse invece è morta dieci anni fa e la mia grande confusione è solo una forma di elaborazione del lutto. Chi lo sa, potrebbe sempre chiederlo a quel bel tomo del mio genero...» dice allegro.

Mi arrendo, non mi resta che chiedere se ha saputo qualcosa di suo nipote.

«No, come le ho già detto non ho notizie. Però ho una cosa per lei. In principio pensavo fosse una lettera, l'ho trovata sulla scrivania di Federico e sulla busta c'era il suo indirizzo. Poi mi sono permesso di aprirla: ho guardato l'intestazione e ho scoperto che mio nipote voleva inviarla anche a quel Bello e al vostro impresario. Come vedrà da solo, è un decalogo, ha un titolo che non sono riuscito a decifrare bene ma che in fondo potrebbe avere un significato letterale. Si chiama *Manifesto della Grande Fratellanza degli Occhi Buoni.*»

31

Manifesto della Grande Fratellanza degli Occhi Buoni
un progetto di Federico Belotti

1. Gli Occhi Buoni sono persone dagli occhi buoni, bambini, donne e uomini dallo sguardo innocente che scelgono di abbandonare le loro vite quotidiane contaminate da cattiveria, nervosismo ~~e inquinamento psicologico~~ e aderire alla Grande Fratellanza. Le persone con gli occhi cattivi non possono entrare nella Nuova Famiglia, le persone con gli occhi spenti o falsi nemmeno. Il giudizio insindacabile sulla bontà degli occhi dei candidati fratelli verrà espresso dalla Commissione dei Tre Saggi, fondatori della Fratellanza e dispensatori di sguardi beati (ricordarsi di controllare meglio la Dichiarazione universale dei diritti dell'uomo o quella di cui parlava nonno!)

2. L'adesione alla Fratellanza non prevede alcuna tassa d'iscrizione, le persone con gli Occhi Buoni rifiutano il ruolo del denaro come motore della società e lo sostituiscono con il valore inestimabile della reciproca generosità. La Grande Fratellanza considera comunque con favore le donazioni (meglio CONSIDERA CON FAVORE O INCORAGGIA?) ~~Dopo l'ingresso nella famiglia infatti non saranno più necessari beni terreni, che verran-~~

~~no amministrati con cura da persone di fiducia della Grande Fratellanza, laici simpatizzanti~~

3. La Grande Fratellanza non riconosce il valore della proprietà privata e condanna ogni manifestazione tesa a rivendicarne il possesso (però qui si deve capire che non riconosciamo la proprietà privata delle singole persone della Fratellanza, ma quella della Fratellanza sì!). Ogni cosa è di tutti gli Occhi Buoni, ogni fratello è di tutti gli altri nel senso più completo dell'appartenenza (copiare da un Vangelo a caso)

4. La Grande Fratellanza è una comunione itinerante di anime, gli Occhi Buoni sono cittadini del mondo e non considerano la ~~stanzialità~~ sedentarietà un valore TROVA VERSO DI POESIA ADATTO COSÌ È TROPPO CORTO!

5. Gli uomini e le donne dagli Occhi Buoni sono liberi di amarsi senza regole né riserve, non ci sono vincoli di genere né condanne morali per valori che non riconosciamo come nostri. Non esiste altra fedeltà che quella al proprio sguardo benevolo e agli occhi dei fratelli tutti

6. (ricorda di esprimere meglio questo concetto, che sia chiaro che tutti possono scopare tutte e viceversa) La Grande Fratellanza degli Occhi Buoni incoraggia l'amore libero, che considera utile al buonumore e all'armonia (così come i riti orgiastici di purificazione, ~~che chiama Il Grande Collirio QUESTA È UNA CAZZATA~~)

7. I figli degli Occhi Buoni sono figli di tutti, nessuno potrà rivendicare paternità o maternità esclusive, essere persone dagli Occhi Buoni significa condividere e accettare ogni dono senza interrogarsi (molto importante, soprattutto per me e Silvia)

8. Le persone che vogliono abbandonare la Grande Fratellanza sono libere di farlo in ogni momento, siano però consapevoli che il loro sguardo da Buono si trasformerà in Cattivo e si corromperà

9. Scopo primo delle persone dagli Occhi Buoni è quello di diffondere ~~il verbo~~ lo Sguardo in ogni angolo del mondo e di rieducare le persone dagli occhi neutri. L'evangelizzazione sarà lunga e dura, ma alla fine saremo gratificati dall'aver regalato un senso alla vita insulsa di tanti occhi persi (questo si può anche togliere ma serve per accontentare gli stupidi)
10. La Grande Fratellanza degli Occhi Buoni è un marchio registrato e protetto da ogni forma di riproduzione impropria, chi aderisce alla Famiglia è tenuto a firmare una liberatoria in tal senso (qui bisogna che si capisca che l'ingresso nella Grande Fratellanza non vuol dire partecipare ai guadagni e ai diritti di sfruttamento del marchio, me l'ha detto un mio amico commercialista che ho conosciuto a Scientology)

32

La scoperta del progetto di Faith mi ha rassicurato, ho buone ragioni per non temere più per la sua sorte. Ovunque si trovi ora, quel ragazzo è in ottime mani, le sue. La mia conoscenza delle zone d'ombra altrui si è confermata poca cosa, dopo la difficile conversazione di una settimana fa me l'ero immaginato in balia di oscuri santoni di provincia, ministri di religioni assemblate alla meno peggio per derubarti, plagiarti e fotterti, ma sbagliavo. Dopo aver passato qualche mese a studiare i meccanismi di funzionamento delle religioni bancomat e a impratichirsi delle loro ritualità contorte nella forma ma elementari nei fini, il ragazzo ne ha fondata una ed è partito per la grande missione di occhiate benevole alle coetanee e di ammucchiate in nome del mutuo soccorso oftalmico. Voleva testarla su di noi per estorcere qualche lira ai compagni di sventura, ma alla fine avrà deciso che non ne valeva la pena e se n'è andato. Se suo padre sapesse di cosa è capace quel figlio così in apparenza fragile e schivo forse ne sarebbe fiero, alla lunga i punti di contatto tra i due sono molti più di quanto immaginassi. Quel manifesto è un piccolo gioiello, un pastiche di citazioni nobili e tentativi di raggiro da mezzanino della metropolitana, un'ottima partenza per un futuro da faccendiere o da telepredicatore di lusso. L'accenno alla genitorialità condivisa e il nome di Silvia completano il quadro con l'ultimo indizio per comprendere i motivi della fuga precipitosa, quando forse la struttura della truffa seriale non era stata ancora definita del tutto. Faith dalla faccia d'angelo ha messo incinta una giovane ragazza dagli occhi buoni e si è dato alla macchia con lei, in attesa e nella speranza di poter spartire il fardello con altri come loro. Se mai mi fossi chiesto in passato in che modo e da dove cominciano quelli come Mamma Ebe, i manipolatori di adolescenti fragili ed ereditiere spaesate, ecco una buona risposta.

Passo da Loredanza a ritirare la sacca e gli abiti di scena, un ultimo pellegrinaggio al tempio della piccola e fugace illusione del nostro successo. La mia domenica non prevede altri impegni, mi occuperò domani dell'organizzazione del viaggio, adesso è tempo di infilare il montone in un sacchetto da armadio, metterlo nel baule della macchina e trasportarlo via prima che da spesa inutile e sbagliata si trasformi in oggetto di denuncia ai carabinieri, rubato da ignoti dal pessimo gusto in data sconosciuta.

Fuori dall'edificio le panchine sono cariche dei soliti anziani, alcuni leggono il giornale rinfrancati dalla temperatura mite e insolita per una giornata di metà febbraio, altri mi riconoscono e si danno di gomito. Sono quello che cade sempre, ora sono certo di aver lasciato il segno. La porta della palestra è chiusa, suono il campanello e maledico la mia pessima memoria. Ricordavo che la domenica mattina fosse tempo di lezioni di ballo latinoamericano, e come al solito ho sbagliato. Ma dopo qualche secondo il citofono gracchia e risponde una voce maschile dal timbro familiare.

«Chi è?»

Dico che sono Antonio, uno dei ragazzi della boy band che ha provato lì nell'ultimo mese.

La serratura scatta, e mentre scendo gli scalini sento un gran trambusto giungere dagli spogliatoi, porte che sbattono e voci concitate. Ho la sensazione di aver interrotto qualcosa di divertente e mi sento in colpa per averli disturbati, chiunque essi siano. In fondo è giorno di chiusura e non aspettavano nessuno.

Così, imbarazzato, annuncio il mio ingresso.

«Scusate, disturbo?»

«Sì. Tu *eres* nato per disturbare» risponde una voce nota e non solo familiare da dietro la porta della zona benessere.

Bello appare appena un attimo dopo, il sorriso di sempre piegato in una smorfia amara. Forse ho la faccia di uno che ha appena visto un fantasma, però il fantasma di una persona a cui ha voluto bene e che gli ha lasciato un enorme vuoto. Non ricordo molto della nostra serata in discoteca, ma so che ho parlato con una persona risoluta, determinata ad abbandonare ogni certezza e a ricostruirsi una vita dall'altra parte dell'Atlantico. Lui e le sue due ragazzine, groupie, amiche, amanti, coreografe e stiliste. In più c'è l'aggravante della circostanza in cui lo ritrovo, nascosto nel luogo del delitto ma disposto a farsi smascherare senza pudore, come se sparire per poi ricomparire in questo modo e in questo posto non fosse poi così grave. Non riesco a dire nulla, è lui a rompere gli indugi.

«Non sono partito, come vedi» dice alzando le spalle. «Non avevo una lira, ho mentito a Moni e Doni fino a ieri mattina, poi sono sparito. Ho mentito a loro, a te, ai miei genitori. Non è stato difficile, erano tutti contenti che finalmente facessi qualcosa di buono... tutti tranne te, Antonio. Ma non avevo denaro per il mio biglietto, figuriamoci per mantenere quelle due poverette. In più non parlo una parola di inglese, *yo no hablo yankee amigo*!»

«Ma non dovevi andare a ballare in uno strip club? Mollare ogni cosa, andare via di qui, prenderti la tua rivincita?» chiedo tutto d'un fiato mentre noto che Bello indossa solo una canotta e un paio di slip neri, ha i capelli sciolti e scarmigliati e le occhiaie di chi non dorme da troppe ore.

«Dovevo, volevo, speravo. Ma non sempre si riesce a fare il salto, Antonio. Federico magari ci è riuscito, lui è ancora un bambino e non ha problemi né pensieri...» dice, e serro la mascella per evitare di rispondergli che Federico ha accumulato una quantità di responsabilità superiore di molto alla somma delle nostre. Nelle poche settimane trascorse insieme ho sentito Bello parlare di difficoltà fin troppe volte, senza mai capire quale fosse la fonte del suo disagio. In realtà è solo uno schermo di maniera, un modo pittoresco per mascherare l'unico vero responsabile dei fallimenti e della vita da accompagnatore di donne mature.

Lui stesso.

«Dove sei stato ieri, dove pensavi di nasconderti?»

«Qui, *porque*? Tra un mese avrei fatto finta di tornare da un lungo viaggio.»

«Perché non mi hai chiamato?»

«Per fare cosa? Per quella stronzata della boy band, della gita al mare e della brutta figura? No grazie, ci sono modi migliori per perdere la faccia e guadagnare denaro» risponde senza guardarmi negli occhi.

«Perché io ti avrei chiamato, tutto qui. Per comportarti bene, come un amico e non come un estraneo» dico con una durezza che non riconosco, ma che fluisce spontanea insieme alle parole.

Il trambusto negli spogliatoi prosegue, panche spostate e armadietti richiusi dopo essere stati travolti dall'impeto della passione. Si fa ordine dopo la tempesta, e sospetto di conoscere la persona indaffarata lì dentro.

«Io non devo niente a nessuno, *claro*?» risponde nervoso.

«Piantala con questa scemenza...»

«*Como?*»

«Piantala con questa scemenza dello spagnolo. Doveva essere un tratto distintivo, la tua ricetta per l'immortalità, e invece è solo insopportabile e inutile. Non serve più» insisto.

«Serve eccome. Serve a me, è la mia caratteristica, il mio marchio. Mio e non nostro, *amigo*. Ce l'ho sempre fatta da solo e non penserai che sia un problema abbandonare quel gruppo di cani, non ho più tempo per voi» risponde concitato, ma fatica ancora a guardarmi in faccia.

«Come vuoi. Prendo la mia roba e me ne vado, puoi chiedere a Loredana le chiavi dell'armadietto?»

Bello scuote la testa e borbotta qualcosa, poi si gira e sparisce inghiottito dalla porta. Le aule scolastiche, le sale da concerto, i locali in cui seminiamo le pietre miliari di una vita restano per sempre impressi nella memoria fotografica, al limite capita di non ricordare le dimensioni del luogo, ma sono dettagli insignificanti perché quel che conta è la sensazione, la vampata di tepore rassicurante ogni volta che pensiamo ai momenti trascorsi in quegli spazi. Se le cose fossero andate per il verso giusto, un giorno avrei ricordato questo stanzone con nostalgia. Le pareti appena ridipinte e già scrostate dall'umidità aggressiva e maleodorante del seminterrato, la bacheca delle magliette e dei gadget griffati, la pedana su cui provavamo i passi e le panche semplici e scomode su cui sedeva il fedele pubblico: la memoria sarebbe stata struggente. La colossale incapacità di formulare un primo giudizio sulle persone mi ha fatto sopravvalutare sia Bello sia Faith, che proprio in questo rettangolo male illuminato hanno messo in scena la loro recita migliore. Ma se di Federico non ho capito nulla anche per via della naturale ritrosia di un adolescente alle prese con dei quasi adulti, il calcolo errato sulla personalità di Bello è molto più grave, e ha a che fare con il concetto di fiducia e con una certa predisposizione, che la mia metà tedesca subisce anche nei cicli più piccoli della Storia, a farsi fregare da quelli simpatici e divertenti. Credevo che Bello fosse uno spiantato leale, magari con tutti i pregiudizi e le feroci rivendicazioni del ragazzo di quartiere in cerca di riscatto, ma fondamentalmente incapace di tradire un patto. Andava bene anche la decisione di partire, in un percorso di crescita e miglioramento poteva essere uno snodo necessario, e poi c'era quel lato romantico del doppio matrimonio: l'idea di un bigamo neoromantico non poteva lasciarmi indifferente. Avevo accettato la fuga anche se fuori tempo massimo e comunicata secondo le sue consuete modalità rozze. Ma trovarlo qui, nascosto tra le braccia di una donna poco casalinga e molto disperata, ridotto ad accettare una feroce umiliazione pur di non affrontare le conseguenze più tristi di tutte le sue bugie e omissioni, è una delusione senza appello. Ancor più delle due ragazze ricoperte di ciucci di plastica e la povera Loredana, il vero amante tradito di Bello sono io, che temevo tutto meno che una doppia evasione da prigioni immaginarie. Prima di perdere ogni speranza potevamo almeno provare a diventare qualcosa, ma non è andata così e spero di cancellare ogni minuto passato qui dentro e negli immediati dintorni.

Bello riemerge con le chiavi, e dopo averle palleggiate sul palmo della mano come a sottolineare il peso del gesto e il suo valore definitivo me le lancia, una palombella lenta e calibrata che intercetto senza difficoltà e soprattutto senza perdere l'equilibrio.

«Così finisce qui» dice.

«Già, così finisce qui» ripeto. Ma poi mi correggo: «Anzi no, io a Sanremo ci vado da solo, non rinuncio...».

Bello vorrebbe mettere le mani in tasca, ma è ancora in mutande e quindi allunga le braccia lungo i fianchi e le lascia lì a ciondolare come se non fossero sue, come se volesse disfarsene. Ha cambiato espressione, è molto più tranquillo e meno sprezzante di quando è sbucato dalla zona benessere.

Ora lo riconosco.

«Fai bene, non scherzo. Io non porto mai a termine le cose. Magari questa era una scemenza, forse avremmo fatto una pessima figura o – ancora peggio – nessuno si sarebbe accorto di noi, perché lo sai che quella sarebbe stata la cosa meno facile da sopportare. Forse era chiaro fin dall'inizio che eravamo nelle mani di un incompetente e che ci stavamo prendendo per il culo da soli, però ti giuro che mi sarebbe piaciuto arrivare fino in fondo» dice.

«Sei ancora in tempo...» rispondo.

«No, Antonio, ormai è tardi, per me è tardi. Ho preso altri impegni, e anche se non lo avessi fatto non sarei molto utile in questo momento, sarei un peso e tu non lo meriti. Mi dispiace per come sono andate le cose, di essermi comportato male dall'inizio alla fine, compreso poco fa. Vorrei che tu te ne andassi da amico, che mi considerassi un amico vero» dice, e tende la mano destra.

La stringo e restiamo immobili nel mezzo della pedana, un ragazzo in mutande e canottiera che stringe la mano a un uomo vestito tanto sobriamente che si farebbe fatica a identificarlo nel video di una rapina.

«Buona fortuna Antonio, sono felice di aver lavorato con te.»

Poi, sempre senza allentare la stretta di mano, mi tira verso di lui e mi abbraccia forte, per qualche secondo resto intrappolato nella morsa e nel calore latino del suo affetto. Purtroppo l'erezione non è stata ancora del tutto domata e ho un moto di ribrezzo di cui mi vergogno, quindi ci separiamo e ciascuno rifila all'altro quella serie infinita di pacche sulle spalle che i maschi adulti si scambiano per risolvere l'imbarazzo di non sapere come congedarsi. Passa qualche secondo ancora e Bello si gira e se ne va, dopo essersi raccomandato di chiudere bene la porta d'ingresso della palestra.

Rimango solo e mi dirigo verso gli spogliatoi, recupero il montone e lo piego con cura dentro al grande sacchetto trasparente, poi lo carico in spalla ed esco.

Le panchine si sono svuotate, i pochi irriducibili rimasti in strada sono quelli che non hanno nessuno che li aspetti a casa per il pranzo della domenica, che ascolti con loro le radiocronache delle partite e commenti le cosce delle ballerine dei varietà del pomeriggio. Sono quasi tutti vedovi o scapoli di lungo corso, e questo imprevisto squarcio di primavera è per loro un'isola felice, li salva dalla solitudine spaventosa di una poltrona scomoda e dal pesante odore di fumo e ubriachezza dei piccoli bar di quartiere aperti tutto il giorno.

Uno di loro mi saluta, io rispondo con l'entusiasmo che si mette in una buona azione, convinto di aver migliorato la sua giornata e di aver assolto ai miei doveri di bravo ragazzo. Lui però mi fa cenno di avvicinarmi. Sistemo il montone nel bagagliaio della macchina e lo raggiungo, accetto il suo invito formulato a gesti e mi accomodo lì vicino, al sole.

«Io la conosco, vero?» mi chiede.

«Può essere, penso che mi abbia visto passare di qui nei giorni scorsi» rispondo, mentre osservo ipnotizzato l'unghia del mignolo che usa per incidere e sbucciare un'arancia, è lunga da far spavento. Lui continua a intagliare la buccia come se fosse la cosa più normale del mondo.

«Lei è quello che cade?»

«Sì, sono io» rispondo, rifiutando uno spicchio della sua arancia.

«Deve sapere che alla sua età cadevo spesso anche io.»

«Davvero?»

«Certo. Una caduta dopo l'altra, mi sono rotto quasi tutte le ossa. Ero un cascatore metodico, sembrava quasi ci mettessi dell'impegno. Sapesse il male che mi fanno ora... Vede, non ho mai capito perché succedesse né sono mai riuscito a prevedere o anticipare il momento di quei capitomboli. La mia povera moglie ne aveva fatto una malattia, non riusciva a darsi pace e a un certo punto arrivò anche a incolparsi: pensava di essere la causa della mia mancanza di equilibrio. Poi invece cambiò idea e decise che si trattava di poca sicurezza, dello sfogo naturale della mia instabilità che si rifletteva così nelle cadute. Ho lavorato nella stessa banca per una vita intera, ho iniziato come fattorino e sono diventato direttore dopo trentacinque anni di piccola ma costante ascesa. Quei voli disastrosi non hanno mai influito negativamente sulle mie pubbliche relazioni. Fino all'ultimo ha cercato di capire, povera donna. La verità è che io non mi sono mai preoccupato più di tanto, non l'ho mai considerato un problema. Certo, le conseguenze erano spiacevoli e spesso molto dolorose, ma mai tali da cambiare il mio modo di pensare e affrontare le giornate. Così come respiravo, mangiavo e parlavo... cadevo! Per me era una cosa senza peso.»

Il vecchio ha la faccia scavata, gli occhi piccoli e indossa un vestito in frescolana troppo leggero per la stagione. Porta una coppola di velluto lisa e mastica senza posa.

Un secondo dopo aver smesso di parlare, reclina la testa all'indietro e sorride beato al sole senza più degnarmi della sua attenzione. Il traffico rado della domenica mattina non disturba il canto dei passeri in libera uscita, le voci dei bambini che giocano a calcio nell'oratorio di fronte giungono nitide e sguaiate. La città si traveste da grande paese, e per qualche minuto io e questo vecchio dal mignolo aguzzo ci sentiamo al sicuro, ancorati alla nostra panchina e per nulla imbarazzati dal silenzio tra due estranei nel mezzo di una conversazione di circostanza. Prima di alzarmi e tornare verso casa gli pongo un'ultima domanda: «Come ha fatto a smettere?».

Il vecchio si scuote dall'intorpidimento del suo dormiveglia, cerca un'altra arancia nel sacchetto di carta posato in grembo e la sbuccia con quattro incisioni geometriche. Il primo spicchio dev'essere troppo acido, perché tossisce e batte con forza il palmo della mano destra sulla coscia scheletrica.

«Che porcheria questi supermercati! Vendono frutta troppo indietro nella maturazione e chissà da dove la importano. Un tempo non avrei mai comprato del cibo in posti del genere. Ma lei sapesse quanto convengono...» dice, e poi tossisce di nuovo.

Forse non ha sentito la mia domanda e sarebbe scortese ripeterla. Mi alzo e gli porgo la mano per congedarmi.

«È stato un piacere, la prego di scusarmi ma ora devo proprio andare, arrivederci...» lo saluto.

Lui risponde con un cenno del capo e m'incammino verso l'auto.

Quando ho già infilato le chiavi nella portiera, il vecchio dà un colpo di tosse e parla ad alta voce.

«Vuole sapere come ho fatto a smettere?» dice.

Mi giro verso di lui e rispondo di sì.

«Perché, le ho forse detto che ho smesso?» urla, e si mette a ridere di gusto. «Amico mio, io cado ancora! Sarebbe molto più facile smettere di camminare...»

Solo allora mi appoggio alla macchina e comincio a ridere di me insieme a questo dignitoso compagno di sventura.

33

«Penso che non verrò con voi a Sanremo, sul set c'è troppo da fare e voglio controllare il mio investimento. Ma non ti devi preoccupare, ho già organizzato tutto: sarà facile come bere un bicchier d'acqua. Basta seguire le mie indicazioni, l'albergo è prenotato e gli organizzatori sono già informati del vostro arrivo. Per quanto riguarda il trasporto... potresti mettere tu la macchina, non sarete più di cinque o almeno così credo» dice JR dall'altro capo del telefono mentre combatte contro la solita versione russa di *Susanna* per riuscire a farsi sentire.

«È una scena complicata?» chiedo.

«Cosa dici?»

«Niente, mi chiedevo solo se vi foste già incastrati, tutti appiccicati a darci dentro...»

«Non usare questo tono, non serve il tuo sarcasmo. La scena è difficile come tutte le altre, quando si fa cinema il pericolo di sbagliare e dover rifare è sempre molto alto. Sembra che tu sia offeso perché non ci sarò, come se avessi scelta...»

«Non sono offeso, ti ho chiamato per sapere con chi dovrò parlare una volta arrivato lì e farmi un'idea del grado di confusione. Poi volevo anche farti sapere che sono rimasto solo perché gli altri due artisti che rappresenti mi hanno abbandonato» rispondo serio.

«Cosa intendi per "abbandonato"?»

«Intendo quello che hai capito. Bello e Federico non sono più parte del gruppo, ora sono il solista che porta in giro nome e repertorio di una boy band suicidata senza che il suo manager ne sapesse nulla perché è distratto dagli amplessi di due signori...»

«Lo sapevo!» dice JR.

«Cosa?»

«Sei un omofobo, sei proprio come tutti gli altri.»

«Stai scherzando?»

«No, Antonio. Sei una delusione... e sì che avevo sperato che la tua educazione, la conoscenza del mondo e i viaggi ti rendessero migliore. Sbagliavo, ti faccio i miei complimenti.»

«Giacomo, non voglio arrabbiarmi con te, non più di quanto già non lo sia. Cosa c'entra questa idiozia dell'omofobia? Stavamo parlando del fatto inconfutabile che sei un cialtrone, che sei il peggior manager della storia dello spettacolo mondiale e che, pur di non rispettare l'impegno preso, ti sei barricato sul set di un film porno amatoriale. La circostanza che si tratti di un film gay non ha alcuna importanza, non per me.»

«Certo, come no. Gli "amplessi di due signori"... ti senti quando parli? Avresti detto lo stesso se il film l'avesse girato la mia signora con uno di quei due? No, e infatti sei il solito democratico da salotto. Siete i peggiori, siete cresciuti nel lusso e raccontate a tutti di essere progressisti, di non avere pregiudizi, di combattere le ingiustizie. Poi appena uno vi mette alla prova tirate fuori queste schifezze, le piccole distrazioni che vi smascherano. Sei un omofobo, lo sei eccome, Antonio» insiste.

«Mi stai prendendo per il culo?»

«Vedi!» risponde isterico. «Non te ne accorgi nemmeno più. Parli e non ti rendi conto di quello che dici. Prendere per il culo, prenderlo in culo, farsi il culo... siete accecati dai vostri preconcetti e non capite quanto feriscano le parole. Tu non sai cosa significhi essere discriminato.»

«Forse, ma non lo sai neanche tu, Jack. Questa conversazione è surreale, non voglio proseguire oltre. Dammi il nome dell'albergo, quello dei referenti e facciamola finita» dico esasperato.

«La fai facile. Mi offendi, offendi la mia nuova famiglia e i miei amici, e pretendi che io ci passi sopra così?»

Non credo che JR reciti. Una piccola parte di lui è convinta di ciò che dice e si miscela bene con quella che contrattacca per celare la malafede.

«Per favore, ti giuro che posso sopportare tutto, ma tu paladino dei diritti civili no. Jack, tu sei un omofobo, ti sei sempre comportato come un animale e potrei citarti almeno dieci barzellette volgari sull'omosessualità che hai raccontato negli ultimi anni. Non costringermi a farlo, dimmi quel che voglio sapere e chiudiamola qui. Magari un giorno riusciremo anche a tornare amici.»

«Io non voglio essere amico di uno come te. Ti sei chiesto perché gli altri due ti hanno mollato? Ti sei mai interrogato sul perché sei sempre solo? Non ne abbiamo già parlato? Sei una persona negativa, ho sbagliato io a cercare di portare un po' di allegria e colore nella tua vita. Ma è inutile, tu hai un grosso problema e quel problema si chiama tristezza. Sei una persona molto triste, Antonio, e ti meriti la tua solitudine. Comunque, visto che io sono migliore di te, ti dirò quello che vuoi sapere. L'albergo si chiama Stella Maris, e puoi chiamare gli organizzatori al numero 0184523108. Ma rimane il fatto che il tuo comportamento è in...»

Inutile continuare, è tempo di mettere giù il telefono e fendere la cortina di insulti gratuiti usati da JR per non ammettere il suo ruolo nel fallimento poco epico degli Epica. Il tema vero non è la mia omofobia, anche se la questione delle scelte lessicali mi turba da sempre, e nemmeno la tristezza di cui mi accusa di essere portatore insano. La verità è che JR ha gli entusiasmi e la costanza di un bambino di sei anni e mettersi nelle sue mani è stato un vero errore, per piccola che fosse la delega. Ho la certezza che non abbia prenotato l'albergo e non ci siano referenti in attesa di mie notizie, supposizione che si rivela in parte fondata quando, per puro scrupolo, telefono all'hotel a due stelle di cui JR ha fatto il nome. Non ci sono stanze disponibili, sono tutte prenotate da mesi. La seconda verifica è più confortante: gli organizzatori aspettano una band di nome Epica, ma sono convinti che sia un gruppo metal e si raccomandano con me di non esagerare sul palco. Non vogliono danni né denunce del pubblico. Li rassicuro, ma mi guardo bene dal raccontare la verità sul gruppo e sul genere che facciamo. Prima che venga sera devo preparare la valigia e scrivere due lettere, una per mia madre e una per Friedrich. A lei scrivo che sono partito all'improvviso per sostituire un pianista in tournée con la Berliner Philharmoniker, che non ho fatto in tempo ad avvisarla e mi dispiace molto per il viaggio a vuoto. Le prometto anche che mi farò sentire nei prossimi giorni. So che le basterebbe un rapido controllo per scoprire che è una patetica menzogna, ma conosco sufficientemente bene mia madre per prevedere la sua reazione, l'orgoglio e la gratitudine per una notizia da spacciare alle sue amiche invidiose, madri di vitelloni che passano la stagione invernale ad attendere quella estiva. L'unica cosa che non posso immaginare è la sua reazione nel caso sfortunato ma probabile in cui lei e papà si incrociassero sulle scale, e così non ne faccio menzione nella lettera, succeda quel che deve succedere. A Friedrich scrivo solo di chiedere a Yao le chiavi di casa, sistemarsi al meglio e attendere il mio ritorno, perché ci sono molte cose di cui dobbiamo parlare. In calce aggiungo un disegno di due adulti che si stringono la mano, realizzato nel suo stesso stile infantile e rassicurante. Metto nella sacca solo una camicia bianca, un paio di jeans e delle scarpe da ginnastica in tela, poi appendo con cura il montone tra le altre giacche invernali, perché non voglio portarlo con me a prendere aria sulla riviera di Ponente.

Come tutti i pazienti più disciplinati, posseggo il numero di casa della dottoressa Limone, da utilizzare solo in caso di emergenza. Al termine di una breve riflessione concludo che non esiste emergenza più grande della mia e lo compongo, l'ultima telefonata del giorno di festa. Dopo qualche squillo risponde la voce del marito, che dopo un fuoco di fila di domande preliminari accetta di passare la chiamata. In principio la dottoressa Limone si mostra molto allarmata, poi cambia tono ed esprime senza remore tutta la disapprovazione per l'inutile invasione della sua intimità. Le spiego che è molto importante, che la natura stessa della mia emergenza la rassicurerà sulla sua eccezionalità.

«Cerchi di essere meno fumoso...» mi avverte.

Più che un'emergenza, rispondo, il mio è un addio. Non ci saranno altre sedute di psicoanalisi perché non c'è nulla da analizzare, comprendere o curare. Nulla che riguardi le mie cadute, almeno. Le dico che sono pronto a convivere con i lividi e la compassione dei passanti. Lei non mi interrompe e quando parla sembra sollevata, come se l'avessi liberata da un peso. Dice che la scelta può essere solo mia e che, anche se non è corretto valutare gli effetti e le conseguenze delle nostre sedute in così poco tempo, tuttavia confida che troverò una soluzione. Mi augura buona fortuna per la prossima personale e aggiunge che le sembra di aver visto una delle mie foto esposta in una galleria del centro. Non la smentisco, anche se mi piacerebbe rimproverarle la pochezza della sua memoria e la sciatteria con cui prende appunti, ma il nostro è un commiato sereno e educato e le prometto che mi ricorderò di telefonare alla sua segretaria-contorsionista per cancellare la prossima seduta.

Non mi resta che scaldare una parca cena cinese nel microonde, buttare più di metà della stessa nella spazzatura e coricarmi in attesa dell'ultimo giorno prima del giorno più lungo.

34

Oggi è lunedì 17 febbraio e i quotidiani confermano che cose incomprensibili e tuttavia minuscole continuano ad accadere intorno a me. In via Lomellina un appartamento disabitato è andato in fiamme, per incendiarlo hanno usato una palla di cartone imbevuta di liquido infiammabile. La donna che abitava nel bilocale è morta più di un anno fa, e secondo le testimonianze dei vicini era una persona mite e solitaria: tutti escludono che potesse avere dei nemici, e comunque sarebbe una vendetta ben postuma. I vigili del fuoco hanno salvato l'intero stabile tranne quell'appartamento; non ci sono stati altri danni, solo le fiamme in quelle stanze deserte che nessuno ha voluto occupare. Poche pagine prima si dà notizia dell'emergenza sfratti, specificando però che in città ci sono ottantamila appartamenti vuoti, e pare evidente in questo caso che i vasi non comunichino. Un cane di piccola taglia è caduto nel Naviglio Grande ed è stato salvato dai soliti vigili del fuoco, avvertiti da alcuni passanti. La dinamica della sua caduta è oscura e non si esclude che sia stato spinto nel canale; comunque nessuno si è presentato a reclamarlo e per ora il cagnolino si gode la vita della mascotte di caserma. Lo hanno chiamato Grisù, e in fondo c'era da aspettarselo. La dama di ferro che tempo fa dirigeva la Rai ha annunciato che non farà il sindaco di Milano e che non intende discuterne oltre, ha chiarito che i poteri del primo cittadino sono pochi e incompatibili con la sua visione dell'amministrazione. Appartamenti vuoti, cani abbandonati, cariche pubbliche senza fascino. Sono tutte notizie piene di spifferi, cronache piccole da cui cavare la strana sensazione che non stia succedendo niente, dispacci da una quiete che non può durare ancora a lungo. In Italia anche la rotazione della Terra sull'asse può proclamare uno sciopero a singhiozzo e dilatare all'infinito il tempo. Ieri è finito il Carnevale, le strade sono piene di coriandoli sgualciti e castagnole esplose e spiaccicate in terra. Se avessi voluto scegliere un costume, quest'anno mi sarei travestito da pappone: tra montone e tuta avevo tutto l'occorrente. La Bicamerale muove i primi passi, e il segretario federale della Lega Nord ha fatto sapere che, se la commissione non riconosce da subito il diritto all'autodeterminazione del popolo padano, non se ne fa niente. D'Alema si muove in equilibrio tra compromessi e ricatti più o meno espliciti, da sinistra lo accusano di aver fatto scattare prematuramente la legittimazione politica di un avversario troppo pericoloso e scaltro. Dicono che sia impossibile contrastare politicamente un alleato nella riforma della Carta Costituzionale. A tratti ho l'impressione che, pur animato dalle migliori intenzioni e forgiato da una carriera in costante ascesa nel più grande partito comunista occidentale, il mio uomo si sia fatto condurre per mano in un vicolo cieco. Sa quale enorme responsabilità politica ricadrebbe sulle sue spalle in caso di insuccesso, ma gli insuccessi non vanno mai contemplati. Mi chiedo se lo sfiori mai il sospetto della vanità di tutto ciò, dell'inutile macchina burocratica montata ad arte per riformare una Costituzione di fatto non ancora applicata, perché questo è quanto dicono i politologi e i notisti più arguti. Sostengono che sia una pericolosa partita a carte scoperte contro un uomo che nasconde le sue e che ha di certo altri mazzi nascosti nelle tasche, assi infilati nei polsini e suggeritori sparsi per tutta la stanza da gioco. Chissà se esiste una reazione a catena delle ispirazioni e se si può osservarla dal basso. Anche se la mia è una missione molto piccola e dal contenuto risibile, nei momenti di difficoltà e quelli in cui il fallimento sembrava inevitabile ho pensato a come si sarebbe comportato lui al mio posto. Non che me lo veda alle prese con passi di danza malfermi e note acute, ma l'arte sottile del manovrare in spazi angusti e uscirne vittoriosi è una buona regola che si può applicare alla politica così come alla danza. Quindi io mi ispiro a lui e vorrei sapere qual è il suo faro, una curiosità che a volte si fa morbosa e mi spinge a immaginare gli anelli successivi della catena, il faro del faro e così via. Massimo D'Alema è un modello di condotta pubblica da applicare nelle fasi più complicate della vita, un manuale di sopravvivenza che, se funziona nelle paludi insidiose della politica, non può non essere vincente nella mia scala ridotta. La lezione della Bicamerale applicata alla boy band è che, una volta istituita la commissione (il gruppo) e confermata la data d'inizio dei lavori (il concerto), è impossibile tornare indietro, esiste solo la marcia determinata fino al conseguimento dell'obiettivo. D'Alema in realtà non intende riformare la Costituzione, vuole mettere il suo avversario politico all'angolo usando la leva della fiducia per annullare la loro enorme differenza di potere mediatico ed economico. Se dovesse perdere pezzi di partito e sacrificare i compagni di una vita lungo il percorso, lui andrebbe avanti comunque. Io vado avanti comunque, nonostante sia stato tradito dal mio manager e abbandonato per motivi assai discutibili dagli altri due elementi della band.

Io e Massimo siamo la reciproca garanzia che nessuno mollerà prima del tempo, l'asse invisibile più perfetto e consolidato della recente storia patria. Non ci conosciamo e non ci conosceremo, ma mai accadde che anime si sollevarono con tanta simultanea fierezza. Mi chiedo solo se sarebbe capace di disegnare nell'aria cuori perfetti come i miei, ma non lo escludo a priori. Prima che finisca la giornata consegno le due lettere a un sussiegoso e sempre più elegante Yao, rispondo a una telefonata del Maestro che mi propone di iniziare a collaborare con lui e chiudo gas, luce e acqua come se fossero sipari immaginari. Che il mio padre-fanciullo si arrangi, sempre che voglia aspettarmi. Io l'ho fatto per quasi dieci anni, penso che in cambio possa adattarsi a qualche ora di vita medievale.

35

Trascorro l'ultima notte dove vorrei trascorrere tutte le ultime notti che restano. La ragazza con le trecce vive da sola in un monolocale in centro. Compongo il numero uno e poi il quattro sulla tastiera ultramoderna del videocitofono del suo palazzo, lei risponde e dice che sono buffo, che vede solo un enorme naso pallido. Ho trovato parcheggio a poche centinaia di metri di distanza, la sacca con i miei vestiti e le poche cose utili al viaggio è rimasta chiusa nel baule perché non sarei mai capace di presentarmi come uno che è certo di dormire lì. Io e il naso pallido ci infiliamo in ascensore e saliamo i cinque piani disponibili, poi ce n'è un altro da fare a piedi e alla fine delle scale un corridoio buio. Non sono mai stato capace di accendere le luci delle zone comuni, finisco sempre per suonare campanelli in piena notte, e così evito l'azzardo e mi assumo il rischio di cadere più e più volte, cosa che però non succede. Lei apre la porta e viene investita dal fascio di luce, indossa una gonna corta di pelle, calze a righe colorate e una maglietta bianca senza maniche. Sorride, e mi fa cenno di entrare. Non ha le trecce e mi abbraccia forte senza dire una parola. Io resto immobile come se mi stesse rapinando, paralizzato da una dimostrazione di affetto totale e così esplicita. Potrebbe essere la stretta che si riserva a un amico o un fratello, non fosse per quelle mani calde e sottili che accarezzano la mia nuca e sembrano non voler smettere mai. Provo ad accostare la porta con il tacco della scarpa, sia mai che mi veda qualcuno che non conosco, e solo allora la ragazza senza trecce si stacca da me e chiude la serratura con una decina di mandate. Poi racconta qualcosa di lei, ma sono solo progetti per il futuro e dice di non volermi annoiare. Non mi chiede quanti anni, non mi chiede da dove e come. Aspetta che sia io a parlare, e così mi sforzo di non illustrarle il funzionamento e le finalità della Bicamerale, ma le spiego invece perché non esista canzone più bella di *Mixed Emotions* dei Rolling Stones, che poi non è nemmeno la mia canzone preferita ma quella che ascolto più spesso da ubriaco. L'alcol è la sostanza dopante dei gusti musicali, un ubriaco ha il doppio delle possibilità di ascoltare proprio in quel momento e in quello successivo le due canzoni più belle della sua vita. Siamo seduti su un piccolo divano bianco, ai due estremi opposti. Lei sembra a suo agio, io ho l'aspetto di una di quelle statue di bronzo su panchina che ogni città che si rispetti dedica al suo intellettuale di riferimento. Rigido, vigile e impacciato, soprattutto quando la sua mano percorre la distanza che ci divide e si posa sulla mia coscia. Nel mondo che funziona al contrario io resto fermo sulle mie posizioni di difesa e lei non desiste. Questa giovane donna ha il talento e la grazia delle persone risolte, non la spaventano le persone impagliate e noiose, non se intuisce la possibilità di una scintilla. Forse le ricordo un professore di filosofia delle scuole superiori, uno di quelli che non riescono a rinunciare a sedurre le studentesse più dotate, oppure posso avere la faccia rassicurante di un amico di famiglia di cui è stata segretamente innamorata per anni; il fatto è che la ragazza che prima aveva le trecce e adesso no deve avere degli ottimi motivi per sopportare la mia inconcludenza. Che poi, esisterà un luogo dell'universo in cui il rispetto per gli altri non viene catalogato come inettitudine, la capacità di attendere e ascoltare con calma non viene trattata come fosse irresolutezza e le buone maniere non vengono sacrificate al tempio della carnalità? Sì, forse esiste, ma non voglio visitarlo questa sera. Attraverso a mia volta lo spazio tra noi due e le cingo le spalle con un braccio, ci troviamo a combaciare lungo tutta una parte dei nostri perimetri. Lei ride e io mi perdo negli angoli della sua grande bocca e nel bagliore di quei denti bianchi che non ne ho mai visti così. Poi mi bacia e questa volta sono certo che lo stia facendo, non lo dimenticherò. Tutto quello che succede è veloce e non riesco a raccontarlo perché se provassi a farlo perderei l'attimo e si rovinerebbe irrimediabilmente, quindi, con grande rammarico ma con la consapevolezza di fare la cosa giusta, per qualche attimo smetto di pensare, di immagazzinare informazioni ed elaborarle. L'unica cosa che vorrei fare è seguire il suo respiro ma la trovo una mossa troppo new age, e allora evito anche quello e mi limito a vivere, non prima di aver spento la luce.

Sanremo, 18 febbraio 1997

L'autostrada corre lenta perché non potrebbe fare altrimenti, la velocità di crociera della mia macchina è simile a quella di un autobus carico di anziani turisti dell'Est alla loro prima visita in Italia. Non guido bene e non guido male, ho la conduzione insipida ed efficace di uno a cui non piacciono le auto veloci e non ha mai fatto un test di guida sicura. Ho lasciato la casa della ragazza con le trecce appena dopo l'alba ma non è stata una fuga, per qualche ora siamo anche riusciti a dormire insieme nel suo letto singolo, avviluppati come se non ci fosse alcun errore. Le ho raccontato per sommi capi il motivo del mio viaggio e la versione le è bastata, non ha richiesto supplementi di indagine e mi è sembrata felice dell'idea che io sia un musicista e quindi una persona del tutto inaffidabile. Nei dieci minuti necessari a sbrinare il parabrezza mi sono svegliato del tutto e ho ricapitolato con attenzione l'agenda della giornata. La distanza da percorrere è di circa duecentosessantacinque chilometri e ho calcolato un tempo di tre ore e qualcosa, in cui quel "qualcosa" definisce le soste per nutrirmi e stirare i muscoli indolenziti dall'accrocco notturno e sgranchire le ossa torturate dall'umidità mattutina. Uscire dalla città è stato di una semplicità imprevista, nemmeno il tempo di accelerare ed ero fuori. Ho superato il nuovo palazzetto dello sport, quell'orrendo monumento di tubi, fango e nebbia, e pochi minuti dopo è cominciato il monotono tratto di autostrada che corre fino all'Appennino ligure. Ora guido senza fretta e la luce tenue del primo mattino cancella ogni traccia di pericolo dalla visuale, anche i camion più indisciplinati abbandonano la loro andatura sbilenca e assonnata per allinearsi in una lunga coda mobile. Un tempo mio padre sosteneva di voler brevettare un tapis roulant da autostrada, a suo dire la soluzione migliore e definitiva alle tragedie e al traffico. Diceva che sarebbe bastato attendere ordinatamente un buco libero, montare sul nastro trasportatore e godersi il paesaggio fino al momento di scendere, aiutati da svincoli mobili per lo smistamento. Una colossale bisarca alimentata non dall'energia elettrica, mossa stupida ed enormemente dispendiosa, ma dai motori delle stesse macchine collegati al nastro da avveniristiche soluzioni, tanto avveniristiche che Friedrich riteneva non toccasse a lui indicarle. La radio suona grandi successi degli anni Ottanta e di tanto in tanto aggiorna sulla viabilità. C'è sempre un incidente su una statale adriatica, un giorno bisognerebbe fare un salto da quelle parti a vedere cosa si è inceppato, se lo speaker radiofonico o un semaforo particolarmente riottoso. I notiziari parlano di grande fermento per la prima serata del Festival, una fibrillazione di cui dall'altro lato della strada sarà difficile percepire l'intensità. Non ho nemmeno cercato un letto, partirò a fine esibizione e non dovrebbe essere difficile, non credo che resterò nei camerini assediato da torme di adolescenti impazzite e piangenti. Ci sono quarantuno canzoni in gara e la formula dei cinque giorni preoccupa molto gli organizzatori e la stampa, meno il conduttore. Ma tutti si preoccupano per il conduttore, e l'ansia dell'attesa si stratifica per gradi di diffidenza reciproca tra lui e gli altri. I detrattori sostengono che alla sua veneranda età sarebbe finalmente ora di guardare la televisione e di smettere di farla, ma Mike Bongiorno non mostra alcun segno di cedimento e risponde sorridendo. Lui ha fatto ogni cosa e l'ha fatta bene, nessuna emozione può appannare gli occhiali spessi di chi ha rischiato di essere fucilato dai nazisti, ha fatto la staffetta partigiana ed è rimasto isolato sulla cima di una montagna durante le riprese di uno spot, nessuno può spaventare chi è sopravvissuto alla scomunica di ogni intellettuale del Paese. Hanno detto che è di una mediocrità assoluta, ma la mediocrità assoluta ha un'eccellenza: è inossidabile. Poi ci sono i favoriti della critica e ci sono quelli che vinceranno senza merito, c'è un testo scritto dall'autrice del romanzo più venduto degli ultimi anni e ci sono ospiti stranieri che, come al solito, si chiederanno che cosa ci fanno lì. C'è una canzone che si chiama *Padre nostro* e gioca sporco sul senso di colpa, e ce n'è una intitolata *Papa nero* che gioca e basta. Di tutto ciò io non vedrò nulla, solo qualche spezzone nelle trasmissioni dei prossimi giorni, sempre che sia fortunato. Sarò il primo e il più vicino degli assenti e dei mal informati. Se tutto va come deve andare, resterò nascosto dietro le quinte di uno spettacolo minore, in attesa che venga il mio turno.

Il caffè della prima area di sosta non è scuro e non è forte, piuttosto un brodo da risciacquo. Mi viene servito senza passione da una ragazza appena entrata in servizio e ancora truccata come se tra il cubo della discoteca e la macchina per le spremute ci fosse soluzione di continuità. Le persone non ridono a quest'ora. Se venisse compilata una statistica sulla quantità di sorrisi procapite nelle prime ore del mattino, ne risulterebbe un numero davvero gramo. A quest'ora sono tutti troppo impegnati a rimpiangere il proprio letto o a maledirsi per averci dormito con qualcuno, a detestare gli altri umani. A quest'ora la gente porta addosso l'odore acre della propria pelle e si muove senza grazia. Il camionista vicino a me continua a schiarirsi la gola e a tirare su con il naso, sbriciola un toast con dita enormi macchiate di grasso e di tanto in tanto scuote la testa. Non alza mai lo sguardo sulla ragazza, le passa lo scontrino del caffè e non apre bocca. Quando se ne va non ringrazia e non saluta, mi scansa con un gesto energico e si allontana ciabattando lungo il corridoio delle caramelle e dei biscotti al cioccolato. Sono in anticipo sulla mia larga tabella di marcia e per qualche minuto conduco un esperimento antropologico elementare ma interessante: sorridere a tutti quelli che arrivano al bancone. Nessuno risponde alla semina e uno si innervosisce e domanda alla ragazza se sa che cazzo ho da guardare.

«Non ci faccia caso» risponde lei. «È strano, ma non fa del male a nessuno. Sta qui da mezz'ora e non ha mai parlato, mi ha chiesto solo il caffè. Lo lasci perdere, forse non è del tutto normale.»

Torno alla macchina offeso, perché farsi insultare da una professionista del make-up è un'altra delle note curriculari di cui avrei fatto volentieri a meno, questo mondo non è pronto ad amare senza condizioni.

L'aria del mattino profuma di gasolio ed erba umida, il sole fa il suo bagno di latte nel pallido orizzonte di pianura e non posso fare a meno di chiedermi a che punto sia il viaggio dei miei genitori verso Milano, quando e dove si incroceranno, sempre che succeda.

Quale sarà la reazione di mia madre di fronte a un uomo ancora meno risoluto e determinato di un tempo, più morbido e in apparenza indolente? Quale sarà il primo gesto di mio padre verso una donna sempre più inquieta e petulante, ciarliera ed emotiva? La allontanerà per proseguire il suo cammino o cercherà di cingerla a sé in un abbraccio? Ma soprattutto, sarà in grado Yao di consegnare a ciascuno la sua lettera e di non invertirle? Sono tutti casi in cui sarebbe facile immaginare il peggior scenario possibile, ma la mia fiducia nell'umanità scarta di fronte all'ostacolo e rifiuta un finale prevedibile. Dieci anni possono sanare ogni contrasto, l'insofferenza può trasformarsi in comprensiva accettazione e la distanza accorciarsi senza forzature. Spero solo che non eccedano nel capirsi e non si scateni una fiamma di rinnovata passione, perché non potrei sopravvivere al fidanzamento dei miei genitori, ma questa è un'ipotesi peregrina e la affronto con il mio fallimentare sorriso ebete da bancone.

Il profilo delle montagne tozze e ammucchiate alla rinfusa si staglia davanti a me, la strada si arrampica senza strappi e mi infilo nella porta girevole che separa l'estate dai cittadini, la terra di nessuno in cui si accelera per arrivare al mare o si va piano per non tornare a casa troppo in fretta.

Due enormi autoarticolati procedono affiancati, la versione rallentata di uno sprint tra velocisti in cui nessuno ha la meglio. Il tir sulla corsia di sorpasso viene dalla Romania, accanto alla targa c'è l'adesivo di un uomo muscoloso con la maglietta degli Iron Maiden. L'altro è turco e in cima al telone posteriore ha dei led luminosi che si accendono ritmicamente e compongono la scritta "*We will rock you*". La sfida prosegue per qualche chilometro di troppo e, nonostante le macchine in coda dietro di me suonino e i loro autisti inveiscano, non faccio nulla e resto a distanza di sicurezza. Quando infine li supero agito la mano in un gesto amichevole ed entrambi rispondono con un colpo di tromba e due di abbaglianti, felici di aver avuto un buon pubblico tanto quanto lo sono io dei loro impeccabili gusti musicali e dell'ostinazione. Uno dei due è lo sbriciolatore di pane con cui ho sostato al bancone dell'autogrill solo pochi minuti fa.

Il panorama muta radicalmente, dove prima c'erano lunghe sequenze di cascine avvolte dalla nebbia leggera del mattino ora ci sono paesi arrampicati su pareti in cui nemmeno il vento passa più a fare il suo giro, case abbandonate da almeno un secolo. Le valli sono così buie che ti chiedi come abbiano fatto i montanari a vivere lì senza diventare ciechi, ci sono pendii bruschi e dirupi spaventosi che visti dalla strada sembrano ancora più cattivi e ostili. Dopo il Colle di Cadibona inizia lo scollinamento verso la costa, una corsa tra cavalcavia e gallerie deserte che porta fino a Savona e da lì a imboccare l'ultimo tratto di strada. La temperatura è più mite, di tanto in tanto apro il finestrino per inspirare l'aroma salmastro dell'aria fresca e l'umore migliora e celebra l'anniversario del mio matrimonio con il mare. I nomi dei paesi del Ponente si succedono e spariscono con i cartelli annegati tra gli oleandri, a Imperia Ovest rallento come se dovessi arrivare al casello di Arma di Taggia quasi completamente fermo, il piede che spinge l'acceleratore si solleva e per un po' mi concentro solo sulla bellezza intorno.

Mi ripropongo di abbandonare Milano e trasferirmi in una città di mare, cosa che avrò fatto già almeno un centinaio di volte negli ultimi dieci anni, ma avere degli obiettivi e dei traguardi è un buon incentivo a vivere con pienezza. Verrò a stare sul mare, lo tengo a mente fino alla prossima volta che me ne dimenticherò.

Sanremo è completamente impazzita.

Il traffico è paralizzato e le strade sono piene di gente che gira con gli occhi sbarrati, in cerca di qualcuno o qualcosa da fotografare come in un safari cittadino. La pace degli ulivi e delle terrazze sembra ancora lontana, ovunque c'è chi si tuffa e cerca macchina per macchina uno a caso da poter investire della propria amichevole isteria. Qui e là si creano capannelli di fotografi e fotografati in cui la differenza tra gli uni e gli altri è affidata al buon cuore delle forze dell'ordine, poche e già stravolte di prima mattina. Sembra che tutti abbiano un microfono e un operatore al seguito, a ogni angolo va in onda la diretta di una diretta e un'intervista non la si nega a nessuno, anche se le canzoni sono ancora coperte dal segreto della gara e dei protagonisti non si vede l'ombra. I camion e le regie mobili di radio e televisioni occupano tutti i parcheggi disponibili, e così seguo il serpentone lento di automobili davanti a me, diretto a una delle grandi aree di sosta allestite per l'occasione. Al momento di pagare non provo nemmeno a spendere le mie credenziali di artista, perché ci sarebbero troppe cose da spiegare e sarebbe umiliante. Quindi pago senza protestare venticinquemila lire per una giornata intera, scarico la sacca con il cd e l'abito di scena e mi metto in marcia verso il Pala Husqvarna, teatro del Festival meno reclamizzato e noto d'Italia. Arrivo di fronte a un anonimo tendone da circo piantato al centro di un piazzale d'asfalto, nessuna indicazione per i camerini né per l'ingresso artisti, solo un tizio con il casco giallo da minatore in testa e una torcia in mano che osserva preoccupato i tiranti.

«Sei quello della verifica?» chiede mentre gli passo davanti e faccio il giro della struttura.

«No, sono un cantante» rispondo.

«Per fortuna! Se vengono a controllare qui tocca chiudere tutto, quell'affare rischia di staccarsi da un minuto all'altro, ci hanno montato su troppo peso, ci hanno» conclude pensieroso.

A metà del mio giro noto una piccola porta, un varco nel telone. Mi affaccio all'interno e immediatamente una voce lontana mi raggiunge.

«Che cazzo ci fai lì, non vedi che è chiuso?»

«Sì, ho visto, ma sono uno degli artisti. Cercavo il camerino» dico.

«Non ci sono camerini, sei il sesto che ce lo chiede. Qui stiamo ancora montando, vai a farti un giro e torna verso le sette, vi sistemate tutti dietro al palco e vi cambiate lì.»

«E come facciamo a provare i suoni, a che ora è previsto il soundcheck?»

«Non lo so e non mi interessa, chiedilo all'organizzatore. Noi stiamo montando, se esci mi fai un favore» e aggiunge altro che non riesco a sentire ma posso immaginare. Prima di uscire guardo in alto e vedo il proprietario della voce, arrampicato all'impianto luci, appeso a torso nudo come uno scalatore estivo, i capelli lunghi che indicano la via per una possibile caduta.

Alle sette mancano otto ore e non conosco la città. Torno alla macchina e abbandono i miei pochi averi nel baule, attento a non farmi vedere dai predatori di magliette e pantaloni usati, poi mi muovo svogliato verso il centro, o almeno quello che nella mia immaginazione limitata di telespettatore medio dovrebbe essere il nucleo atomico delle attività. Il Teatro Ariston in pieno giorno è deludente come la scoperta che Babbo Natale è tuo nonno, che quando inciampa nel sacco dei regali bestemmia. Brutto e piccolo come un'autorimessa di provincia, incastrato tra due palazzoni enormi piazzati ai lati come gendarmi in carcere, lo riconosci solo da quella scritta al neon troppo geometrica e marziale per non essere datata, la A maiuscola che sembra un tepee surgelato dai gelidi venti delle grandi pianure, con tutte le altre lettere accatastate per scaldarsi. Mentre faccio del mio meglio per assorbire e smaltire la delusione, vengo travolto da due fotografi in corsa verso qualcosa o qualcuno, che a loro volta sono inseguiti da una torma di ragazzine isteriche e dall'unico, lento e disperato vigile di pattuglia. Mi alzo in punta di piedi per cercare di capire il motivo di tanta agitazione ma dopo pochi istanti tutti defluiscono insoddisfatti, tutti tranne il vigile che con il suo passo flemmatico sta arrivando proprio in quel momento. Solo allora vedo una donna alta e molto truccata. Troppo alta e troppo truccata, in effetti, per essere una donna, una figura imponente e quasi tragica che porta occhiali tondi che le coprono metà viso e capelli biondo platino con ricrescita nera in vista. Credo sia un travestito travestito da Anna Oxa ma lo intuisco solo dal nome della cantante scritto con paillette luccicanti sulla borsa dell'energumeno. La Oxa è la grande favorita di questa edizione, donna di grande fascino, reincarnazione continua di se stessa. È stata giovane e rabbiosa urlatrice post punk, poi androgina dama bianca e ora sembra rinata a un'altra nuova vita. Si dice gran bene della sua canzone, e nonostante i concorsi canori italiani abbiano la trasparenza della politica estera di Kissinger, questa volta può farcela senza troppi sforzi. Il travestito si scamicia un po', allarga la scollatura e mette in mostra le imbottiture generose del Wonderbra, ma non c'è più nulla da fare: è stato abbandonato al suo destino di comparsa. Passano pochi secondi e viene raggiunto dai sosia di Pippo Baudo e Al Bano, si allontanano insieme per vedere l'effetto che fanno e per racimolare almeno qualche scatto e piccole notorietà da marciapiedi.

Nel bar d'angolo vicino al Teatro trovo un tavolino con vista mare e pago un caffè settemilacinquecento lire, che a scriverle tutte in fila uno si rende conto della follia. Leggo i quotidiani già accartocciati da molti prima di me, e sulle pagine milanesi del "Corriere della Sera" c'è una notizia che mi fa prima trasalire e poi sorridere. Nella prima di cronaca c'è la storia triste di un anziano arrestato in pieno centro per schiamazzi e oltraggio a pubblico ufficiale. L'articolo dice che il tizio non aveva indosso altro che una vestaglia da camera e sosteneva di essere sia Palmiro Togliatti sia Benedetto Croce. La descrizione parla di un uomo alto, capelli e mani ben curati e forte accento friulano, e il pezzo prosegue con la sua strana richiesta fatta al momento dell'arresto: "Mi dichiaro prigioniero politico sia di una parte che dell'altra, rifiuto qualsiasi contatto e trattativa fino a quando non riconsegnerete mio nipote alla sua famiglia".

Riccardo Sanpa si è dichiarato prigioniero politico per evadere dal carcere della pazzia. Spero solo che, quando lo rinchiuderanno in una struttura psichiatrica, abbiano la buona creanza di sistemarlo nell'ala dei grandi mitomani, in compagnia di mistificatori alla sua altezza. Voglio andarlo a trovare al più presto. Dopo il caffè ordino una cioccolata calda da lire quindicimila, che con questo sole ha lo stesso senso di un antipasto di mare in un rifugio alpino. Non ho mai avuto talento per le stagioni e le variazioni di temperatura, ho sempre pensato che l'inverno avesse più fascino: infatti, non appena riuscivo a sfuggire al controllo dei miei genitori, mi intabarravo e mi ricoprivo di molti strati di vestiti, laddove la quantità per me era sinonimo di classe. Fu quando, a nove anni, svenni in una mattinata di giugno, soffocato dal mio loden blu e da due maglioni, che gli insegnanti convocarono mia madre e la minacciarono di affidarmi ai servizi sociali, ma questa è tutta un'altra storia e non ha nulla a che vedere con la cioccolata pessima che assaggio appena e abbandono, prodotto di una bustina scaldata senza passione.

Poi eccoli.

Vestiti come se fossero stati rinchiusi in un camion di articoli da sci e costretti a scegliere al buio, nel bar irrompono i Ragazzi Italiani. Tre di loro sono molto nella parte e si guardano intorno con circospezione, in cerca di autografi da rifiutare. Gli altri due sono più timidi, o comunque ancora poco abituati ai bagni di folla, e tentano di non farsi notare. Insieme a loro ci sono quello che a occhio e croce deve essere il manager e una guardia del corpo più minuta di almeno un paio dei membri della band, corpulenti ex spogliarellisti. I gestori del locale chiudono le porte a vetri e minacciano la gente che preme e si accalca, siamo barricati all'interno del bar e fuori si addensa una folla di quindicenni armate di poster, pennarelli e voce acuta.

Uno dei Ragazzi si accorge di me e alza le spalle.

«Mi spiace» dice sorridendo.

Anche a me, vorrei rispondere, ma so che suonerebbe scortese e non voglio creare precedenti né alimentare la rivalità già fin troppo accesa tra la loro boy band e la nostra. La mia. I baristi insultano la folla, che li insulta di rimando e scandisce uno per uno i nomi dei cinque. Poi sul marciapiedi passa qualcuno, e tutti partono a passo di carica smontando l'assedio. Rimangono solo due gemelle con l'apparecchio che continuano a invocare il nome di Pino, e una signora settantenne che sventola una schedina del Lotto e chiede di entrare per giocarla.

Scopro che Pino è quello che si è dispiaciuto per la mia reclusione, perché è lui che va alla porta a chiacchierare con le due gemelle e solo dopo aver firmato poster, diari e due magliette, averle baciate entrambe ed essersi fatto fotografare con loro dalla signora del Lotto, rientra e mi sorride di nuovo.

«Sei un giornalista?» mi domanda.

«No, a dire il vero sono un collega. Canto anche io» rispondo.

«Davvero?»

«Davvero.»

«Allora ci si vede in Teatro oppure al Dopofestival.»

«Senz'altro.»

Poi, mentre si accoda agli altri e torna in strada, si gira e mi chiede: «Mi faresti una cortesia?».

«Certo.»

«Potresti ricordarmi chi sei? Scusa, ma per noi è la prima volta e non vorrei che ti fossi offeso» dice gentile.

«Non preoccuparti, ci mancherebbe... siete giovani e la prima volta è un'emozione fortissima. Sono Alessio Casa, due anni fa ho vinto il Premio della Critica e questa volta partecipo fuori concorso per volere del conduttore» mento come un automa pur di non svelare la triste verità.

Lui mi guarda perplesso, poi ripesca dalla memoria qualcosa di simile al mio racconto e annuisce entusiasta, non scoprirò mai se si tratta di pura cortesia.

«Come no... scusami, Alessio. In bocca al lupo allora!» si congeda.

Rispondo: «Crepi» e lo saluto, vado alla cassa e mentre pago il gestore sibila che non ha mai sentito nominare Alessio Casa, e lui i Festival li ha visti tutti e se li ricorda tutti.

Gli rispondo che nemmeno io l'ho mai sentito nominare e che sono un giornalista, che non mancherò di raccontare quanto cazzo costi il loro caffè e che terribile brodo sia la cioccolata calda. Solo dopo la tirata me ne vado perché il tempo si è accorciato e mancano un paio d'ore alle sette.

Torno al parcheggio con tutta calma e mi cambio in macchina per evitare nuove sorprese. Mi muovo come uno che ha pagato per un sontuoso pompino e sta fruendo del servizio, mi agito sul sedile per entrare nei jeans e guardo in basso verso la cerniera che rifiuta di chiudersi. Completata l'operazione entro nel tendone, dove il vuoto e il silenzio di prima sono stati sostituiti da una baraonda preoccupante. Il primo sguardo è per la struttura, ci metto un secondo a capire che l'impianto luci è troppo pesante e imponente per un palco come quello. L'unica consolazione è che, se dovesse staccarsi e precipitare, colpirebbe in pieno il pubblico e risparmierebbe gli artisti. La rassegna è già iniziata ed è con una certa fatica che riesco a rintracciare uno degli organizzatori. Dice che al mio turno mancano quasi due ore, indica uno spazio vuoto a lato della pedana su cui si agitano due ballerini vestiti in acrilico azzurro e mi invita ad aspettare lì, nel backstage.

Eseguo, e dopo di me arrivano altri candidati alla gloria. Un distinto signore emiliano che sostiene di essere un tenore pop, una coppia di cantanti di liscio molisana in costume di scena (seminuda lei, in frac rosa lui), una band heavy metal sarda i cui membri non parlano con nessuno e si guardano in cagnesco tra loro, un neomelodico napoletano devastato dall'acne e un prestigiatore piemontese che ci tiene a sottolineare il fatto di essere l'unico a eseguire il numero delle colombe con dei corvi, molto più difficili da addestrare e da infilare nelle tasche. Tutti insieme attendiamo di salire sul palco mentre la sala si riempie per metà, forte dell'ingresso gratuito e debole perché nel circolo ANPI di fronte hanno sintonizzato il televisore sul 47° Festival della canzone italiana, e ogni volta che uno dei vecchietti del circolo fischia c'è una migrazione di massa dalla platea del tendone al cortile dell'ANPI, per vedere cosa succede.

Si alternano esibizioni dignitose e altre di cui vergognarsi per una vita intera. Dalla mia posizione osservo le facce assenti e le espressioni disinteressate del pubblico, come a dire che a una cosa gratis non si rinuncia mai, ma nemmeno la si apprezza.

Io invece prendo fiducia, mi persuado lentamente di essere proprio dove dovrei, canticchio sottovoce il pezzo del duo molisano e applaudo convinto al neomelodico. I migliori di tutti sono i metallari sardi, che a metà canzone smettono di suonare e chiedono al pubblico di battere le mani a ritmo. Nessuno li segue, e allora il cantante si getta in mezzo alle prime file e inizia a menare fendenti con il microfono e mulinare ceffoni, mentre il resto del gruppo si azzuffa sul palco e, per manifestare fino in fondo la sofferenza da figli degli inferi, si sputa addosso. Dopo pochi minuti la sicurezza interviene per salvare il gruppo da una gang di ragazzini accorsa nel tendone ai primi cenni di rissa, alcuni direttamente a bordo dei loro scooter. Volano catenate e insulti, si accendono tutte le luci e dal circolo ANPI irrompono in sala i più gagliardi tra gli ex combattenti, qualcuno brandendo le aste delle bandiere rosse e altri con lo schioppo a tracolla, tutti comunque traditi da una cattiva traduzione di black metal e pronti a liberare la città da un branco di fascisti sardi.

Dopo mezz'ora il baraccone ricomincia a macinare la sua festa di paese. Ho la camicia strappata e sono stato abbracciato e baciato da un partigiano di Albenga persuaso di aver ritrovato il nipote. Non c'è salvezza, non c'è redenzione, ma è tutto di una bellezza struggente. Quando salgo sul palco e consegno al regista il cd con la base, mi sento guidato da luce divina e trasportato dalla più possente ondata di calma di un'intera vita. Lo stato di grazia prosegue anche quando le spie gracchiano le prime note del mio pezzo. Nonostante la batteria di luci sospese sia puntata esattamente all'altezza dei miei occhi, ho una visuale panoramica della sala. Mi rincuora il fatto che sia gremita, quasi piena. I partigiani e i ragazzini in motorino si sono fermati lì, e ora chiacchierano con i satanisti sardi e si scambiano pacche amichevoli. In fondo al tendone c'è un tizio che piscia indisturbato, alle spalle di tutti quanti. Due cani randagi si azzuffano sulla porta d'ingresso, poi, come se fossero annoiati, smettono e si montano a turno. Canto e quasi tutti riconoscono il pezzo, alcuni per averlo sentito da Morandi e molti altri grazie al karaoke presentato dal tizio con la coda. Questo non è un Festival e non è un controfestival. Di quello che facciamo qui dentro non si saprà mai nulla, siamo fuori dalle cronache e lontani dal mondo. Siamo i minori, gli anonimi, i dimenticati. La nostra forza sta nell'accettazione serena della sconfitta, la nostra grandezza è la mancanza di talento. Pianisti classici che vogliono cantare, muratori ed elettricisti che suonano metal, geometri che segano a metà le assistenti: siamo tutti perduti, eppure miracolosamente non siamo fuori luogo perché questo *è* il nostro luogo, la tenda in cui i mostri si trasformano in artisti. La mia canzone piace e al primo ritornello sono in molti a battere le mani e cantare, i più coraggiosi abbracciano quelli accanto e sventolano gli accendini. Non c'è ironia perché non serve, siamo tutti parte del medesimo grande scherzo, siamo tutti al di sotto delle aspettative e quindi sono le aspettative a sbagliare.

Vedo la coppia di molisani che si agitano sotto il palco e li invito a salire, non ci sono microfoni oltre al mio, li abbraccio entrambi e loro si avvicinano per cantare il secondo ritornello e fare gli ye-ye del controcoro. Non ci sono vincitori e non ci sono vinti, fuori siamo tutti candidati alla stessa infelicità ma qui dentro si respira bene.

Mi sento forte, in equilibrio perfetto tra la costruzione di un futuro migliore e l'armistizio con il passato prossimo e quello remoto. Per la prima volta ascolto la mia voce e riconosco le doti di un mestierante da pianobar e nulla più, le stesse note nasali e la sconcertante piattezza, la mancanza di accenti. Ma nel tendone non ci sono valutazioni obiettive e per questa gente sono una star. Nello stato di grazia non è contemplata la possibilità dell'errore, ed è un errore. Ho preso coraggio e lascio i due coristi al microfono, quando attacca il pezzo strumentale mi lancio in avanti e provo l'assolo di danza che sarebbe toccato a Bello. Non è pura incoscienza, in fondo all'anima c'è una voce che prega disperata e mi chiede di non farlo, ma so bene che non esiste altra possibilità, che devo provarci. Saltello come un orso da circo e agito le mani, disegno cuori per aria e mi avvicino al momento dell'incrocio, il passo più difficile prima che ricominci il cantato.

Se mi vedessero ora, i miei genitori sarebbero orgogliosi. Bello e Federico sarebbero fieri di me, forse anche JR dovrebbe finalmente ammettere che sono un vero artista poliedrico. Nonno Poldi non potrebbe che apprezzare alcuni passaggi, così simili alle sue posizioni da cacciatore. Yao sarebbe felice di vedermi in piedi dopo tutti questi saltelli. La ragazza con le trecce non potrebbe resistermi, mi vedrebbe ballare di nuovo come quando ci siamo baciati – o forse no – per la prima volta. Il vecchietto della panchina mi applaudirebbe convinto con un'arancia conficcata nel mignolo, e Loredana e le sue amiche si pentirebbero di avermi sottovalutato. Massimo D'Alema invidierebbe il mio coraggio e la mancanza di calcolo, per una volta sarebbe tentato di seguire il mio fulgido esempio. Non sono mai stato forte come ora e non lo sarò mai più.

Ballo, senza fatica né timore io sto ballando.

Sono così felice e concentrato sull'ebbrezza di ogni passo che ignoro l'allarme lanciato dal severo portavoce del baricentro. Siamo in fase di equilibrio instabile e basterebbe un nonnulla per provocare una caduta dolorosa e plateale.

È nel momento più solenne che gli eroi abbandonano l'orizzonte basso dei mediocri e volano in alto. Arriva l'incrocio.

Il pubblico della prima fila smette di cantare e spalanca la bocca per lo stupore, i coristi cercano di afferrare un lembo della mia camicia strappata, i due cani in fondo al tendone assaltano uno dei ragazzi in motorino, io perdo contatto con il terreno e...

Padova, 7 giugno 1984

In questo momento piazza della Frutta ha lo stesso colore del cielo lattiginoso e carico di pioggia che la soffoca fin dalle prime ore della mattina. Nonostante sia gremita di folla e piena di bandiere rosse, la piazza appare comunque grigia e immobile. Migliaia di volti lividi, maschere incredule hanno sostituito in pochi attimi l'allegria incontenibile, la gioia di chi da anni aspettava di rivederlo, ascoltare le parole ferme e ponderate di un uomo esile eppure invincibile.

Dopo il consueto attacco deciso, senza alcun preavviso il Segretario del più grande e importante partito comunista al di qua dell'Adriatico ha perso il filo del discorso più volte e ha indugiato troppo a lungo su passaggi inutili, incapace di srotolare in avanti il tappeto della logica. Nessuno ha memoria di un suo discorso mediocre, e tutti si interrogano sulla causa di quella versione minore e balbettante. Potrebbe essere stanchezza, dicono i più. Troppi viaggi e poi l'amarezza di qualche fischio ingiusto nelle tappe precedenti. Quelli che seguono ovunque il compagno Berlinguer sono certi che sia un appannamento temporaneo, lo conoscono bene e amano la forza della sua retorica asciutta e implacabile, lo hanno visto avere la meglio sui peggiori ceffi della politica e non scomporsi mai. Sanno che l'età non lo ha indebolito, celebrano la sua vita parca e senza vizi, ché il fumo lo si perdona a tutti e a maggior ragione al migliore di tutti. Sul palco ci sono i dirigenti locali e i giovani della Federazione, visibilmente emozionati e molto vicini all'uomo del sogno, all'unico faro. Nessuno dubita che si tratti solo di un momento di fatica, il cedimento struttu-

rale a cui tra poco Berlinguer rimedierà con una risata dolce, magari farà anche dell'ironia sulle sue poche ore di sonno. Ma l'eccezionalità diventa regola con il passare dei minuti, il Segretario non si riprende e non supera gli ostacoli invisibili della spossatezza e della poca foga, anzi, se possibile le cose peggiorano, precipitano rapidamente. Minuscole esitazioni in principio, poi una lacerazione del senso delle frasi sempre più manifesta e terribile, un'ombra che attraversa il grande spazio aperto e lo contamina di un senso di drammatica attesa. Ora l'imponente schermo alle spalle di Enrico Berlinguer amplifica e trasforma in affresco lo sforzo dell'oratore, rimbalza la sua faccia stravolta fino alle ultime file e dopo un lungo brusio dalla piazza si levano voci allarmate. Sono le donne a prendere coraggio per prime, e per puro istinto materno o per quella forma di amore insano di cui si investe il capo, gridano di farlo smettere, chiedono di intervenire. Tutti coloro che assistono al comizio dalla piazza si rendono conto che il momento è di tragica gravità, ma la parata di dirigenti alle spalle di Berlinguer non se ne capacita oppure rifiuta frontalmente l'idea che lui possa davvero stare male e rimane impietrita, scolpita nella roccia. È come se fossero terrorizzati dalla possibilità di dovergli succedere, abituati alla disarmante semplicità con cui quell'uomo li ha sempre sollevati da ogni carico di responsabilità. In questo istante, per una volta e una sola, gli uomini dell'apparato sono così simili ai manichini inanimati che presenziano alle sfilate dell'esercito russo che, se solo Berlinguer potesse vederli, forse si scioglierebbe in una lunga risata. Purtroppo il Segretario è assente, prigioniero di un luogo che non è il tempo presente e nemmeno il futuro. Non sono giornate facili, è arrivato in auto da Genova a mezzogiorno e ha chiesto di riposare nella stanza 421 dell'hotel Plaza, una camera piccola e senza pretese come da sempre nelle sue abitudini. Il tempo di un sonno pesante e al risveglio ha scritto il discorso, diverso da ogni altro perché non riconosce alcun pregio alla serialità. Poi si è dedicato con scrupolo a rispondere alle nove domande del direttore di un quotidiano locale. Il quarto quesito riguardava la possibilità di convivere e trovare un'intesa con il Partito socialista: la risposta è stata lunga e articolata, Enrico Berlinguer non si è sottratto e ha motivato analiticamente la sua posizione. Congedato il giornalista, si è cambiato d'abito, non più il soli-

to completo carta da zucchero con la camicia bianca modesta e sgualcita, ma una giacca di tweed e una cravatta scura. A Padova era venuto per un comizio anni prima, ai tempi del referendum sul divorzio. Generoso, oggi non ha voluto limitarsi al discorso di piazza e ha accettato l'estenuante rituale del segretario in visita. Prima ha incontrato i compagni operai della Galileo che rischiano il posto a causa della crisi, poi si è dedicato a una passeggiata per stringere mani e raccogliere saluti, il solito incommensurabile affetto di un partito fatto popolo. Come sempre Berlinguer non ha cenato, ha fumato una sigaretta ed è salito sul palco.

«Il governo ha posto la fiducia al Senato sul decreto che taglia la scala mobile. Ma a chi chiede la fiducia il governo Craxi? La chiede a una maggioranza squassata, al cui interno si scambiano accuse tanto roventi che mai l'opposizione – pur accusata di settarismo – aveva pensato di usare... Dagli avvenimenti di questi mesi, giorni e ore emerge un ben miserevole quadro del personale governativo che in questo momento ha in mano l'Italia: un personale che va mostrando la più assoluta mancanza di serietà, di decoro, di decenza... A questo degrado della vita pubblica noi comunisti, come grande forza nazionale, pretendiamo che si metta fine... I comunisti potranno avere mille difetti, ma nessuno che sia onesto potrà negare loro la serietà, l'attaccamento alla democrazia, l'impegno nella difesa delle istituzioni.»

A quel punto le frasi si sono fatte confuse e incomprensibili. Come se rispondessero a un segnale convenuto, quasi contemporaneamente i tuoni hanno esploso il loro rombo tutto intorno alla piazza. La bufera si è fatta sotto e le parole si sono affollate ancora di più nella bocca di Enrico Berlinguer.

Eppure non è un discorso difficile, non per lui. La folla è pronta a infiammarsi, loro sono migliaia e lui, pur esile al limite della fragilità, sa come incarnare ogni vibrazione e tradurre ogni moto dell'animo in immagini semplici e dirette.

Altri sono stati i momenti drammatici, altri gli interventi pesanti come macigni. Le lunghe e angosciose ore spese a scrivere discorsi da comprimere in pochi minuti, interventi apparentemente innocui eppure dirompenti come quello di Mosca appena otto anni prima, pochi fogli in cui l'unico compagno occidentale presente nelle sale sterminate e traboccanti di burocrati parlava di rifiuto del controllo e di scelta coraggiosa di una via democratica, di volontà di confronto con le istituzioni, e anticipava la rivoluzionaria idea di un contributo comunista al governo del Paese. Se aveva avuto paura, e di sicuro ne aveva avuta come dovrebbe averne ogni uomo assennato in quella situazione, era stato bravo a mascherarla, a mostrarsi giusto, equilibrato ma inflessibile: una condotta esemplare mantenuta per la vita intera. Una luminosa unicità pagata a caro prezzo, perché per via di quella dote naturale si è progressivamente fatto detestare da tutti tranne che dai suoi. Tutti soffrono il confronto con il rigore di questo sardo malinconico e risoluto oltre ogni immaginazione, nessun potere si sente tutelato abbastanza contro chi non cerca consensi facili. La carriera politica dell'esile oratore è stata un inno alla lucidità e alla passione, fin dai tempi del rifiuto di un comodo impiego nello studio di famiglia. Non ha mai avuto alcuna vocazione al martirio, rifiuta perfino l'idea di essere carismatico, e a volte si stupisce della fiducia incondizionata di cui godono le sue scelte, anche le più impopolari e complesse. La sola intuizione su cui fonda ogni suo atto è che il potere dell'esempio vale più di ogni altra teorica linea di comando.

Le parole non fluiscono e Berlinguer ripensa ai discorsi facili e dolorosi del marzo di Moro, al richiamo alla fermezza e alla coesione, al rifiuto di ogni chiamata di correo. Il ragazzo dagli occhi piccoli e le grandi rughe è sopravvissuto ad agguati ben più vili di questo, messo in atto da poche parole capricciose. Ci sono state le notti in carcere negli anni oscuri e miseri della guerra lontano dal fronte, la folle tragedia di una terra abbandonata, morsi della fame che lo hanno ferito ancor più delle minacce di Brežnev, Suslov e Ponomariov, quei funzionari sovietici grandi e spaventosi come statue grigie senza espressione. Nella memoria improvvisamente confusa del Segretario si rincorrono i ricordi di una vita logorante, vissuta con sobrietà e nessuna autoindulgenza. Non c'è alcun pericolo apparente, eppure Enrico Berlinguer si aggrappa al leggio per mantenere l'equilibrio. Gli costa molto, quel movimento. Le energie residue abbandonano il corpo, poco allenato e sottoposto a troppe fatiche, consumato dalla vita nomade. In un tempo che sembra antico il nonno materno Loriga gli ha insegnato gli esercizi ginnici del metodo Müller, e lui li ha usati anche durante la prigionia per tenersi in forma. Mentre resta avvinghiato alla sua unica salvezza, Berlinguer pensa per qualche istante a quegli esercizi, a quanto potrebbero giovargli alla fine di tutto questo. Già, ma di cosa si trattava? Qual era la successione esatta di movimenti e gesti da mettere in pratica per mantenere sani corpo e spirito, per non perdere vigore ed energie? Da dietro una voce gli intima finalmente di smettere, di abbandonare il palco, ma lui rifiuta secco e deciso, infastidito da quell'ingerenza. Il silenzio dura ormai da qualche secondo e lo schermo è fisso sulla sua strana espressione, un uomo maturo e adulto smarrito come solo un bambino, spettinato come solo un bambino. L'unica voce a cui presta ascolto è quella del suo medico, che riconosce tra centinaia di altre. Un capogiro violentissimo lo costringe ad ammettere le proprie difficoltà, il medico lo convince a girare le spalle alla piazza e a vomitare. Lo fa due volte, conscio che tutti abbiano visto nonostante il gesto pudico e il podio a coprirlo. Ha la sensazione che tutto sia perso. Il Segretario del più grande partito comunista occidentale cerca di mantenere le posizioni e infondere coraggio ai suoi, arriva a fingere di essere rinfrancato e riesce a chiudere alla svelta e a far pensare a tutti che sia solo una congestione. Enrico Berlinguer non cade. Si tiene stretto a quel piccolo leggio di legno e lascia che l'amore infinito che soffia dalla piazza lo sorregga, che i pensieri di quelle persone imbriglino la forza di gravità e non accettino di vederlo in terra o trasportato via esanime, a braccia.

I capi non cadono, non si fanno sorreggere, non si fermano. I capi non hanno un corpo mistico e non coltivano culti, quelle sono cose per narcisi e teatranti. Enrico Berlinguer non cade perché già tutto cade intorno a lui, ed è cosciente che non gli è concesso di abbandonare la scena a quel modo. Gli occhiali appannati e storti sul naso, i capelli ancora scuri elettrici per il temporale incombente, le mani sottili e tremanti che disertano il loro porto sicuro ma continuano a stringere i fogli scritti a penna, il Segretario si allontana senza completare il discorso, eppure in qualche modo lo conclude. Solo dietro al palco finalmente si abbandona tra le braccia dei suoi, circondato dalle espressioni interrogative dei più e dai volti disperati e commossi di chi ha capito che proprio in quel momento tutto sta cambiando, che proprio lì finisce la storia. Che il meglio è passato.

Solo allora Enrico Berlinguer, senza cadere, cade.

36

... cado.

Nota al testo

Le tre fantasie giovanili di Riccardo Sanpa appartengono nella realtà a uomini vissuti negli anni della Resistenza, italiani che hanno fatto scelte radicali e diverse.

La storia del partigiano Giovanni Tansini è raccolta e narrata fedelmente nelle pagine di un sito celebrativo, *Il Partigiano Gianni* (www.partigiano.net). A lui è ispirato il primo racconto di Sanpa.

La vicenda del podestà antifascista è quella di Giovanni Gelati ed è stata liberamente tratta dal saggio *Diario di un podestà antifascista* (Salomone Belforte & C. 2009).

L'ultima fantasiosa ricostruzione di Sanpa lo vede uomo di fede e combattente: la storia è quella di don Aldo Moretti ed è tratta dal testo di Enrico Folisi *La liberazione del Friuli 1943-1945. Una guerra per la democrazia* (Gaspari 2005).

Ringraziamenti

A Sara, per avermi insegnato una volta di più cosa significano due parole semplici e rivoluzionarie come "amore" e "coraggio", per aver ritrovato il tempo quando sembrava fosse finito e perché è bellissima con le trecce e senza.

Grazie alle nostre famiglie vive, disordinate, rumorose.

A mia sorella Lorenza per l'incrollabile fiducia e per essere l'altro inseparabile della nostra coppia di pappagalli.

Ringrazio Carlo Scaglioni e Filippo Vannuccini, i miei testimoni senza altare e gli ammortizzatori di ogni mia caduta. Il mio ringraziamento va anche a Marco Massimini, Andrea e Luca Belotti per la quantità di musica, parole e silenzi consumati insieme. A tutti loro, grazie per essere gli amici migliori che potessi ricevere in sorte, quelli che provo a meritarmi ogni giorno.

Grazie ad Anna Ferrario e Giovanni Morotti, che mi conoscono bene e mi consigliano anche meglio e che sono stati fondamentali per l'apprendimento di slang e costumi.

Al fuoriclasse Luigi Bonavina, uomo schietto, medico meraviglioso e amico dal cuore enorme. Con lui ringrazio Michele Punturieri, la faccia più bella nel momento più difficile, ed Emanuele Asti per i tanti piccoli gesti che hanno fatto la differenza.

Grazie a Matteo Gatti e alla sua speciale virtù d'essere lo stupido più intelligente del mondo e a Piero Signorini per le lezioni di tecnica di base e la strategia del fuoco lento applicata al ragù napoletano.

Ad Andrea Agnelli per tanti anni al centro della stessa difesa, ad Alessandro D'Angelo perché ci vuole orecchio e a Luigi Marasso per avermi consegnato le chiavi della città.

Ringrazio Sandra Piana, Stefano Delprete, Andrea Longatti e Francesco Roncaglio, Mara Scanavino, Stefania Rumor e Antonella Fassi per il lavoro spalla a spalla e per la scellerata voglia di fidarsi di me.

Grazie a Brooke Logan e al suo maestoso amore per i segni di interpunzione e la correzione di bozze.

Ringrazio tutti i ragazzi dell'Epica per avermi inserito nel loro ecosistema perfetto, quelli della Moscova per ogni singolo istante di confusione e quelli della Longobarda per gli interminabili pranzi.

Grazie a Giulia Ichino, Alessandra Maffiolini e Antonio Franchini per la strepitosa (quella sì) professionalità e l'incitamento.

Questo romanzo deve molto ai consigli dei buoni maestri Franco Bolelli, Flavio Tranquillo, Giorgio Porrà, Stefano Vittadini, Dario Buzzolan, Massimo Incerti, Lorenzo Cherubini, Nicola Fini, Francesco Lauber, Francesco Colombo, Jean Pierre Giannetti e Dario Cresto-Dina.

Grazie anche a tutti quelli che si ritroveranno nelle pagine, citati più o meno direttamente, parte dell'intreccio tanto quanto lo sono della mia vita.

Indice

Arnoldo Mondadori Editore S.p.A.

Questo volume è stato stampato
presso Mondadori Printing S.p.A.
Stabilimento Nuova Stampa Mondadori - Cles (TN)

Stampato in Italia - Printed in Italy